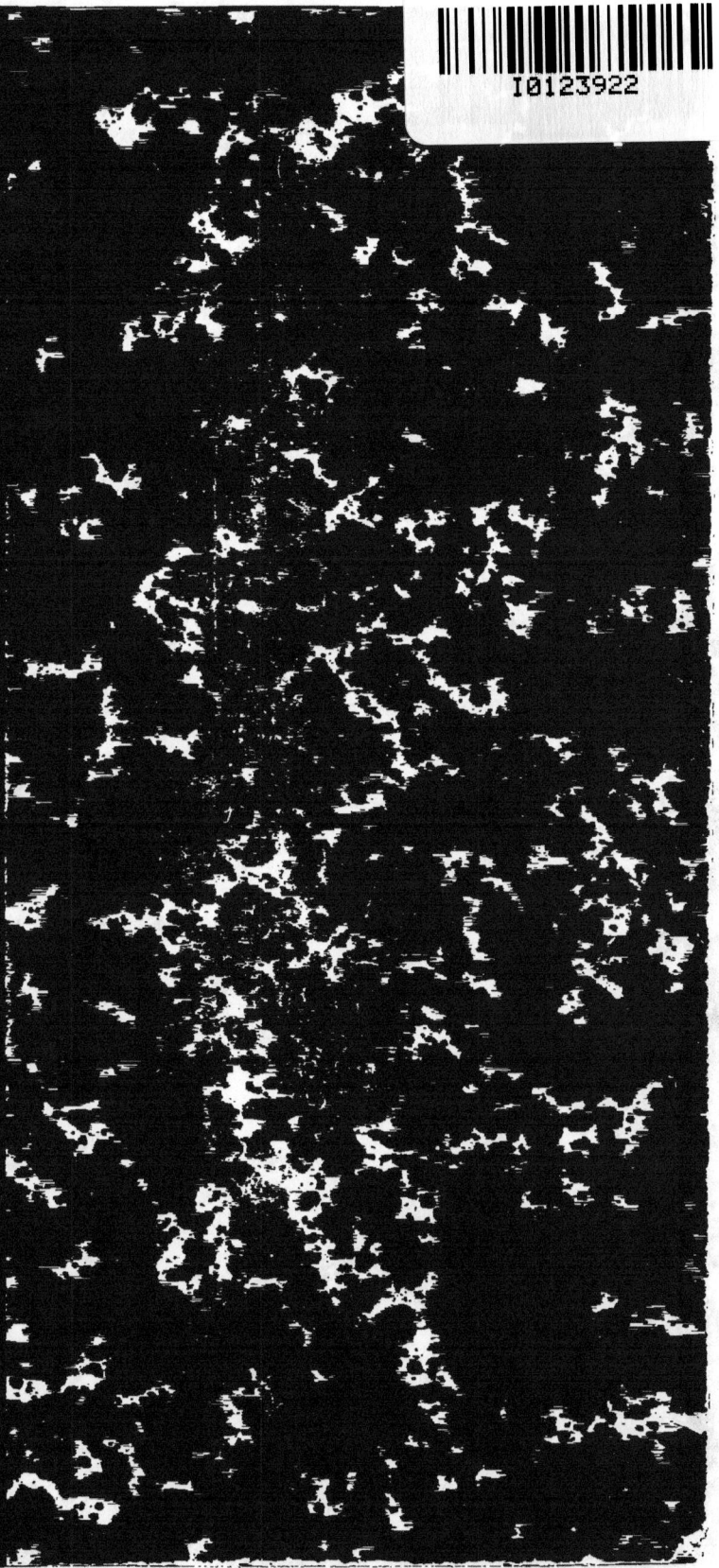

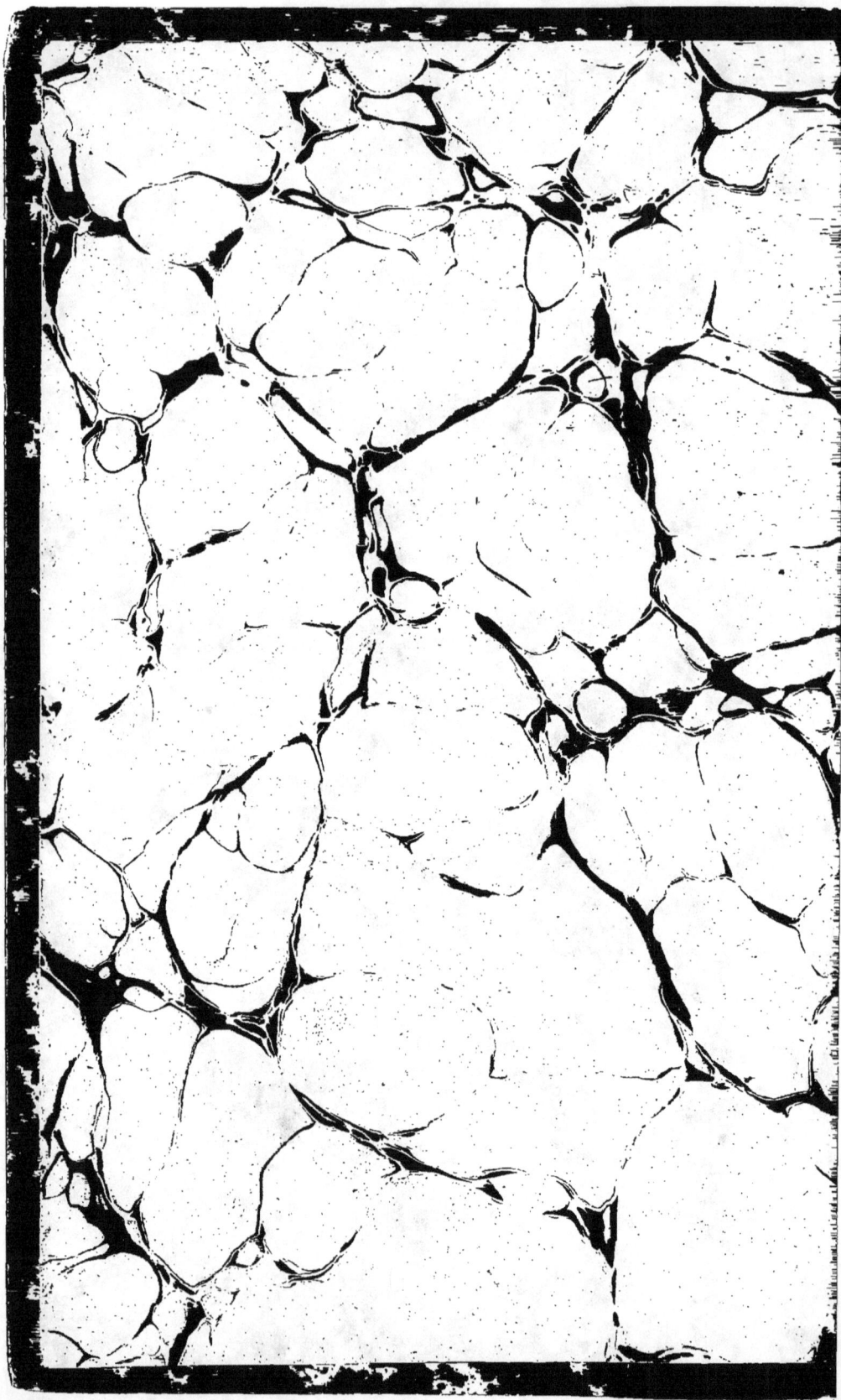

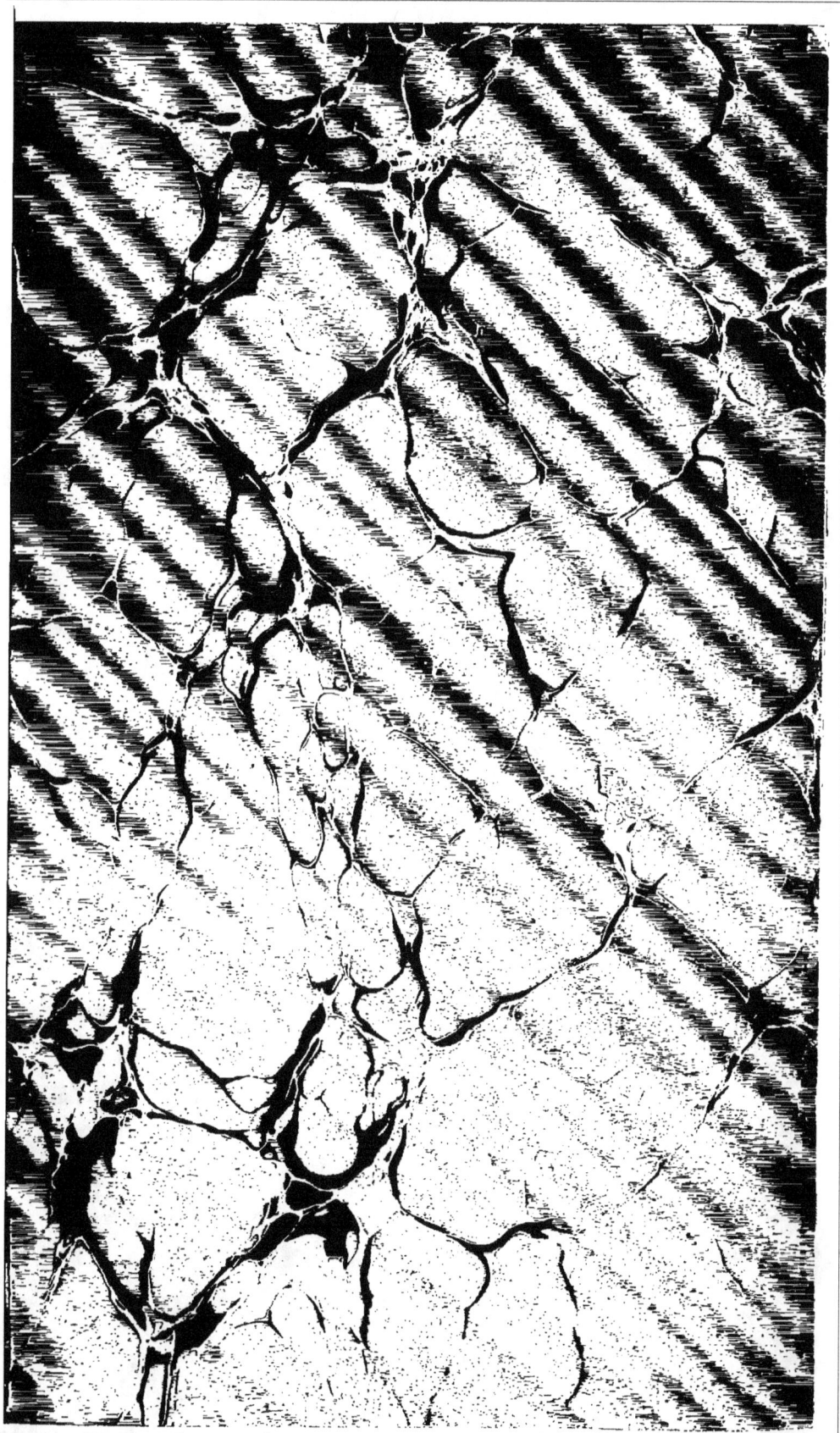

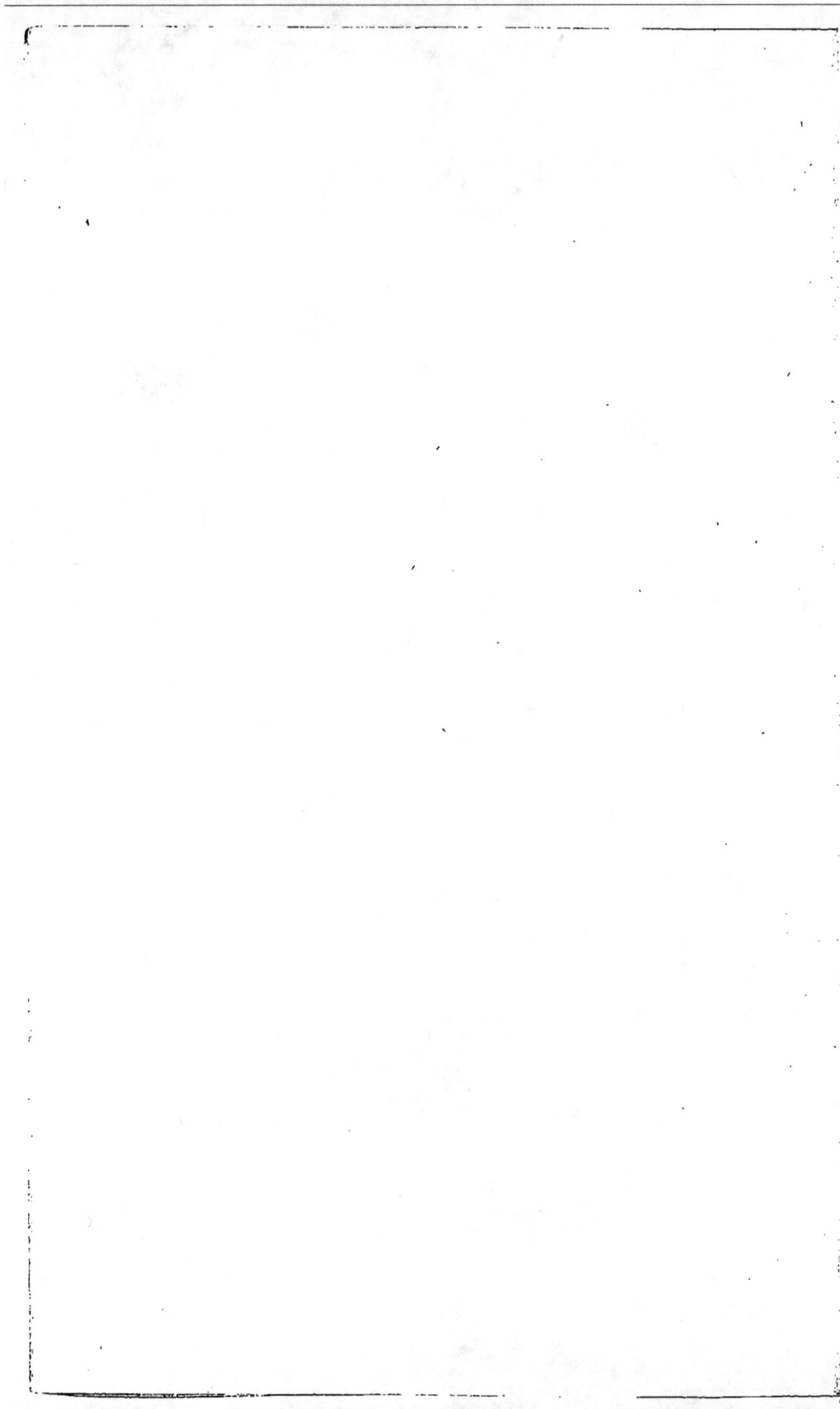

LA VIE MILITAIRE EN ITALIE

SOUS LE PREMIER EMPIRE

(CAMPAGNE DES CALABRES)

1806-1809

SOUVENIRS

DU

SOUS-LIEUTENANT D'HAUTEROCHE

PUBLIÉS D'APRÈS LE MANUSCRIT ORIGINAL

PAR SA FILLE

Mme P. D'H...

><>—<·—

SAINT-ÉTIENNE

IMPRIMERIE THÉOLIER ET Cie

12, Rue Gérentet, 12

—

1894

Lh 4
1993

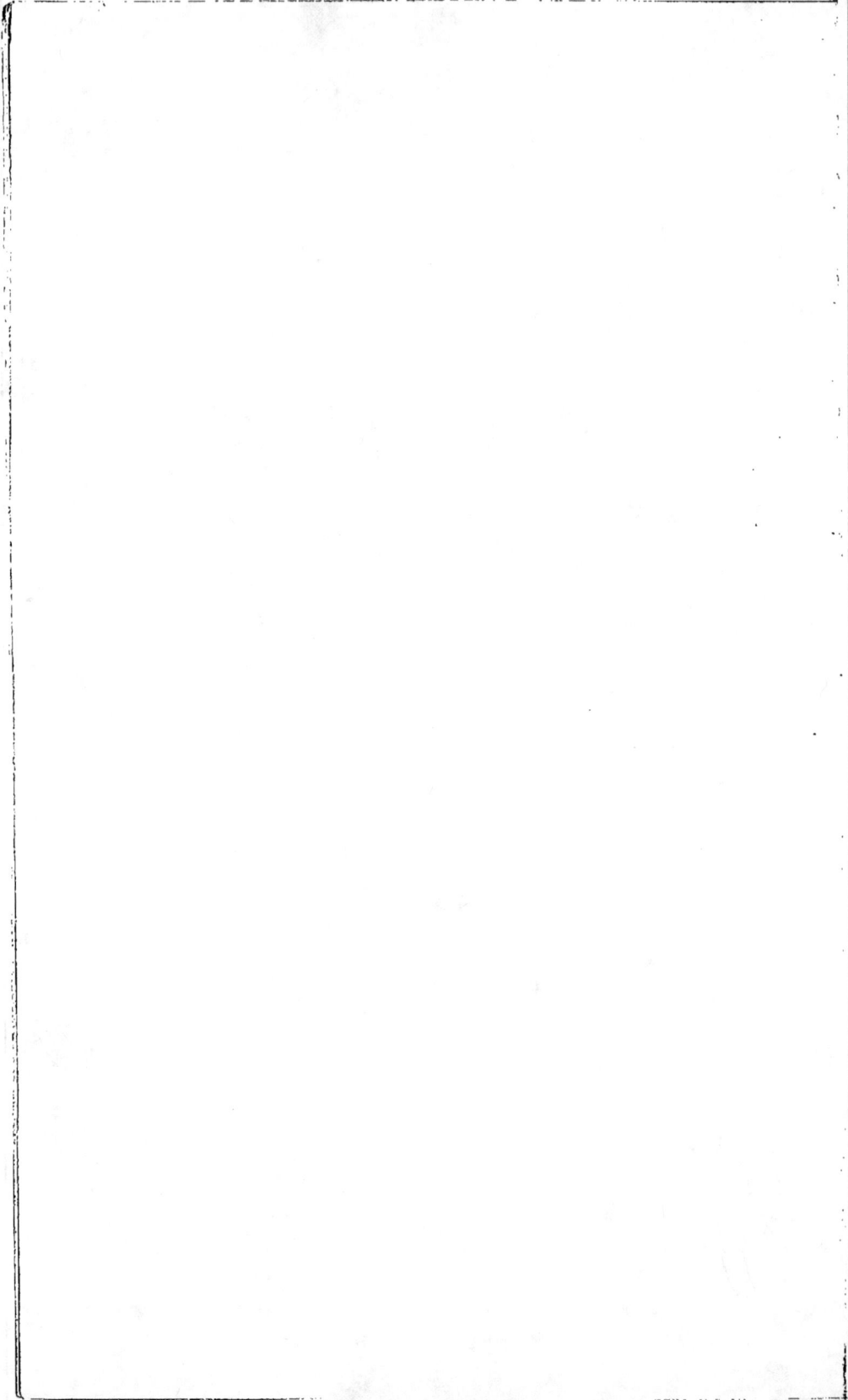

SOUVENIRS

DU

SOUS-LIEUTENANT D'HAUTEROCHE

PUBLIÉS D'APRÈS LE MANUSCRIT ORIGINAL

PAR SA FILLE

Mme P. D'H...

LA VIE MILITAIRE EN ITALIE

SOUS LE PREMIER EMPIRE

(CAMPAGNE DES CALABRES)

1806-1809

SOUVENIRS

DU

SOUS-LIEUTENANT D'HAUTEROCHE

PUBLIÉS D'APRÈS LE MANUSCRIT ORIGINAL

PAR SA FILLE

MME P. D'H...

SAINT-ÉTIENNE

IMPRIMERIE THÉOLIER ET Cie

12, Rue Gérentet, 12

—

1894

AVERTISSEMENT

Chers Lecteurs,

Vous trouverez une notice sur le sous-lieutenant d'Hauteroche à la fin du volume.

LA VIE MILITAIRE EN ITALIE

SOUS LE PREMIER EMPIRE

(CAMPAGNE DES CALABRES)

1806[1]-1809

SOUVENIRS

DU

SOUS-LIEUTENANT D'HAUTEROCHE

J'ai dix-huit ans, des épaulettes de sous-lieutenant toutes neuves, un grand plumet blanc, le plus grand que j'aie pu trouver, et il y a trois jours que je suis hors de l'Ecole militaire de Fontainebleau.

Embarrassé de ma liberté, je marche à l'aventure, et je finis par entrer au Palais-Royal, car je suis à Paris.

Je sème mon argent chez les frères Provençaux, au n° 113; chez le tailleur, chez le bottier, chez le

---

(1) En cette année 1806, la sortie de l'Ecole militaire de Fontainebleau avait été avancée de six mois.

passementier, et, lorsqu'il ne m'en reste plus que tout juste pour payer ma diligence, je pars pour mon département.

Comme je suis content ! Dans quelques jours mes épaulettes brilleront et mon plumet s'agitera dans les rues de Montbrison !

C'est dans cette ville que je suis né, c'est là que j'ai ma mère, une sœur, un frère et des amis de collège. Oh ! que la première va être fière de voir son fils revêtu de l'uniforme d'officier ! La seconde n'a que douze ans, elle poussera un cri en voyant l'épée et le plumet ; mais bientôt, sur les genoux de son grand frère, elle lui fera mille questions et l'embrassera mille fois tout en caressant le plumet, soulevant l'épaulette, et se hasardant même à tirer un peu la lame de la terrible épée. Que ces idées sont riantes ! Mais ce qui me flatte le plus, c'est la surprise, l'admiration que mon grade va jeter parmi mes anciens camarades. Et les domestiques, et les ouvriers de la maison paternelle, comme ils vont m'ôter leurs chapeaux ! En vérité, j'en perdrai la tête.

Dieu ! que cette voiture va doucement ! Nous n'arriverons jamais...

Cependant, j'aperçois dans un lointain bleuâtre les montagnes du Forez ; elles me font battre le cœur, pourtant il n'y a que vingt mois que je les ai quittées. La route est belle, droite comme un i ; le postillon auquel j'ai donné un écu de cinq francs, fouette ses chevaux ; nous allons ventre à terre. Le pavé se fait sentir, on passe sous une porte cochère. C'est celle de l'auberge du Corbeau. Enfin je descends, et je suis dans les bras de la meilleure des mères !

Cette pauvre mère, elle pleure de joie ; je verse aussi quelques larmes. Ma petite sœur se cache derrière notre mère ; mais je la prends, je la soulève dans mes bras, et les siens sont bientôt autour de mon cou.

Que je suis heureux ! Serai-je souvent aussi heureux ? J'en doute... Vingt années se sont écoulées depuis ce jour : il est toujours présent à ma mémoire, et, à ce souvenir, mon cœur bat comme lorsque je descendis de la diligence.

— Mon cher enfant, dit ma mère, comme tu as grandi et que tu ressembles à ton père ! Mais le voyage doit t'avoir fatigué, viens vite à la maison... Cher fils, qu'il me tardait de te voir !...

Telles furent les premières paroles de ma bonne mère. Arrivé à la maison, je fus accablé de soins, d'attentions de toute espèce.

— Mon frère, as-tu déjà été à la guerre ? me demande ma jeune sœur.

— Hélas ! non, ma chère Virginie, mais j'espère y aller bientôt.

— Que dis-tu là, mon enfant ? (et une larme s'échappe de la paupière de ma mère). Nous sommes en paix, mon ami, il faut espérer qu'elle durera.

Je ne réponds rien ; mais cette espérance ne fait pas mon compte. Que les enfants sont cruels, qu'ils sont ingrats... Le cœur de ma mère se déchirait à la seule idée de la guerre et cette idée faisait mon bonheur.

Après un moment de silence, ma mère me demanda combien de temps je pouvais demeurer avec elle.

— Huit jours tout au plus, ma chère maman, et je pars pour l'Italie.

— Rien que huit jours ? c'est bien peu, mais que la volonté de Dieu soit faite !

La petite Virginie sautait, mettait mon schako, ceignait mon épée et criait partout :

— Mon frère Rémy est arrivé ! il est général !

Tous mes camarades vinrent me voir. Je parcourus toute la ville, ce qui ne prit pas beaucoup de temps. On me fit un petit trousseau ; on me donna un peu d'argent (pas beaucoup), de bons conseils ; on me caressa, on m'embrassa, et les huit jours furent, hélas ! bientôt passés.

Je partis pour Lyon. Ma mère pleura, ma petite sœur pleura, mon frère ne pleura pas : il était beaucoup plus âgé que moi, déjà marié, et ses affections se concentraient sur ses enfants. Moi, je pleurais et riais tout à la fois ; j'étais si content de partir pour l'Italie ! Cependant, quand il fallut dire le dernier adieu à ma mère, mon cœur se déchira, et je fus pendant un moment insensible à tout pour ne ressentir que le chagrin que me causait cette séparation qui pouvait être éternelle. Je ne songeais plus à partir, la douleur me tenait cloué dans l'appartement de ma bonne mère. Douée d'un caractère énergique, elle fut la première à sécher ou à cacher ses larmes.

— Il faut partir, me dit-elle. Va, mon fils, va ; j'espère que je te reverrai ; Dieu me fera cette grâce, je le prierai pour toi. N'oublie jamais qu'il te voit ; sois bon, honnête ; aime-moi toujours. Embrasse ta sœur sans la réveiller (il était deux heures du matin) ; la pauvre petite aurait trop de chagrin, épargnons-lui celui-là... son tour viendra assez vite (1), adieu, mon fils, que Dieu te bénisse !

Elle leva les yeux au ciel, m'embrassa de nouveau en me disant, d'un air tranquille et résigné :

— Va, Rémy, tu n'as que le temps d'arriver à la diligence.

Je sortis machinalement ; je me retournai bien des fois pour revoir le toit paternel ; enfin j'arrivai à l'hôtel du Corbeau au moment où le postillon montait à cheval, et je quittai Montbrison le 15 mai 1806.

Qui sait combien dura le chagrin de ma mère ?

_____

(1) Ma mère était veuve ; mon père, légitimiste ardent, avait pris part à la défense de Lyon en 1793, et y fut guillotiné après la prise de la ville par les troupes de la Convention.

Le mien, ne survécut pas au dîner que firent les voyageurs à la moitié du chemin. Quelques heures auparavant, j'étais monté en voiture le cœur navré de douleur ; maintenant j'y montais plein de joie et de gaieté, et pourtant ne pouvait-il se faire que je ne revisse plus celle qui m'avait donné le jour ? Quand j'y pense, je ne puis m'empêcher de me reprocher le plaisir que je ressentais alors ; mais on me pardonnera, j'étais jeune, et j'avais devant moi un avenir couleur de rose. A dix-huit ans officier, à quarante ans je devais au moins être général !... Hélas ! les quarante ans sont arrivés et je ne suis encore que capitaine ; mais alors qui eût deviné cela ?

En 1806, lorsque j'allai rejoindre la seule armée qui fut sur le pied de guerre, aurais-je pu imaginer que ma nomination dans cette armée serait justement la cause première de mon peu d'avancement ? Non, certes! Aussi étais-je rempli des plus belles espérances, je voyais tout en beau, je croyais au bonheur.

Mais je laisse ces sombres idées, et je retourne au temps où j'étais sur la route de Montbrison à Lyon. Rien ne fut plus gai que ce voyage.

En partant d'Izeron, la route offre une pente rapide et se trouve suspendue au-dessus d'un précipice affreux qui la borde à sa droite ; aucun obstacle ne sépare la voiture du gouffre où le moindre obstacle pourrait la précipiter ; un danger réel existe, et pourtant les postillons vont presque toujours au galop et tournent ainsi les sinuosités de la montagne. Tout le monde avait peur, je m'amusais de la peur de tout le monde ; était-il possible qu'un futur général se cassât le cou ! Les femmes criaient et fermaient les yeux, les hommes juraient et le postillon allait son train. Aussi fûmes-nous bientôt loin de l'endroit périlleux, et peu d'heures après, nous entrâmes à Lyon par le faubourg de Vaise.

J'avais des oncles à Lyon, frères de ma mère, j'allai les voir, ils me reçurent avec la plus franche amitié. Je restai quelques jours auprès d'eux ; je fis bien de ne pas y rester longtemps, car une mienne cousine, belle brune de dix-neuf ans, avait trouvé le chemin de mon cœur. Auprès d'elle j'oubliais déjà l'Italie, mes épaulettes et la gloire ; mais ma feuille de route me rappela que j'avais autre chose à faire que de soupirer aux pieds de l'aimable cousine. Au reste, mon cœur seul avait parlé, mes lèvres n'avaient pas encore prononcé le doux « Je t'aime », je n'étais engagé à rien. Mes adieux furent moins pénibles. Je sentis mon cœur se serrer en l'embrassant ; mais deux heures après je n'y pensais plus.

Me voilà donc sur la route de Lyon à Bologne, lieu de ma destination, ou, suivant mes rêves de ce temps-là, sur la route de la fortune et de la gloire.

La température est délicieuse ; nous sommes à la fin de mai ; le printemps a donné aux sites de la Savoie cet air riant, cet aspect enchanteur qui récrée

les yeux. La suave odeur de l'aubépine, de la violette
et de l'églantine se répand au loin, la route est belle ;
une douce rosée vient d'en abattre la poussière ; de
grands arbres et des rochers revêtus de verdure la
garantissent de l'ardeur du soleil ; des chutes d'eau et
des ruisseaux amènent une délicieuse fraîcheur. Peut-
on marcher à la fortune par un plus beau chemin ?
Mon âme nageait dans la joie, et j'allais quitter ma
patrie, et je courais vers ce pays qui passa longtemps
pour le tombeau des Français. Ah ! que les hommes
sont fous !

Nous avions déjà franchi l'espace qui sépare Lyon
du passage des Echelles. Parvenus au bas de la montagne, nous mîmes pied à terre et gravîmes, à l'aide de
nos jambes, la belle route construite par Emmanuel,
duc de Savoie. La montée est très rude, il faut des
chevaux de renfort, et quelquefois on attend longtemps
pour en avoir, surtout en hiver ; mais heureusement
il y a là un village où le voyageur trouve une
franche hospitalité.

Autrefois, cette route n'existait pas. Arrivé aux
rochers à pic qui semblent être en cet endroit les
limites naturelles de la France et de la Savoie, on
était obligé de démonter les voitures ; des échelles
étaient dressées contre le roc, et, par leur moyen, on
parvenait à une galerie souterraine qui traversait
l'épaisseur de la montagne à peu près à la moitié
de sa hauteur. Des gens du pays transportaient de

cette façon, et à force de bras, les morceaux de votre voiture et tous vos effets.

De l'autre côté, on remontait la susdite voiture, on la rechargeait, et vous recommenciez à rouler sur une route semblable à celle que vous veniez de quitter. Que tout cela devait être long et ennuyeux! aussi le voyage de Chambéry était une de ces aventures que l'on ne courait qu'après avoir fait son testament.

Comme je l'ai dit, Emmanuel de Savoie remédia à cet inconvénient en faisant construire la belle route dont j'ai parlé plus haut, et, bien que cet ouvrage soit superbe, qu'est-il en comparaison de celui qui doit un jour le remplacer et faire de ce passage, hérissé d'obstacles et de difficultés, la route la plus commode et la plus sûre qui existe? Mais je ne veux pas anticiper sur ces événements, et je reviens au jour où je gravissais, à pied et précédant la diligence, la route des échelles, donnant le bras à une jeune, jolie et aimable voyageuse.

Oui, il faut l'avouer, les yeux de la charmante personne, placée vis-à-vis de moi dans la voiture, m'avaient fait entièrement oublier ceux de ma jolie cousine. Mais, était-ce bien ma faute si ma belle voisine, à chaque cahot un peu fort, me serrait la main, le genou, se penchait vers moi et appuyait presque sa joue contre la mienne? Je ne sais qui elle était, je ne sais si sa peur était vraie ou feinte; mais je sais très bien qu'elle était d'une figure à faire tourner la tête à un homme plus froid qu'un sous-lieutenant de dix-huit ans ; aussi la mienne était-elle sens dessus dessous.

Depuis le matin, je ne voyais plus que cette enchanteresse, et, quand nous descendîmes de voiture, je lui offris le bras pour l'aider à sauter à terre, et naturellement elle s'appuya sur ce bras pour monter la côte, et nous eûmes soin de devancer les autres voyageurs et de prendre un sentier détourné. Ce sentier menait à une grotte où l'on vient prendre du sable propre à la fabrication du cristal ; elle se trouvait dans ce moment absolument solitaire... Nous y restâmes longtemps, et tout ce que je puis dire, c'est que ce souvenir m'est toujours agréable.

— Mon Dieu ! monsieur, si la diligence était loin d'ici, que deviendrions-nous ? me demanda ma compagne.

— Nous coucherions dans la grotte.

Cependant, tout en disant cela, nous accélérions le pas autant que nous en étions capables, et, grâce à nos bonnes jambes et à la rude montée, nous regagnâmes la grande route bien avant que notre voiture ne fût en haut.

L'attelage suait, soufflait, était rendu.

Il fallut laisser reposer un moment les chevaux ; un petit bois épais bordait la route, des masses de rochers y formaient une sorte de labyrinthe, nous allâmes nous y asseoir, et l'on fut obligé de nous appeler. Enfin nous remontâmes dans notre prison roulante, le sommeil nous eut bientôt gagnés ; je ne me réveillai qu'à Chambéry. Nous y couchâmes, et j'eus soin de choisir une chambre à côté de celle de ma voisine ; car elle était trop peureuse pour dormir loin des gens de sa connaissance, et je fis en sorte qu'elle n'eût à se préoccuper ni des voleurs, ni des revenants.

A la pointe du jour, chacun se trouva prêt à partir et personne ne se plaignit. Pour moi, j'étais le plus heureux des hommes, bien que j'eusse été obligé de payer pour deux.

Je n'ai rien dit de Chambéry. La ville est assez belle et rappelle des souvenirs philosophiques ; les environs sont charmants.

Nous passâmes à Montmélian, où nous bûmes d'excellent vin blanc ; un pont y est jeté sur l'Isère. Nous traversâmes la vallée de Maurienne où je vis de mauvais villages, de vilaines gens, et force crétins dont les goîtres affreux, les physionomies stupides, et les haillons dégoûtants, forment un spectacle vraiment hideux pour le voyageur. Heureusement que nous allions assez rapidement et que tous ces objets passaient devant nos yeux comme les personnages d'une lanterne magique.

A Lans-le-Bourg, nous traversâmes un pont qui se

fendit par le milieu aussitôt après notre passage, la retraite nous était coupée.

Un Romain aurait considéré cet incident comme un mauvais présage, nous y fimes à peine attention, cependant il y eut une explosion assez forte.

Après Lans-le-Bourg, on commence à gravir le mont Cenis, la pente est douce et la route magnifique. La jolie voyageuse et moi nous fimes le trajet à pied, tout en riant, nous courant après, folâtrant et cueillant les fleurs de la prairie ; nous arrivâmes ainsi en haut de la montagne. Quel superbe tableau ! Toute la Savoie à nos pieds, et près de nous, au-dessus de nos têtes, la cime aiguë et brillante des glaciers.

J'avais passé un bras autour de la taille de la nymphe voyageuse, son cœur battait avec force tout près du mien, et je suis persuadé que, dans ce moment, elle éprouvait un sentiment réel d'amour pour moi et pour tout ce qu'il y a de bon, de bien et de beau dans la nature ; ses yeux se remplirent de larmes, sa main trembla dans la mienne. Nous étions près de la cabane d'un pauvre homme établi à cette place pour vendre quelques rafraîchissements aux voyageurs ; cette maisonnette n'était qu'en bois, mais propre et jolie. quoique très petite. Elle la regarda, puis, se jetant à mon cou :

— Avec toi, je voudrais rester ici toute ma vie !

J'étais attendri ; ce que je ressentais en ce moment ressemblait vraiment à l'amour le plus pur, et je suis

persuadé que nos pensées à tous les deux étaient déga-
gées de tout sentiment charnel; nous nous aimions
véritablement.

C'est encore là un de ces moments franchement
heureux jetés çà et là dans mon existence.... Il ne
dura pas longtemps; la diligence vint nous rappeler,
à moi que j'allais à Bologne, et à mon amie qu'elle
allait.... je ne sais où.... Car je n'ai jamais bien su ni
qui elle était, ni quel était le but de son voyage. J'ai
seulement eu lieu de penser qu'elle allait à Palma-
Nova rejoindre un officier. Etait-ce son mari, était-ce
son amant? c'est ce que je ne saurais dire.

Nous remontâmes en voiture, sa main resta dans la
mienne, et nous fûmes tristes tous les deux pendant le
temps que nous mîmes à traverser la plaine qui domine
le mont Cenis.

Nous vîmes de loin le lac et l'hôpital, et, les laissant
à notre gauche, nous fûmes bientôt arrivés à l'endroit
où l'on commence à descendre du côté du Piémont. Ce
spectacle est encore plus beau que dans la partie qui
regarde la France. Vous planez sur toute l'Italie, et, si
votre vue vous le permettait, vous apercevriez la mer
Adriatique.

Le jour commençait à décliner, et lorsque la nuit
tomba, nous n'étions encore qu'à moitié chemin de
la route du Cenis à Suze.

La route s'allongeait superbe, et nous allions grand
train, car la pente n'a rien de bien dangereux. Dans

les endroits où la route décrit une courbe, on a eu soin de placer des garde-fous, et des parapets sur le bord du précipice qui se trouve à gauche. Un spectacle, nouveau pour moi, vint récréer nos yeux : une multitude de mouches luisantes se croisaient de mille façons dans les airs, et y produisaient un effet vraiment original et charmant. Nous en étions environnés ; elles entraient dans la voiture par une portière et sortaient par l'autre, et nos yeux finirent par en être fatigués.

En France, on voit beaucoup de vers luisants, mais jamais de ces mouches. En Italie, elles sont très communes, mais surtout dans cet endroit du Piémont. J'en ai vu aussi aux environs de Parme et de Plaisance, ailleurs elles sont rares, et dans le royaume de Naples il n'y en a pas. Ces insectes nous amusèrent beaucoup et nous firent oublier les sensations éprouvées quelques heures auparavant ; je parle pour ma jolie voyageuse et pour moi ; car les autres étaient des gens qui dormaient presque continuellement et ne s'embarrassaient que fort peu de ce qui les environnait.

Nous couchâmes à Suze. Je payai encore pour deux, et je trouvai que ce n'était pas, à beaucoup près, aussi sentimental que les battements de cœur, les serrements de mains, et les douces paroles de la montagne ; mais nous devions nous séparer à Milan, je le savais et je prenais patience. Ce n'est pas que je tinsse à l'argent, loin de là, ce défaut n'a jamais été le mien ; mais je n'en avais pas beaucoup, je l'ai dit, et j'étais obligé de le ménager. La belle m'adorait, du moins je le croyais de toute mon âme, cela valait bien quelque chose. Je n'avais que dix-huit ans : il en est qui se laissent duper bien plus vieux.

Le lendemain, avant le soleil levé, nous étions sur la route de Turin. C'est une avenue de plusieurs lieues, bordée d'arbres séculaires et tracée au milieu de la plaine la plus fertile du monde et dont le coup d'œil est magnifique. On voit, comme dans presque toute la Lombardie et le Piémont, des plantations de vignes suspendues en festons à des ormeaux, à des frênes, à des cerisiers, et au milieu desquelles on cultive du blé, du maïs, et autres plantes du même genre. L'aspect en est vraiment charmant ; mais à la longue cette régularité devient monotone, et l'on regrette les sites agrestes et continuellement changeants des pays montagneux.

Virgile a dit :

Nimium ne crede colori.

On pourrait dire ici : n'en croyez pas trop l'apparence ; car les belles grappes de raisins qui, dans la saison, mêlent leur pourpre éclatante à la verdure des pampres gracieusement suspendus en guirlandes, et desquelles semble vouloir découler du nectar, ne donnent que du vin très plat et très mauvais, et je suis persuadé que, si Bacchus voulait tenir cour plénière, il choisirait pour placer son trône, non les dômes élégants et les berceaux délicieux des vignes de l'Italie, mais bien les coteaux de la Bourgogne et de la Champagne, tout dépouillés qu'ils soient de verdure et d'ombrage.

Ne vous fiez donc pas au vin d'Italie ; à l'exception d'un très petit nombre de localités, il est généralement d'une qualité très inférieure, et malheureusement il ne porte pas l'eau, bien qu'il soit fort coloré.

Nous voici arrivés à Turin. Que dire de cette ville ?.. C'est la plus régulière que j'aie vue. Nous y entrâmes sur l'heure de midi ; chaque fenêtre était garantie des rayons du soleil par une tente de coutil rayé de bleu, de vert ou de rouge ; et cette diversité de couleurs et la grande quantité de ces tentes offraient un aspect des plus agréables ; on pourrait le comparer à celui que présente une flotte pavoisée.

La rue de la Doire est superbe. A son extrémité est la place du Palais, au-dessus de laquelle se trouve le vieux château de Carignan. C'est un bâtiment d'une architecture gothique construit en briques et entouré de fossés, la porte principale est sur l'alignement du milieu de cette même rue. De l'autre côté est la rue du Pô qui n'est point sur la même ligne, défaut qui nuit à la belle régularité de la ville ; mais qui se trouve caché par le vieux monument dont je viens de parler.

Nous avions une demi-journée à rester à Turin, nous l'employâmes à visiter la ville. Nous parcourûmes différentes promenades, mais la plus fréquentée est celle que forment les remparts qui se trouvent à droite de la ville en faisant face à l'Italie. Elle est en partie plantée de chênes, et c'est la première fois que j'ai vu ces arbres soumis à la régularité. Ce roi des forêts, l'emblème de la force, accoutumé à jeter ses rameaux en liberté, à croître dans les endroits les plus sauvages, à servir d'asile à l'aigle et au milan, se trouve là comme asservi et réduit à se prêter aux caprices de l'art. Son épais feuillage est taillé comme l'if et la charmille, et l'ombre qu'il produit garantit des ardeurs du soleil l'élégante promeneuse et la marchande d'oranges.

Le lendemain, nous partîmes pour Milan. Je ne parlerai pas de la route, ma mémoire ne me fournit rien de particulier ; au reste, nous la parcourûmes avec rapidité. Je remarquai que le pays était superbe et que dans les auberges on faisait bien mauvaise chère, et certes, ma remarque prouve incontestablement que la cuisine était vraiment mauvaise ; car un gosier, accoutumé depuis vingt mois aux lentilles et aux éternels haricots de l'Ecole militaire, était plus que compétent pour juger avec indulgence de la qualité des mets qui nous étaient offerts. Ne croyez pas cependant que je pâtis du régime, loin de là ; je me jetais sur la *minestra verde*, sur les pâtes et sur les fruits, et par ce moyen je réussissais à ne pas mal dîner. Je conseille même aux voyageurs de faire comme moi, et de ne toucher ni à la soupe, soi-disant à la française, ni aux ragoûts, et encore moins aux rôtis qui se composent presque tous de volailles bouillies, et dont le suc est resté au fond du pot ; quant aux *minestre*, je les ai toujours trouvées excellentes, et en cela j'étais bien heureux, car elles sont très communes.

C'est à Milan que devaient se terminer mes amours avec la belle inconnue. Je sentais fort bien que ma bourse s'en trouverait beaucoup mieux ; mais l'approche des adieux faisait cependant sur moi une impression que je ne saurais définir. Eloigné pour la première fois de toutes les personnes qui pouvaient s'intéresser à mon sort, il me semblait que j'allais de nouveau quitter ma mère, ma sœur ; enfin tous ceux qui m'aimaient. Sans être positivement amoureux, j'éprouvais un doux plaisir auprès d'une jolie personne, et j'étais trop jeune encore pour distinguer l'amour véritable de la coquetterie intéressée. D'ailleurs, qu'elle nous trompe ou non, la femme est et sera toujours ce qu'il y a de plus aimable dans ce monde. Il faudrait avoir un cœur bien froid et bien usé pour s'éloigner sans peine d'une femme qui vous a prodigué ses faveurs et vers laquelle on a été attiré, non par le seul désir du moment, mais aussi par le penchant naturel que nous avons à nous rapprocher des grâces et de la beauté, divinités que nous sommes malgré nous obligés d'adorer.

Avant de nous séparer, nous voulûmes voir ensemble la célèbre cathédrale de Milan. Elle est vaste et belle,

ornée de superbes peintures ; mais je ne puis en parler.
Dans le chœur, derrière le maître-autel, on admire
une statue représentant un homme écorché et portant
sa peau sur son bras. Ce travail passe pour un chef-
d'œuvre et prouve que l'auteur était anatomiste : c'est
le martyre de saint Barthélemy. Je le regardai longtemps et je ne pus que le trouver d'une beauté
horrible. Ma compagne, en le voyant, jeta un cri et
détourna les yeux ; je lui en sus gré : une femme qui
regarderait froidement une telle horreur prouverait
qu'elle est dénuée de toute sensibilité.

Après avoir parcouru la cathédrale, nous montâmes
dans les tours ; elles sont presque en entier de marbre blanc. Les matériaux sont liés ensemble par d'énormes barres de fer qui se croisent à l'intérieur de
l'ouvrage. Arrivé à la plate-forme, on trouve une sorte
de café-restaurant tenu par un marguillier ; j'y laissai
ma jeune amie qui ne voulut pas se hasarder à
monter plus haut. Je grimpai jusqu'au sommet de
la tour la plus élevée. A une certaine hauteur, les
escaliers sont en dehors, très étroits, en marbre glissant et sans garde-fous ; au moindre faux pas on court
le risque de faire un saut de plusieurs centaines de
pieds. J'arrivai cependant jusqu'au piédestal de la
statue qui surmonte l'édifice ; c'est une représentation
de la Vierge. De là j'eus le plaisir de contempler toute
l'étendue de la ville. Son périmètre est presque ovale et
ses environs paraissent excessivement fertiles.

On voyait encore beaucoup d'autres villes et villages ;
l'horizon n'est borné que par les Alpes, les montagnes
du Tyrol, de l'Apennin et la mer Adriatique.

J'étais à plus de 400 pieds au-dessus du sol. Il n'y
a que la plus haute des pyramides d'Egypte et la flèche
de la cathédrale de Strasbourg qui soient de quelques
pieds plus élevées. Quand il me fallut redescendre,
j'éprouvai quelque difficulté et même un peu de
crainte ; néanmoins je regagnai la plate-forme où je
ne fus pas fâché de trouver de quoi me restaurer.

En quittant ce beau monument, je vis qu'on y travaillait encore. Par ordre de l'Empereur des Français,
on revêtait tout le bas de superbes bas-reliefs en
marbre blanc représentant les différents événements
de l'Ancien et du Nouveau Testament. Le palais du vice-
roi était voisin ; nous repassâmes devant et regagnâmes notre hôtel.

A peine y fûmes-nous parvenus, que l'on vint prévenir ma jolie inconnue que la voiture qui devait
l'emmener allait partir. Je sentis une sueur froide me
mouiller le visage, mon cœur se serra et j'éprouvai un
moment de véritable désespoir. Julie, c'était son nom
(du moins elle me le dit) fut obligée de s'asseoir ;
elle était visiblement émue, la pâleur couvrait son
front et ses yeux étaient remplis de larmes.

— Adieu ! murmura-t-elle, adieu !... pensez quelquefois à votre compagne de voyage ; pour moi, je ne
vous oublierai jamais !

Elle glissa à mon doigt un anneau d'or ; je ne m'en aperçus que quand elle fut partie. Je n'avais pas la force de parler. Tout ce que je pus lui dire, c'est que son souvenir ne s'effacerait jamais de ma mémoire ; j'ai tenu parole.

Je l'aidai à monter en voiture ; la voiture s'éloigna et je restai à la même place jusqu'à ce que je la perdisse de vue..... Je n'ai plus entendu parler de ma passagère amie. Puisse-t-elle avoir trouvé le bonheur !

Le lendemain, je continuai ma route pour Bologne en passant par Lodi, Parme et Plaisance. Je ne puis rien dire de ces deux villes, non plus que de Reggio et de Modène, que je ne fis que traverser ; je remarquai seulement qu'elles étaient belles et bien bâties. Enfin, vers les premiers jours de juin, j'arrivai à Bologne.

C'est dans cette ville que commença mon existence militaire, car je ne compte pas le temps que je passai à l'Ecole de Fontainebleau, je le regarde comme un noviciat où j'appris la théorie de l'art que j'allais dorénavant mettre en pratique.

C'est à Bologne que se trouvait le 20ᵉ régiment de ligne dans lequel je venais d'être nommé sous-lieutenant. Mon devoir, en arrivant, fut d'aller visiter le commandant et les autres officiers. Ils étaient tous d'aimables hommes et j'eus bientôt fait connaissance ; entre militaires, on arrive vite à l'intimité, surtout de camarade à camarade. Le chef de bataillon était un hâbleur qui ne demandait qu'à être écouté, et alors il en contait de toutes les couleurs. Le dernier arrivé était toujours celui dont il s'emparait pour être l'auditeur de ses histoires ; aussi je fus sa victime pendant huit ou dix jours. Comme je n'osais pas l'interrompre, que je feignais de le croire et qu'il croyait peut-être bien lui-même tout ce qu'il me disait, il donna triple cours à son humeur conteuse, de sorte que je sus bientôt tout ce qui lui était arrivé depuis sa naissance ; je sus même ce qui ne lui était pas arrivé, car il mentait comme tous les conteurs.

L'officier que je trouvai le plus à mon goût et avec lequel je me liai le plus intimement se nommait Armand. C'était un jeune homme gai, spirituel, ce qu'on appelle un bon vivant. Il m'eut bientôt mis au courant de la manière de vivre, de servir et de s'amuser des officiers du corps. Il me conduisit successivement dans tous les endroits où l'on pouvait trouver du plaisir, c'est-à-dire aux différents spectacles, aux bals, aux promenades, etc....

Les femmes de Bologne sont généralement belles ; elles ont les formes gracieuses et très prononcées et se font un devoir de montrer que la nature ne les a pas traitées en marâtre, et on voit là des gorges aussi accentuées que celles qu'on peut admirer sous les arcades du Palais-Royal, à Paris. Au reste, ce n'est pas un mal ; car, en amateur, je puis affirmer qu'elles étaient superbes et bien faites pour être appréciées ; et, de de toutes les curiosités de la ville, c'est bien celle qui flattera le plus les yeux d'un sous-lieutenant qui ne se pique ni de sérieux ni de philosophie.

La ville de Bologne est grande et bien bâtie. Les rues sont bordées, de chaque côté, par des arcades qui peuvent rendre les rez-de-chaussée et les magasins obscurs, mais qui sont d'une grande utilité pour les gens qui se promènent sur leurs jambes. On y voit une belle place ornée d'une magnifique fontaine représentant Neptune. Sur la place est la cathédrale où il existe un très beau méridien tracé en 1653 par Cassini lui-même. Il a 178 pieds ; c'est une ligne tirée sur le pavé de l'église. Une petite ouverture est pratiquée dans la voûte, et le point lumineux formé par les rayons du soleil qui passent par cette fissure indique l'heure de midi. Aussi, à ce moment, le temple est-il rempli de gens qui, leur montre à la main, s'empressent de mettre l'aiguille sur les douze heures. C'est dans cette cathédrale que le pape Clément VII couronna l'empereur Charles-Quint.

Sur une petite place assez laide, on remarque deux tours dont l'une est considérablement penchée. Celle qui ne l'est pas, ou qui l'est très peu, est beaucoup plus haute que l'autre. Elles sont en briques carrées et sans ornements. Elles se nomment Asinelli et Gariscadi ; il en est fait mention dans l'enfer du Dante. Il eût mieux valu bâtir quelque monument utile que de se livrer à ce tour de force architectural qui ne sert absolument à rien.

Un chef de bataillon de je ne sais plus quel régiment, ne voulut jamais loger vis-à-vis de cette tour, craignant qu'elle ne s'effondrât et fit de vifs reproches au secrétaire de la municipalité qui lui avait donné un billet pour ce quartier, assurant que c'était un mauvais tour qu'on voulait lui jouer. Je m'abstiens de commentaires.

Il se trouve à Bologne un musée qui renferme divers objets assez précieux. A peu près à trois milles de la ville s'élève une colline sur laquelle est bâtie une chapelle qui renferme un tableau appelé *la Madona di san Luca*, parce que, prétend-on, elle a été peinte par cet évangéliste. Cette chapelle est réunie à la ville par un rang d'arcades semblables à celles qui sont dans les rues. C'est une promenade très fréquentée et très agréable, on n'y craint ni vent, ni pluie, ni boue.

La population de Bologne n'est pas proportionnée à son étendue, aussi est-il des rues et des places entièrement désertes. Nous étions casernés au couvent de Saint-Dominique, les environs en étaient absolument solitaires.

Le quartier le plus peuplé est celui qui a vue sur la place, c'est précisément là que se trouve la prison dont les fenêtres donnent sur la rue et desquelles pendent des paniers et des chapeaux où l'on dépose les aumônes destinées aux prisonniers. On aperçoit ces malheureux à travers les grilles, et ce spectacle n'a rien d'agréable.

A cette description abrégée de Bologne, j'ajouterai que la ville a quelque chose de singulier, un air original qui plaît aux étrangers et que le patois qu'on y parle est peut-être le plus laid de toute l'Italie. Elle s'intitule « Bologne la savante » à cause de son Université qui passait pour une des plus fortes de l'Europe ; mais je m'abstiens de porter un jugement sur ce point, me regardant comme incompétent.

Pendant mon séjour à Bologne, j'eus une aventure que je ne veux point passer sous silence.

Je me promenais un jour, avec mon ami Armand, sous les arcades qui conduisent à *la Madona di san Luca*. C'était fête. Sur la route qui longe la galerie couverte, deux longues files de voitures circulaient, l'une montant, l'autre descendant. Nous étions en contemplation devant les femmes qui se succédaient sans cesse à nos yeux, toutes plus jolies les unes que les autres, et, en vérité, nous eussions été bien embarrassés s'il nous eût fallu choisir, quand une de ces enchanteresses laissa tomber son mouchoir. Plusieurs jeunes gens se précipitèrent pour le ramasser ; mais, plus leste, j'eus le bonheur de pouvoir le rendre à sa maîtresse dont la calèche n'allait pas vite et que j'eus bientôt rattrapée. Elle était seule avec un vieux monsieur et je lui remis ce mouchoir en lui disant combien j'étais heureux d'avoir pu lui être utile. Elle baissa les yeux d'un petit air modeste et me répondit qu'elle m'en savait tout le gré possible. Je la saluai et m'éloignai, et, certes, je n'aurais plus été embarrassé du choix.

Quelque temps après, soit hasard, soit curiosité, je pris le chemin de la même promenade. C'était un jour ordinaire et il y avait beaucoup moins de monde. A peine eus-je fait une centaine de pas que j'aperçus la jolie dame ; elle était seule à pied, suivie seulement d'un domestique. Je passai vivement à ses côtés ; elle me reconnut, et le plus charmant sourire me l'apprit.

Ah ! qu'un jeune homme est prompt à s'enflammer ! Ce sourire me bouleversa, me mit hors de moi ; celle qui l'avait laissé échapper me sembla Junon, Diane, Vénus ; enfin, tout ce qui vous plaira de beau et d'aimable. Armand était encore avec moi.

— As-tu vu, lui dis-je, comme elle m'a souri avec douceur ?

— Oui, mais cela ne signifie rien.

— Comment ! cela ne signifie rien ? Je soutiens qu'elle m'aime !... Que ses yeux étaient expressifs, que son regard était touchant !

Armand riait aux éclats, et je continuai à tenir les propos les plus passionnés. Cependant, nous rencontrâmes de nouveau la charmante dame, et, cette fois, je passai si près d'elle que ma main toucha presque la sienne. Elle tenait un éventail dont le jeu me donna le temps de pouvoir seul remarquer certain coup d'œil qui voulait dire clairement : « Je ne demande pas mieux que d'avoir un amant. »

Cette déclaration tacite me remplit de joie ; mais j'étais bien novice et ne savais pas trop comment continuer une intrigue qui semblait ne s'être nouée que par hasard. Un nouveau hasard vint m'en fournir l'occasion. La dame acheta une superbe corbeille d'oranges et ordonna à un commissionnaire de la porter dans sa maison, elle eut soin de donner son adresse de manière à ce que je l'entendisse.

Le soir même, j'avais déjà passé une demi-heure sous les fenêtres de la belle, quand il en descendit un petit panier contenant le billet suivant :

« Je suis surveillée. Cependant, avec de l'adresse,
« de la discrétion et de l'amour, nous pourrons nous
« voir. Adieu ! Venez demain à la même heure. »

Comme je ne savais pas encore écrire convenablement en italien, surtout pour correspondre avec une aussi belle dame, j'avais eu soin de copier d'avance sur du joli papier, ces quatre vers de Métastase :

In quel labro pallidetto,
In quel guardo languidetto,
I suoi dardi e la sua face
Per ferirmi ascose amor.

Je mis ces vers à la place du billet devenu pour moi le plus précieux des trésors. Je ne dormis pas de la nuit ; mon imagination était trop exaltée.

Quand je repasse dans mon souvenir toutes les amourettes qui se sont succédé dans mon cœur au temps de ma première jeunesse, je ne puis m'empêcher d'en rire et de me demander : Etait-ce du véritable amour ? Autrefois, il me semblait que oui, à présent, je vois que non ; car l'amour réel, le véritable sentiment rend incapable de ressentir d'autre plaisir que celui qu'il renferme, et dans le temps que je volais d'intrigue en intrigue, je volais aussi de plaisir en plaisir ; j'en trouvais en toute chose et ma gaieté était inépuisable.

Mais, vraie ou non, revenons à ma passion pour la belle dame de la promenade. Je lisais et relisais son billet et je me promettais bien d'aller au rendez-vous. A tout hasard, je copiai encore quelques vers de Métastase. Je choisis ceux-ci :

> Sapi che avvampo ed ardo
> Che lontano da te pace non trovo
> Sapi che sospiro et pietà bramo.

L'heure de l'*Ave Maria* était à peine arrivée... C'est en Italie l'heure des amours. On dirait presque qu'on les a placées sous la protection de la Vierge, ce qui pourrait bien être vrai, car, dans ce pays, la superstition règne partout. Cette heure-là, dis-je, avait à peine sonné, que j'étais au lieu indiqué. Hélas ! le panier seul se montra encore cette fois, j'y mis mon billet et j'y pris celui-ci :

« Ayez patience, un jaloux me surveille de près. A demain ! »

Diable ! un jaloux !... elle est donc mariée ? Si elle ne l'était pas ça ferait bien mieux mon affaire. L'intrigue devient un peu ennuyeuse : c'est égal, poursuivons.

Comme je ne suis point patient, j'ouvris encore mon

Métastase et je choisis pour les lui envoyer les vers
suivants qui semblent être un reproche et qui devaient,
selon moi, l'engager à me dire quelque chose de plus
positif :

> Si tu crudel non m'ami,
> Si meco fingi amor,
> Tradisci un fido cor,
> Ingrata sei...

Le soir, le panier revint encore tout seul ; mais cette
fois, il y avait ces quatre vers que je trouvai les plus
beaux du monde :

> Si infida tu mi chiami,
> Si temi del mio amor,
> Offendi un fido cor,
> Ingrato sei......

Ce n'était pas encore tout ce qu'il me fallait ; néanmoins, ces vers me donnèrent l'espoir d'arriver à
mon but ; c'est-à-dire d'obtenir un rendez-vous de la
charmante signora, et je m'en fus plein de joie.

J'étais content de moi ; ma correspondance au moyen
de Métastase me paraissait un très ingénieux moyen et
je résolus de l'employer encore. En conséquence, j'écrivis sur une belle feuille de papier d'un vert tendre,
ornée de vignettes, le passage suivant de mon auteur
favori :

> Non so come si possa :
> Far vezzi e non amar,
> Piangere e sospirar
> Senza tormento ;
> Come sapro fallar,
> Narrar mentito amor,
> Se pria dentro il mio cor
> **Amor non sento ?**

Puis je me rendis comme à l'ordinaire sous les fenêtres du palais qui renfermait celle qui était l'objet de mon adoration momentanée. Je ne savais pas alors si ce que je ressentais devait durer longtemps ; mais, véritablement, cette charmante femme était pour moi une divinité et je lui rendais une espèce de culte. Je ne lui avais, pour ainsi dire, pas encore parlé, et déjà elle m'imposait des lois et exerçait sur moi un empire absolu, tant la beauté a de pouvoir sur les cœurs, et je me rappelle encore avec plaisir les heures passées à guetter le petit panier.

Le soir arriva. J'attendis bien longtemps, il était près de onze heures et j'étais là depuis près de trois heures ; chacun était parti, et je commençais à craindre qu'on ne se fût moqué de moi, quand la fenêtre s'ouvrit et le panier descendit. Mon cœur battait, ce retard semblait annoncer du nouveau. Je m'approche, quelle joie ! J'aperçois une clef ! l'étiquette indiquait que c'était celle du jardin. Il n'y avait pas de billet, j'y mis cependant le mien. Je prends la précieuse clef, je marche le long du mur, je tourne un angle, je marche encore et j'arrive à une porte. J'essaye la clef, la porte s'ouvre, j'entre, je referme et mets la clef dans ma poche.... Je regarde, je suis dans un jardin au bout d'une allée couverte. Faut-il rester là, faut-il avancer ? L'étiquette attachée à la clef ne dit rien ; on n'a pas eu le temps sans doute d'en écrire davantage.... Je me décide à reconnaître les lieux. A ma gauche se trouve un jardin potager, à ma droite une sorte de petit labyrinthe au milieu duquel s'élève un pavillon ; en face est une terrasse ; au bout de cette terrasse s'élève la maison. Le silence le plus profond règne dans ces lieux, et je commençais à mal augurer de l'aventure quand une lumière dardant ses rayons par une fenêtre dont les volets étaient entr'ouverts, m'avertit que tout le monde n'était pas endormi et me rendit l'espérance. Mon cœur battait avec violence, j'éprouvais en même temps et le désir ardent de voir la jolie dame et une vive appréhension quand je songeais au tête-à-tête. C'était la première fois que je me trouvais en pareille situation. Tout près d'obtenir ce que je souhaitais de toute mon âme, j'étais en proie à un malaise général, et mon agitation devint si violente que je fus obligé de m'asseoir. Un léger bruit qui se fit entendre dans le feuillage me rendit mon assurance, et l'on prononça distinctement ces mots : « A droite ! » Je me dirige de ce côté, et, au détour d'une allée, je me vois en face de la porte du pavillon ; elle est entr'ouverte, j'aperçois une femme sur l'escalier qui y conduit, je le monte et je me jette aux pieds de la belle inconnue... Elle me tend une main que je couvre de baisers et me met l'autre sur les lèvres. Avait-elle besoin de cela pour m'empêcher de parler !... Je n'étais pas capable de proférer une parole tant était forte la sensation que je ressentais.

Mais revenons à la charmante femme qui, me prenant par la main, m'entraîna dans l'intérieur du pavillon sans ouvrir la bouche et après avoir soigneusement fermé la porte. Tout mon courage est revenu ; mon cœur bat toujours ; mais ce n'est plus ni de crainte, ni d'appréhension. Un petit salon charmant vient de s'ouvrir devant nous. Je tiens toujours la main de ma conductrice, je la presse sur mon cœur, je me trouve par hasard presser du doigt l'artère que les médecins ont coutume de consulter ; ce n'est pas la fièvre qu'il annonce, mais bien le trouble de l'amour, le délire du sentiment, l'émotion produite par la plus tendre des passions. Nous sommes déjà sur un sopha et nous n'avons encore rien dit.

— Ah ! parlez, m'écriai-je, dites que vous m'aimez, dites que tout ce que je vois, que tout ce que je ressens n'est pas un rêve, une illusion ; j'ai besoin d'en recevoir l'assurance de votre bouche même.

— Hélas ! tout ce que vous voyez n'est que trop vrai, me dit-elle, et vous devez juger ma conduite bien extraordinaire. Je vous en supplie, ne me méprisez pas trop, je suis si malheureuse !... L'amour m'a égarée.

Elle pleurait et chaque larme avivait les mouvements de mon cœur. Je passai un bras autour de sa taille, je hasardai un baiser, il était brûlant ! J'en donnai deux, j'en donnai mille... Ici je m'arrête...

J'ai dit plus haut que le sentiment si souvent éprouvé

dans ma jeunesse n'était peut-être pas du véritable amour : je suis forcé de convenir que cela lui ressemblait furieusement. On dit aussi que l'on n'aime qu'une fois, j'ai bien peur que la maxime ne soit fausse ; car voilà bien des fois que j'aime et mon cœur est tout aussi enflammé la dernière fois que la première.

Que de questions je fis à ma charmante compagne ! Elle se nommait Ninetta, elle était mariée au vieux monsieur qui était à ses côtés dans la voiture ; ses parents l'avaient sacrifiée ! Mariée selon son cœur, elle eût été une épouse fidèle ; vendue à un riche goutteux, elle oubliait ses devoirs. Que de parents sont ainsi responsables des égarements de leurs filles !

— Je suis bien coupable, reprit-elle, et vous devez me regarder avec mépris ?

— Moi, belle Ninetta, moi vous mépriser, quand je vous adore, quand vous êtes pour moi une divinité ! L'amour ne rachète-t-il pas toutes les fautes ? Et puis, charmante amie, est-ce même une faute que vous commettez ? Une beauté comme la vôtre doit-elle être la proie d'un vieillard impotent dont le seul mérite est d'avoir de l'or ?

— Il est mon mari.

— Eh bien ! que pour mériter ce titre il prodigue ses richesses pour les agréments de votre existence ! Pour moi, chère âme, je vous prodiguerai les plus tendres soins pour mériter le titre plus précieux d'amant tendre et passionné.

Nous passâmes plus de deux heures dans le petit salon et nous ne nous quittâmes qu'après nous être juré de nous aimer toute la vie. Nous étions de bonne foi....

Je sortis par la porte du jardin et j'emportai la clef; c'est bien dire qu'il fut convenu de se revoir le plus souvent possible.

Le petit panier devait me désigner les jours de rendez-vous, et les accès de goutte du mari devaient marquer les instants de notre bonheur. C'est ainsi que l'infortune ou les souffrances des uns sont souvent pour d'autres le moment de la jouissance et du plaisir.

Le mari fut alité huit jours de suite : toujours nouveaux rendez-vous, toujours nouveaux plaisirs. Enfin il se leva, et avec les douleurs de la goutte finirent les délices des tête-à-tête ; mais ce fut pour recommencer quelque temps après. Il est bon de dire que, quand les accès de goutte du mari de Ninetta se faisaient sentir, il oubliait tout, et sa femme pouvait jouir d'un peu de liberté ; mais, quand ils étaient calmés, ceux de la jalousie venaient les remplacer et la pauvre créature en devenait la victime.

Mon bonheur durait depuis un mois, et j'étais aussi heureux et amoureux que le premier jour, quand tout-à coup je le vis s'évanouir pour jamais. Hélas ! puisqu'il est vrai que l'amour dure si peu et que l'homme est naturellement inconstant, pourquoi les plaisirs qu'il nous procure ne se prolongent-ils pas jusqu'au moment où nous cessons d'aimer ?...

Un soir, j'étais comme à l'ordinaire dans le salon. Ninetta s'appuyait sur mon cœur, je tenais une de ses mains, mon bras serrait sa taille, et nous savourions à longs traits le doux poison de l'amour. Nos yeux se disaient : « Je t'aime » et nos âmes le sentaient bien plus que si nous eussions tenu les discours les plus passionnés, quand tout-à-coup la porte s'ouvre, et le terrible époux paraît à nos yeux !... Il écumait de rage. Ninetta jette un cri, se trouve mal, et moi je saute sur mon épée, sans toutefois la sortir du fourreau. Deux femmes entrent, elles volent au secours de leur maîtresse, je repousse le jaloux, je culbute un autre homme qui était derrière lui, j'en écarte un second, je franchis l'escalier ; je cours à la porte du jardin, elle est fermée et la clef est restée au pavillon. Je retourne vers la maison, elle est déserte ; je veux sortir par la porte de la rue, impossible !... Un escalier se présente, je monte ; tous les appartements sont fermés... Je vais jusqu'au dernier étage, une porte est devant moi, je la pousse, elle s'ouvre. Je suis dans un oratoire, c'est une chambre voûtée, parfaitement ronde, éclairée en haut par une ouverture. Les rayons de la lune y jettent une lueur pâle et me montrent un crucifix tenant toute la hauteur de la pièce. Comment peindre ce que j'éprouvais ?... Mille réflexions se succèdent dans mon esprit ; la paix était troublée dans cette maison et j'en étais la cause, je détestais ma faute et j'aimais plus que jamais ! Je faisais le malheur d'une femme et j'aurais donné ma vie pour elle ; j'aurais voulu me venger de ce mari que j'outrageais et je me trouvais seul à minuit devant l'image du Dieu de miséricorde. Je me jetai à genoux et je fis le signe de la croix, mon émotion était trop grande pour prier d'une autre manière. Dieu m'entendit, le calme revint un peu dans mon âme et je sentis renaître mes esprits ; mais aussi tout le danger de ma situation m'apparut et je cherchai le moyen d'y échapper.

Je retournai sur l'escalier, personne n'était encore rentré dans la maison..... Je descends. Arrivé dans le vestibule, je vois venir du jardin le malencontreux mari. Heureusement qu'il marchait comme un goutteux et soutenu par un serviteur. J'eus le temps de me blottir derrière la porte d'une chambre basse ; il était suivi de Ninetta appuyée sur deux femmes ; un autre valet portait un flambeau. Ma maîtresse était pâle et tremblante, les cheveux épars. Ah! si cela m'avait été possible, comme j'aurais volé à ses pieds, comme je me serais jeté à ses genoux pour la consoler; comme je l'aurais enlevée, soustraite à la tyrannie de son détestable époux ! Mais hélas ! il n'y fallait pas songer....

Celui-ci avait été repris par l'accès de goutte, il souffrait comme un damné et en faisait les contorsions. Il ne songeait guère en ce moment ni à sa femme, ni à moi, le malheureux, et à l'aide des deux hommes il se fit remettre sur son lit. Pendant cet intervalle, j'avais eu le temps de parler à la soubrette ; elle me dit que sa maîtresse était au désespoir, qu'elle ne pourrait aller de longtemps dans le jardin et qu'il fallait, jusqu'à nouvel ordre, se borner au petit panier ; mais que cet état de chose ne pouvait se prolonger grâce à la goutte du mari et à l'amour ardent que madame avait conçu pour moi. Elle me dit aussi que le hasard seul avait fait que monsieur s'était aperçu de l'absence de sa femme. L'ayant appelée dans un redoublement de souffrance et apprenant qu'elle n'était pas dans son appartement, un accès de jalousie l'avait saisi d'une façon si furieuse que son mal s'en était trouvé diminué et lui avait permis de s'acheminer vers le pavillon où il avait vu briller de la lumière et où il était entré si mal à propos.

Je suppliai cette bonne fille d'assurer sa maîtresse de mon éternel amour, de ma fidélité à toute épreuve, elle me le promit ; puis elle me donna la clef du jardin, qu'en femme experte, elle avait eu soin de prendre et de cacher pour faire croire au mari que j'étais sorti par là. Je m'en emparai, et en un clin d'œil je me trouvai dans la rue, abasourdi de l'aventure, mais encore heureux d'en être quitte à si bon compte. Il était une heure du matin, je rentrai chez moi ; mais ce fut avec bien de la peine que je parvins à goûter les douceurs du sommeil.

Près de deux mois s'étaient écoulés depuis mon arrivée à Bologne ; on parlait déjà de départ, il était question d'envoyer des troupes dans les Abruzzes et la garnison devait fournir deux bataillons.

Je correspondais toujours avec Ninetta, mais il n'y avait plus moyen de la voir, je commençais à m'ennuyer, je n'avais plus d'argent, on se battait dans le royaume de Naples. Le désir de voir de nouveaux pays et l'amour de la gloire me firent sentir leur aiguillon. Je fis donc tous mes efforts pour faire partie des bataillons partants, et j'obtins d'y être incorporé.

Le jour du départ était fixé. J'aurais bien voulu faire mes adieux à Ninetta; mais il me fut impossible d'obtenir un rendez-vous et le fidèle panier transmit seul mes tristes adieux. Lorsque je le vis remonter et que j'entendis refermer cette fenêtre qui ne devait plus s'ouvrir pour moi, mon cœur se serra, et en cet instant j'aurais donné ma vie pour voir encore une fois celle que j'aimais alors si tendrement. Hélas! mes désirs furent vains, je ne la revis jamais! Il me restait la clef du jardin, je l'ai gardée longtemps comme un souvenir de mon bonheur. Avais-je besoin de cela? Non, car je l'ai perdue et je n'ai rien oublié.

Armand était aussi des partants. Nous quittâmes Bologne le 1er août 1806. J'étais triste, on se moqua de moi; le tambour se fit entendre et les distractions d'une première marche militaire me rendirent ma gaieté.

Je n'ai rien à dire de notre route jusqu'à Rimini où nous nous arrêtâmes quelques jours. On remarque sur la place de cette ville un piédestal sur lequel, suivant une inscription, Jules-César monta pour haranguer ses

soldats quand il passa le Rubicon et qu'il marcha sur
Rome. On nous montra dans une église le tombeau
d'un certain Malatesta qui, bien véritablement, possédait une mauvaise tête et un cœur plus mauvais encore,
car il fit, dit-on, tuer ses trois femmes pour l'avoir
coiffé sans bonnet ni chapeau. Je conviens que ce n'est
pas agréable ; mais n'y a-t-il pas un proverbe qui dit :

> On peut battre sa femme ;
> Mais il ne faut pas l'assommer.

Mon séjour à Rimini ne m'ayant laissé aucun souvenir, je passe à notre marche jusqu'à Ancône où nous
demeurâmes quelques jours. Pour y arriver, nous traversâmes Pesaro et Sinigaglia où se tenait autrefois
une foire célèbre, et les habitants du pays se plai-
gnaient que depuis la guerre elle était réduite à rien.

A Pesaro, je ne remarquai qu'une assez belle fontaine, et, si je m'en souviens, c'est qu'ayant grand'soif
en y arrivant, je m'empressai de m'y désaltérer.

A Ancône, nous fûmes casernés dans la citadelle
qui se trouve à l'entrée de la ville ; elle est bâtie sur le
penchant d'une montagne. Il y a beaucoup de juifs à
Ancône et leurs femmes sont fort belles. En temps de
paix, le commerce y est florissant ; mais à l'époque dont
je parle, il était à peu près nul, au grand détriment
des négociants du pays.

Je logeai chez un israélite qui faisait le commerce du
blé. Il avait une femme superbe, un fils bon garçon et

une fille charmante. Je mangeai fort souvent avec eux, j'assistai même à un de leur souper du jour du Sabbat et je fus enchanté de la façon gracieuse et cordiale dont ils me donnèrent l'hospitalité.

Rachel, c'était le nom de la jeune personne, était tout à fait à mon goût et je crois que je ne lui déplaisais pas ; mais je me bornai au plaisir de l'admirer et de m'entretenir avec elle sans lui souffler le moindre mot d'amour. J'avais un exemplaire du poème de *Joseph* par Bitaubé ; il parut lui plaire, car elle parlait fort bien le français, et je me fis un plaisir de le lui offrir, bien que ce fut un prix remporté par moi au collège. En retour, elle voulut absolument me donner *Amélie de Valmont* ou *le Divorce nécessaire*, roman que je reçus avec joie parce qu'il venait des mains de cette belle juive, mais qui ne m'a jamais plu. Durant le temps que je restai dans cette maison, je me liai avec le fils qui me procura quelques amusements. Il me conduisit à la Bourse, qui est fort belle, et me fit voir les antiquités de la ville, notamment l'arc de triomphe de Trajan, monument très beau et bien conservé. Nous fûmes au spectacle, mais la salle est fort laide. Il y avait aussi à Ancône un beau restaurant que je me rappelle toujours, parce que j'y vis un bouc magnifique qui prenait du café et buvait de l'eau-de-vie tout autant qu'on voulait bien lui en donner. Il était doux, faisait une foule de jolis tours à la façon des chiens barbets et ne sentait pas mauvais comme ses sem-

blables. Il avait cependant, outre une barbe superbe
et des cornes splendides, tout ce qui constitue le sexe
masculin.

Quand il fallut quitter Ancône, je regrettai mon bon
israélite et sa famille où j'étais comme chez moi.
Les gens intolérants et prévenus contre les individus
de cette religion, devraient passer quelque temps dans
une semblable maison : je gage qu'ils reviendraient
promptement de leurs préventions.

Nous partîmes pour Pescara, ville du royaume de
Naples dans les Abruzzes, et passâmes par Lorette.
Dans cette région, le sang est magnifique et les
paysannes font souvent commettre péché d'envie.

Il existe tant de descriptions et si exactes de la
Santa-Casa que je ne sais si je dois en parler. Les
bas-reliefs en marbre qui l'environnent en la recou-
vrant m'ont paru fort beaux ; ils représentent, autant
que je peux me le rappeler, les principales scènes du
Nouveau Testament.

Ce qui me frappa le plus dans l'église où est
renfermée la Santa-Casa, c'est l'usure du pavé produite par les genoux des légions de pèlerins qui s'y
pressent constamment : elle forme de véritables
sillons, et les traces des roues que l'on voit sur le
pavé de Pompeïa ne sont guère plus profondes.

Les braves gens qui ont creusé ces sillons auraient
peut-être mieux fait de cultiver leurs champs. Enfin !
ils avaient la foi, Dieu leur en saura gré, du moins j'ai

besoin de le croire pour n'avoir pas à gémir sur la simplicité, l'ignorance et la misère de ces pieux pèlerins. La plupart, dénués de tout, abandonnent travaux et famille pour venir verser dans le riche trésor de cette église le fruit de leurs privations, et emporter, à la place, des indulgences et quelques chapelets de verre.

Mais quoi ! moi qui parle, j'ai acheté aussi de ces chapelets à Notre-Dame de Lorette, oui, j'en ai acheté : je savais qu'ils feraient plaisir à ma bonne mère, je pensais à elle ; et, ce souvenir venant m'assaillir au moment où j'étais devant la Madone, un retour de dévotion me prit et je dis de nombreux Ave Maria en l'honneur de sainte Marie, patronne vénérée de cette mère chérie.

Et le cher Armand dont je ne parle pas ! il était cependant avec moi. Il acheta aussi des chapelets, et les gardait, disait-il, pour les bonnes occasions. Il m'appelait l'amoureux transi, se moquait de mes soupirs, et possédait à fond le talent d'attirer à lui les jolies servantes des maisons où il logeait, de les amuser et de se les rendre très favorables. Du reste, c'était un bon et beau garçon à figure ouverte et rubiconde et qui n'engendrait jamais de mélancolie. Il chantait comme quatre, buvait comme six, et quand nous étions ensemble, ce qui arrivait souvent, j'aurais défié la tristesse de m'atteindre. Oui, c'était un très bon camarade que mon ami Armand et nous étions amis dans toute la force du terme.

De Lorette à Porto di Formo, nous eûmes un temps affreux ; la route était mauvaise, le terrain argileux ; nous enfoncions jusqu'aux genoux, et, quand nous n'enfoncions pas, nous glissions à chaque instant. Nous marchâmes ainsi toute la journée, et, vers les dix heures du soir, par un temps couvert qui rendait la nuit plus sombre encore, il nous fallut traverser à gué un torrent rapide grossi par les pluies. On passa par peloton de trente à quarante hommes en se tenant par-dessous le bras, ayant soin de mettre au milieu les peureux et les timides. On avait de l'eau jusqu'au cou, et, malgré toutes les précautions, nous perdîmes plusieurs hommes qui se laissèrent tomber et que le courant entraîna.

Armand et moi, nous fîmes la traversée chacun trois fois, et nous eûmes le bonheur de nous rendre utiles. Il se trouva aussi, sur le bord de cette rivière, des paysans qui, armés de longs bâtons, firent les fonctions de saint Christophe et nous rendirent de grands services. Moyennant une légère rétribution, ils passèrent plusieurs officiers sur leurs épaules et furent d'un réel secours pour la traversée des équipages, parce qu'ils guidèrent et soutinrent les chevaux en les tenant par la bride.

Quand toute la troupe fut parvenue de l'autre côté, on compta le nombre d'hommes de chaque compagnie, et il en manqua quinze ou vingt sur tout le bataillon. Il en rentra beaucoup le lendemain ; mais cinq ou six ne reparurent pas, et leurs cadavres furent retrouvés sur le bord de la mer.

Quand je me rappelle la rapidité du courant, la largeur du fleuve, l'obscurité de la nuit, le bruit horrible des flots et du tonnerre, l'espèce de confusion qui règne presque toujours dans ces sortes de passages, je ne puis m'empêcher d'être étonné qu'il n'y ait pas péri plus de soldats. Malheur à celui qui, étant obligé de traverser à pied un courant d'eau rapide, oublie de prendre les trois précautions suivantes : conserver ses chaussures, ne pas lever les pieds, et regarder un peu loin dans les terres et même en l'air.

Si l'on quitte sa chaussure, le pied n'est pas sûr ; si on lève les pieds, les flots vous font perdre l'équilibre ; et, si on contemple l'eau, survient le vertige. C'est un avis que je donne en passant ; j'ajouterai que, quand on ne nage pas, plus on est chargé, moins on court de risques. Aussi les paysans qui, je l'ai dit, avaient porté quelques officiers, allaient plus vite quand ils les avaient sur leurs épaules que lorsqu'ils revenaient à vide.

J'ai oublié le nom de ce torrent, que les habitants décorent du brillant titre de fleuve, il me semble cependant qu'il se nomme l'Ofanto. Je me souviens que le lendemain nous traversâmes de la même manière le Tronto ; mais le soleil dardait ses rayons, et la hauteur des eaux avait considérablement diminué ; aussi personne ne périt.

Chaque fois que je me remémore ces passages de rivières plus ou moins dangereux et qui causent toujours la mort de quelques soldats, je me demande pourquoi on ne prend pas des moyens propres à prévenir tout accident. Ce serait si facile, surtout lorsqu'on a le temps d'agir et que l'ennemi n'est pas là pour accélérer ou ralentir votre marche !

Lorsque plus de mille hommes sont en route et qu'ils doivent effectuer le passage d'une rivière, pourquoi ne pas jeter un pont ? Il serait si facile de se faire suivre des choses nécessaires ! Et la conservation des hommes mérite bien que l'on prenne quelques précautions. L'appareil nécessaire au transport de quelques centaines d'hommes pourrait être facilement amené sur une charrette et ne nécessiterait que quelques sujets expérimentés ; je ne parle, ici, ni des ponts de bateaux, ni de ceux de radeaux dont on se sert dans les grandes occasions ; mais il en est de plus simples et suffisants pour un petit nombre d'hommes.

A dater du jour où nous entrâmes dans les Abruzzes, je suis resté environ quatre ans tant dans le royaume de Naples que dans les Calabres.

En Italie, la plupart des rivières sont dépourvues de ponts ; j'en ai traversé un grand nombre, toujours comme nous traversâmes l'Ofanto et le Tronto, et presque chaque fois nous perdîmes des hommes, ce qui aurait été évité avec un peu de prévoyance. Je ne

parle pas des rhumatismes, douleurs, maladies graves,
et de toutes les morts causées par cette pernicieuse
coutume. Je dirai seulement qu'il fait très chaud dans
ces pays, que les torrents sont entretenus par des eaux
de neige absolument glaciales, que les soldats sont
généralement couverts de sueur en exécutant ces passages et sèchent ensuite leurs habits en marchant.
Tirez de cela les conséquences, et vous ne serez pas
étonnés d'apprendre que, dans les Calabres, nous per-
dions des régiments entiers par l'effet des maladies, et
que tous les vieux militaires y devenaient perclus.

Nous arrivâmes enfin à Pescara. C'est, de ce côté,
la première place forte du royaume de Naples, située
sur la rivière du même nom où elle a un port, et dans
laquelle remontent d'assez gros navires marchands.
Cette ville est assez bien percée ; mais elle est petite
et mal bâtie. Les fortifications en étaient soigneusement
entretenues et offraient un système redoutable de
défense. Les environs de la ville sont charmants et
garnis de jolies petites maisons de campagne.

Les habitants de Pescara sont beaux, très vigoureux,
et leurs femmes sont jolies. Ils aiment avec passion
les combats de taureaux et de chiens ; point de fêtes
sans cet amusement. Ils ont conservé des Romains la
manière de lancer le disque. Ils emploient à cet effet
une ficelle dont ils entourent la circonférence du disque
et qui, en se déroulant, lui imprime un mouvement cir-
culaire excessivement rapide, au moyen duquel il

fournit une carrière plus ou moins longue, suivant la vigueur de celui par qui il a été lancé. Ce jeu exige autant de force que d'adresse et de légèreté, et c'est après avoir parcouru rapidement un assez grand espace de terrain et en faisant un saut en avant que le joueur lance le disque en retenant un bout de la ficelle. Ce qui étonnera, c'est d'apprendre que l'on emploie pour cet exercice une espèce de fromage d'un pied de diamètre et de trois à quatre pouces d'épaisseur, et si dur que les obstacles qu'il rencontre, les bonds qu'il fait, pendant le cours d'une carrière de près d'une minute et quelquefois plus, ne lui occasionnent que de légères entailles. Celui des joueurs dont le fromage va le plus loin gagne celui de l'autre. Ces fromages pèsent jusqu'à huit ou dix livres et ne sont absolument bons que pour être rapés sur les macaronis. Les paysans s'imaginent qu'ils sont bien meilleurs quand ils ont servi à l'exercice dont je viens de parler ; aussi, tous ceux que l'on vend sont-ils brisés en plusieurs endroits.

Si cet amusement n'offre aucun danger, il n'en est pas de même de celui qui consiste à faire battre des dogues contre un taureau furieux. Je n'ai jamais vu de combat de ce genre où il ne soit arrivé quelque accident. C'est la place publique qui est le théâtre de ces jeux barbares.

L'animal, excité par une infinité d'objets qui doivent nécessairement provoquer sa colère, tels que aiguillons, pétards et autres artifices attachés à sa

queue, s'avance, déjà furieux, au milieu d'une populace dont rien ne le sépare, et retenu seulement par
une corde fixée à ses cornes, et le plus souvent aux
mains d'un seul homme. On lâche ensuite contre lui
cinq ou six gros dogues qui le saisissent par le cou et
les oreilles, et qui, après bien des efforts et souvent la
perte de quelques-uns des leurs, finissent par le forcer
à fléchir les jarrets et à baisser la tête. C'est alors
qu'au milieu de ses beuglements de rage et de désespoir,
un boucher, élégamment vêtu, vient lui donner le coup
de la mort et terminer ainsi sa torture et ses souffrances.

Un jour que j'étais au nombre des spectateurs de ce
cruel amusement, et que, tranquillement assis sur l'appui d'une fenêtre d'un rez-de-chaussée, je faisais les
yeux doux et contais fleurette à une charmante petite
brunette, des cris se font entendre ; je regarde et vois
que le taureau, héros de la fête, animal d'une taille et
d'une force extraordinaires, l'œil en feu, la tête basse,
la queue relevée, entraînant, et l'homme qui le tenait
par la corde et les chiens pendus à ses oreilles, allait se
jeter sur la multitude rassemblée à l'entrée d'une rue. Le
danger était imminent ; je ne calcule pas, je me précipite sur la corde, et, unissant ma force à celle de
l'homme et des chiens, nous parvenons à ralentir la
course du taureau. Armand, m'apercevant, court se
joindre à moi et nous l'arrêtons tout à fait.

Ce fut une acclamation générale de reconnaissance

et de remerciements et mon action héroïque qui, véritablement, ne m'avait pas coûté grand effort, avança
beaucoup mes affaires auprès de la jolie brunette, tant
tout ce qui peut donner l'idée de la force et du courage
a d'empire sur le sexe féminin. Bref, que ce fut pour
une raison ou pour une autre, le soir même de cet incident, je triomphai de mon inhumaine, et l'expédient
qu'elle mit en usage pour conquérir quelques heures
de liberté est trop ingénieux pour que je le passe
sous silence.

Elle prétexta un violent mal de tête et feignit d'avoir
grand besoin de dormir. La tante chez laquelle elle
demeurait, par bonheur assez crédule, lui dit de se
mettre au lit ; la nièce y consentit en prévenant qu'elle
fermerait sa porte en dedans et ne répondrait à personne jusqu'au lendemain matin.

Tous les soirs, la bonne allait coucher dans une
petite maison de campagne pour y garder les fruits du
jardin. Ce jour-là, quand la nuit fut arrivée, Carolina,
c'était le nom de la nièce, introduisit dans sa chambre
Antonia la servante, lui recommandant de se mettre
dans son lit et de ne répondre, si on l'appelait, que par
oui ou par non. Celle-ci, qui était dans nos intérêts,
promit ce qu'on voulut. Pendant ce temps, Carolina
prit les habits de la confidente et, le panier au bras,
passa rapidement devant la porte de la salle où était
sa tante. Il faisait déjà un peu nuit; cette campagne touchait presque aux portes de la ville et on partait toujours

tard, elle sut si bien contrefaire sa voix en disant qu'elle s'en allait, que la tante fut parfaitement dupe du stratagème.

On pense bien que j'avais le mot. J'accompagnai ma jolie brune à la cassine. La fermeture des portes nous mettait en sûreté contre toute visite et le temple de Pomone devint pour moi le temple de l'Amour.

Le fidèle Armand savait où j'étais et, en cas d'alerte, aurait eu bientôt fait de m'envoyer prévenir ; mais, tout se passa le mieux du monde. A l'ouverture des portes, nous rentrâmes dans la ville que Carolina traversa sans être reconnue. Sa tante n'était pas encore levée ; elle se remit au lit à la place d'Antonia. Celle-ci reprit son ouvrage et tout rentra dans l'ordre accoutumé.

Que le souvenir de cette nuit de délices est encore rempli de charme ! et y a-t-il rien de préférable au fruit défendu ? O Caroline, aimable fille, de combien de bonheur tu m'as fait jouir !...

Elle était gaie, jolie, spirituelle et me resta fidèle tout le temps que je demeurai à Pescara Etais-je son premier amour ? c'est là ce que j'ignore ; mais, en conscience, aurais-je pu l'exiger ? Un souvenir semblable à celui que je conserve d'elle est tout ce que je lui demande ; le reste m'importe peu. J'aurai du reste l'occasion d'en reparler dans ce récit. J'ajouterai que je ne mange jamais une pêche, un raisin muscat, une figue ou une grenade sans me rappeler l'aimable personne qui savait en composer de si charmantes corbeilles, et pour l'arrangement desquelles je l'ai bien souvent aidée, au milieu des cris de joie et des éclats de rire dont le son retentit encore à mon oreille.

Comme elle était jolie, quand, avec son petit air gai et malin, elle me dit en arrivant dans la petite maison :

— Enfin ! nous voilà libres, allons cueillir notre souper, et si vous n'êtes pas sage, monsieur l'officier, je vous ferai prendre par les brigands, car vous êtes mon prisonnier.

Elle avait raison : qui aurait pu me protéger ? Mais l'amour n'est-il pas confiant ?

Nous courions à travers le jardin, je n'en connaissais pas les détours ; elle se cachait, et Dieu sait ma joie quand je la découvrais blottie derrière un oranger ou au fond d'un bosquet. Que de fois, à l'exemple de Galathée, ne me lança-t-elle pas une pomme pour m'indiquer sa cachette lorsque je tardais à la trouver ! Le temps se passait, il était près de minuit, et la lutine me disait toujours d'être sage ; elle le disait, mais pouvait-on l'être et croyez-vous que je l'étais ?...

Je vivais heureux, et Armand, de son côté, ayant aussi fait une très agréable liaison, employait son temps à peu près de la même façon que moi. Nous nous confiions tous nos secrets, nos peines comme nos plaisirs, et nous nous rendions réciproquement les services qu'exigeait notre situation. Entre nous, tout était en commun ; nous avions pour ainsi dire les mêmes idées, et, quand nous n'étions pas avec nos

maîtresses, nous étions immanquablement ensemble,
à moins que nos devoirs militaires ne nous appelassent
en des lieux différents. Nous partagions nos moments
entre l'amour et l'amitié. Y a-t il au monde une existence plus heureuse ?

Voilà une digression peut-être un peu longue ; mais,
comme je suis sur le point de raconter un événement
tragique, j'aime à m'arrêter sur le récit de quelques
instants heureux.

Vers la fin du mois de septembre, toujours en
l'année 1806, la tranquillité de la garnison de Pescara
lut troublée. On apprit que les montagnes des environs
étaient infestées d'insurgés auxquels nous donnions le
nom de brigands, nom d'ailleurs très mérité. Plusieurs
détachements furent envoyés pour arrêter leurs ravages ; mais, soit que ces paysans armés ne voulussent
pas engager de combat avec des Français, soit que
ceux-ci fussent mal dirigés, le fait est que, jusqu'alors,
les expéditions s'étaient bornées à l'échange de quelques coups de fusils sans résultats positifs, ni pour les
uns, ni pour les autres.

Les choses en étaient là, quand, le 1er octobre 1806, le
commandant de la place de Pescara, reçut l'ordre
d'envoyer un détachement de cinquante hommes,
commandé par un capitaine et un lieutenant, dans le
village de Lauretta, et je fus désigné pour en faire
partie sous les ordres du capitaine d'Hardivillers.

C'est ici que l'on verra jusqu'où peut aller parfois

l'imprévoyance d'un homme. Je ne mettrai pas celle-ci
sur le compte du général en chef, mais bien sur celui
du colonel commandant de la place de Pescara. C'était
un homme sans éducation, bête et ivrogne, un de ces
officiers supérieurs qui, s'ils étaient à leur place, rempli-
raient tout au plus les fonctions de soldat, encore les
rempliraient-ils mal. Il avait une femme qui ne le cédait
en rien à la poissarde la plus mal embouchée, et de ce
couple était née une fille qui, pour lors, comptait une
vingtaine d'années; ce rejeton d'une si noble race
marchait sur les traces de papa et de maman, et comme
ses parents savait énergiquement prononcer les plus
gros jurons. On faisait chez eux la partie de loto, et c'est
là que, grâce à l'argent que j'y perdais tous les soirs,
j'appris à les connaître. Je payais et faisais mes observations en silence, espérant toujours regagner; mais
cet argent perdu ne revint jamais, et pour cause.
Ajoutez à cela que la demoiselle, toute laide qu'elle
était, ne laissait pas que d'aimer le joli jeu d'amour
autant que celui du loto. Aussi, la voyait-on, sans trop
se gêner, faire de gros yeux bien doucereux à un
certain chirurgien-major qui se tenait toujours à ses
côtés et dont une main était continuellement sous la
table, tandis qu'un adjudant de place lorgnait le plus
amoureusement du monde les charmes rebondis de
madame la commandante, laquelle, bien que déjà
dans son huitième lustre, y répondait de son mieux.
Chacun s'apercevait du double manège et on en

riait de bon cœur ; le mari seul n'y voyait goutte, et je crois qu'on lui aurait enlevé femme et fille aussi facilement que sa place qui était cependant très fortement défendue par un très bel ouvrage à cornes dont il parlait toujours avec plaisir, bien qu'il ne sût peut-être pas où il était placé. Je l'ai vu monter souvent sur un cavalier, mettre la main sur son front, en guise de visière, et dire d'un air important : « Où donc est mon ouvrage à cornes ? » et cela à la grande hilarité de tous.

C'était cependant sous le commandement d'un tel chef que se trouvaient placées la ville et la garnison de Pescara. On ne s'étonnera donc pas, d'après cela, si les ordres étaient mal donnés et si les choses les plus essentielles étaient négligées. En effet, celui qui, placé dans un pays, n'en connaît pas la langue, qui prendrait Vaugirard pour Rome, le Rhin pour une grande route, et les Echelles du Levant pour des échelles à monter à l'assaut, est-il capable de diriger la moindre opération ? Aussi, notre très illustre commandant nous fit-il mettre en route avec l'ordre suivant : « M. le capitaine d'Hardivillers partira pour Lauretta où il attendra de nouveaux ordres, et avec dix cartouches par homme », munitions qui, par parenthèse, avaient été distribuées depuis plus d'un mois et pouvaient être avariées. Et tout cela sans s'inquiéter des distances, des localités, des chemins à parcourir, et du danger que pouvaient offrir les bandes de brigands répandues dans la contrée,

enfin sans nous dire ce que nous allions faire. Je suis
tenté de croire qu'il n'avait pas su lire l'ordre du général
en chef ou qu'étant ivre, il n'y avait rien compris. Cela
seul peut l'excuser, et mon récit fera partager, je
l'espère, ma manière de voir au lecteur.

Il était quatre heures du soir quand nous nous mîmes
en route. Nous prîmes deux guides et nous marchâmes
jusqu'à minuit. Le temps était superbe. Arrivé devant
un moulin d'assez belle apparence, le capitaine jugea
nécessaire de faire une grande halte ; nous prîmes nos
dispositions pour cela, et la troupe se reposa environ
une heure. Pendant ce temps, le capitaine demanda à
la meunière de nous donner quelque chose à manger ;
cette brave femme ne se fit pas prier, et une omelette
fut bientôt servie, accompagnée d'une bouteille de vin
et de quelques fruits.

Le capitaine d'Hardivillers était sujet à d'horribles
maux de tête et en souffrait dans ce moment.

— Mon Dieu ! s'écria-t-il, quand donc une balle me
délivrera-t-elle de ces infernales souffrances ! Au même
moment, une détonation d'arme à feu se fit entendre
dans le lointain.

— Que veut dire cela ? demandâmes-nous au meunier.

— Je n'en sais rien, répondit-il ; mais je pense que
c'est quelque braconnier à l'affût.

La réponse était vraisemblable, nous la crûmes, et
le capitaine donna l'ordre de se remettre en route. Nos
deux premiers guides furent renvoyés et le fils du
meunier se chargea de les remplacer.

Nous marchions sous un bois d'oliviers dont le feuillage grisâtre était pâli encore par les rayons de la lune. Un silence profond régnait autour de nous; seul le cri de la chouette venait de temps en temps en rompre la monotonie; les soldats, accablés de fatigue, marchaient sans proférer une parole, et quelques éclairs de chaleur brillaient à l'horizon. Tout était triste autour de nous, mon âme le devint aussi, et je me reportai aux jours heureux de mon enfance, je pensai à ma bonne mère et j'élevai mon regard vers le ciel en adressant à Dieu une courte mais fervente prière. Dès ce moment, je sentis renaître et ma gaieté ordinaire et mon assurance accoutumée. J'avais été élevé par une mère trop pieuse pour ne pas avoir confiance en Dieu.

Je m'approchai du capitaine, et, lui tendant une gourde, remplie de vin, que je portais à mon côté :

— Buvez un coup, mon capitaine.

— Je veux bien, me dit-il, d'autant mieux que je suis triste; je ne sais ce qui me bouleverse, je ne me suis jamais senti ainsi.

— Bah! au jour vous n'y penserez plus, c'est la nuit qui rend mélancolique, puis ce silence et ces éternels oliviers ..

— Oui! tout cela est lugubre. Regardez sur ce gazon quel effet de lumière : ne dirait-on pas un cercueil recouvert d'un drap mortuaire?

— Laissez donc ces idées noires, mon capitaine, vous **me faites peur.**

— Est-ce que vous craignez la mort?

— Non ; mais je n'aime pas à y penser.

— Hélas! mon cher enfant, qu'on y pense ou non, elle arrive à son heure, rien ne peut l'arrêter.

— Eh bien! ma foi, nous la prendrons quand elle viendra ; mais il me semble inutile d'y penser sans cesse, surtout en campagne. L'idée du dernier acte est toujours désagréable, quelle que soit la comédie ; n'en parlons donc plus et buvons encore un coup.

— Soit, buvons... La mort, au surplus, ne doit pas être bien effroyable ; pour mon compte elle me guérira de mes maux, et je me sens le courage de jouer avec elle comme fit le consul Petrone, l'un des principaux confidents de Néron et comme l'intendant de ses plaisirs. Sa faveur excita l'envie de Tigellinus, autre favori, qui l'accusa d'être entré dans une conspiration contre la vie de l'Empereur. Pétrone fut arrêté, condamné à mort, et cette mort fut singulière par l'indifférence avec laquelle il la reçut. Il la goûta à peu près comme il avait fait des plaisirs ; tantôt il tenait ses veines ouvertes, tantôt les refermait et s'entretenait avec ses amis, non de l'immortalité de l'âme à laquelle il ne croyait pas, mais des choses qui flattaient son esprit, comme de vers tendres et galants, d'airs gracieux et passionnés. Aussi a-t-on dit que mourir fut simplement pour lui cesser de vivre. Eh bien! on pourra dire de moi que mourir fut cesser de souffrir!..

La conversation était montée sur ce ton de gaieté

quand nous aperçûmes des tours et des créneaux dont les cîmes argentées par les rayons de la lune prenaient l'aspect de guerriers gigantesques ayant en tête le casque d'acier.

— Quel est ce château, demandâmes-nous au guide ?

— C'est celui de Lauretta ; mais nous en sommes encore éloignés ; car, ainsi que vous le voyez, il est sur la montagne, et nous avons une vallée profonde à traverser.

Après cette indication, nous continuâmes à marcher en silence, et bientôt une pente rapide nous conduisit au fond de la vallée ; l'obscurité y régnait entièrement.

Nous avions eu soin d'envoyer quelques hommes d'avant-garde, nous les rappelâmes, et, après en avoir doublé le nombre, le capitaine les mit sous mon commandement avec recommandation d'observer en silence les approches de la ville et de lui envoyer dire si l'on pouvait avancer sans danger. En même temps il fit inspecter les armes et recommanda aux soldats de redoubler de précautions pour n'être ni vus, ni entendus, car il était prudent de se tenir sur ses gardes.

Je m'avançai donc à pas de loup vers l'entrée de la ville, toujours dirigé par le guide. Tout annonçait la plus parfaite tranquillité, quelques chiens seulement faisaient entendre leurs aboiements, et, après avoir écouté un instant, je commençai à gravir la première rue de la ville, laquelle, je l'ai dit, était bâtie sur une

colline. Je traversai une petite place, je parcourus
encore toute la longueur d'une rue, et enfin je me trouvai sur une large esplanade au bout de laquelle était
le vieux château.

Toujours même tranquillité, toujours même silence.
Je m'approchai de cet antique édifice, il me parut inha-
bité. Voyant que tout était en repos, n'apercevant rien
d'hostile, je m'établis sur le milieu de l'esplanade et
j'envoyai un homme et un caporal avertir le capitaine
qu'on pouvait avancer sans crainte. En effet, quelques
instants après, il arriva à la tête du détachement. A
l'aide de notre guide qui connaissait la ville, nous
fîmes lever le Syndic, et, une heure avant le jour, nous
étions tous logés, la troupe dans le château, le capitaine chez le Syndic, et moi chez un de ses voisins.

Ce fut sur l'assurance positive du premier magistrat
de cette ville, que le capitaine crut pouvoir se séparer
de son détachement. Depuis longtemps, disait-il, on
n'avait entendu parler de brigands. Ce fut également
sur cette affirmation que je gagnai mon lit dont j'avais
grand besoin. On pense que le sommeil ne fut pas long
à venir m'y trouver; mais hélas! il ne devait pas être
de longue durée.

A peine le soleil venait-il de se lever, qu'un cri d'a-
larme se fait entendre; nous avions été trahis, et plus de
deux mille insurgés couvraient les hauteurs qui entourent Lauretta. Deux mille brigands étaient rassemblés
à huit ou neuf lieues de Pescara et le commandant

n'en savait rien, et il nous envoyait sans ordres précis, sans instructions, sans munitions ! Je frémis encore de colère quand je réfléchis à cette condamnable impéritie, et sur le moment je blémissais de rage !... Nous étions surpris, bloqués, environnés de toutes parts.

Des coups de fusil se font entendre, le capitaine qui ne dormait jamais fut bientôt à la tête du détachement. Pour moi, qui avais dix-neuf ans et ne reposais que depuis une demi-heure, le maître de la maison vint me réveiller en même temps que mon soldat d'ordonnance criait aux armes. Je m'habille à la hâte et cours à la porte. Grand Dieu ! (j'y pense encore avec horreur) la fusillade était engagée et la rue pleine de figures affreuses ; les brigands l'occupaient dans toute son étendue en proférant les cris de : « Mort aux Français ! Feu ! Point de quartier ! Tue ! tue !... » Impossible de me frayer un passage, je m'arrachais les cheveux de désespoir.

— On croira que je me cache, m'écriai-je.

J'allais me précipiter au milieu de ces bandits, mon soldat me retient. Nous montons dans une chambre, il s'y trouvait des fusils et des munitions ; mon compagnon avait le sien ; sans calculer, sans penser à ce qui pouvait s'ensuivre, nous tirons sur l'ennemi, nos coups portent chaque fois ; je tire et le soldat recharge. L'ennemi voyant tomber les siens s'imagine qu'un autre détachement de Français est caché dans les maisons et qu'il va être foudroyé par les fenêtres, il bat en retraite. Le brave d'Hardivillers s'en aperçoit, il

pousse en avant et la rue est bientôt déblayée. Non,
jamais, jamais, je n'éprouvai joie pareille à celle que
je ressentis en me retrouvant au milieu de mes compagnons. J'eusse été bien ingrat de ne pas rendre grâce
à Dieu ; une pensée aussi rapide que l'éclair, un regard
vers le ciel lui exprimèrent ma reconnaissance ; il n'en
faut pas plus pour raviver l'ardeur et l'espérance.

Notre succès ne fut pas de longue durée. Les insurgés
s'aperçurent bientôt qu'ils s'étaient trompés et ils revinrent en force. Nous leur disputâmes la rue pied à
pied ; mais des coups de fusil partent des fenêtres. En
un instant nous perdons une dizaine d'hommes et nous
sommes obligés de nous retirer sur l'esplanade. Peut-
être n'aurait-on pas dû en sortir ; mais que serais-je
devenu ? Je suis forcé de dire que tout est pour le
mieux.

Arrivés là, nous nous adossâmes au château et fîmes
bonne contenance tout en ménageant, autant que possible, notre petite provision de cartouches. Semblables
au sanglier qui fait tête aux chiens, nous tenions cette
multitude à distance raisonnable, espérant que, par
suite des dispositions du général en chef, un détachement viendrait à notre secours.

Il était dix heures du matin. Nous avions dix
hommes de tués et presque le même nombre de blessés.
Le capitaine d'Hardivillers veut reconnaître un empla-
ment propre à recevoir un poste. Une balle partie d'un
trou de la muraille l'atteint au-dessus de la tempe, il

tombe !... Ses vœux sont exaucés, il n'aura plus mal à la tête... Il prétendait avoir le courage de Petrone, il n'en eut pas besoin, la mort vint sans qu'il s'en doutât et il ne put sentir si elle était effroyable ou non.

En voyant tomber mon chef, je restai un instant comme privé de mes facultés ; j'aimais ce brave militaire et je le perdais pour toujours ! Hélas ! combien en ai-je perdu depuis, que j'aimais plus que lui, mais dont la mort ne m'a pas affecté comme la sienne ! On s'accoutume à tout !

Mais revenons à mon récit. Me voilà chef de détachement, que vais-je faire ? Que devenir... Depuis que le capitaine est tombé, deux soldats l'ont suivi de près, et mon premier sergent est mortellement blessé. Nos munitions sont presque épuisées. J'exécute une sortie pour enlever deux blessés, j'y réussis, mais en perdant encore un des miens. Je rentre alors dans le château, j'en barricade les portes, et je dispose mes hommes de manière à faire avec avantage le coup de fusil. Je fais mettre les blessés dans une chambre, il s'en trouve quinze. Quatorze soldats sont tués en comptant le capitaine. Il me reste vingt-deux hommes. Je passe la revue des armes et des gibernes ; plus de cartouches ! mais par bonheur les armes sont encore chargées.

Malgré le mauvais état où je me trouvais et mon peu d'espérance, je pris cependant la résolution de me maintenir dans ce poste et de faire bonne contenance, espérant toujours être secouru par quelque troupe des environs. Je me mis donc à parcourir le château. Un vieux donjon, point culminant de l'édifice, devint mon observatoire, et j'y plaçai une sentinelle avec ordre de m'avertir de tous les mouvements de l'ennemi. Toutes les portes furent barricadées de manière à ne pouvoir être facilement enfoncées ; deux ou trois hommes se promenèrent sur une galerie qui dominait les côtés de l'édifice, et les fenêtres qui donnaient sur l'esplanade, partie la plus attaquable, furent gardées chacune par deux soldats ayant près d'eux force pierres, force pièces de bois, et autres objets du même genre propres à repousser un assaut. En un mot, je pris toutes les précautions qu'il me fut possible ; mais, hélas ! il était un besoin contre lequel j'étais impuissant, c'était la faim et la soif !

Mes gens n'avaient rien mangé, ou presque rien, depuis Pescara, et nous avions l'ordre de prendre des vivres à Lauretta ! Les blessés, étendus sans secours, sans eau pour adoucir la soif qui les dévorait, jetaient des cris déchirants.

Il était près de deux heures. Les brigands, postés sur les hauteurs, étaient occupés, à ce qu'il nous parut, à préparer leur repas, et ceux qui se trouvaient en ville mangeaient probablement à la table des habitants ; seules, leurs sentinelles nous observaient en se promenant derrière une muraille dont les ouvertures leur permettaient de nous voir sans être vues.

Ah ! si j'avais connu parfaitement les chemins, si j'avais eu l'expérience acquise depuis, mes baïonnettes, un mouvement rapide et serré au pas de charge m'auraient promptement tiré de cette position ! Mais que dis-je ? et les blessés; pouvais-je les abandonner à la férocité de ces sauvages qui, bien certainement, leur auraient fait souffrir tous les tourments imaginables ? non, mille fois non !

Ce moment de calme me suggéra cependant une idée. Dans mon détachement se trouvait un Piémontais nommé Régis. Il parlait fort bien la langue du pays, était marcheur infatigable, et, sous tous les rapports, très apte à remplir les fonctions qui exigent le plus de courage, de ruse et de présence d'esprit. Ses camarades l'appelaient le roi des montagnes, parce que, en Corse, d'où venait le régiment, il avait été chargé plusieurs fois de missions à l'intérieur de l'île. Ce roi des montagnes me parut donc, dans l'extrémité où je me trouvais, devoir être notre sauveur à tous, et je le fis venir.

— Régis, lui dis-je, c'est ici qu'il faut déployer vos talents, en allant nous chercher du secours malgré tous ces brigands qui nous environnent, et je lui montrai du doigt les insurgés cernant le château.

— Volontiers, mon lieutenant, j'y avais déjà pensé, et ce sont ces haillons qui m'en ont donné l'idée.

— En disant ces mots, il me montra un paquet de mauvaises hardes qu'il avait trouvées dans une salle du château ; car il ne manquait jamais de visiter exactement les lieux où il se trouvait. Il y avait précisément là de quoi l'habiller en entier, et son travestissement fut bientôt achevé. De tout son attirail militaire, il ne garda que sa baïonnette qu'il cacha sous les plis de sa chemise et qu'il tenait toujours très pointue.

— Cela peut servir, dit-il en me montrant sa pointe. Rien ne vous tire d'affaire à l'occasion comme un bon coup de poignard.

Cette réflexion me fit d'abord frémir ; mais je lui en sus gré, car elle prouvait qu'il n'était pas homme à se laisser facilement capturer. Il était, d'ailleurs, parfaitement déguisé, et le plus fin n'aurait pas hésité à le prendre pour un malheureux habitant du pays. Pour être encore plus méconnaissable, il ôta ses souliers et, comme j'en parus étonné, il me montra deux pieds secs et caleux qui me semblèrent effectivement pouvoir se passer de chaussures ; puis, me dit d'un son de voix qu'il s'efforçait de rendre théâtral :

— Que la main du roi des montagnes ne touche plus un fusil, s'il ne vous amène pas du secours !

Il étendit son grand bras comme pour donner plus de force à son serment ; son autre main était posée sur la baïonnette cachée sous sa chemise, et, dans cette attitude, il me parut imposant.

Sa taille était moyenne et bien prise ; il avait le front haut, l'œil vif et enfoncé ; le nez, un peu recourbé, descendait sur la lèvre supérieure ; la bouche était petite et le menton assez saillant donnait à cette figure le caractère de l'opiniâtreté. L'assurance avec laquelle il parlait inspirait confiance, et j'écrivis rapidement au crayon ce qui suit :

« Un détachement français épuisé de fatigue, ayant « beaucoup souffert par le feu de l'ennemi, se trouve « dans une position désespérée et demande du « secours ». Et je signai.

Lorsque Régis prit mon billet, je ne pus m'empêcher de lui serrer la main avec toute l'expression de la reconnaissance, en l'adjurant de tâcher d'arriver à Civita di Penna, ville que je savais n'être pas éloignée. Il s'agit alors de le faire sortir du château. Une petite porte donnant sur des décombres nous en fournit le moyen ; il rampa derrière des tas de pierres, et, à la faveur d'une haie assez épaisse et d'arbustes du même genre, il parvint à gagner une vigne et, s'y étant glissé à quatre pattes, je le perdis bientôt de vue.

Le croirait-on ? Cet homme avait un air si assuré, une réputation de bravoure si bien établie parmi ses camarades, que, lorsqu'il s'éloigna, il me sembla un moment que mon bon génie m'abandonnait, et c'est avec tristesse et presque découragement que je fus rejoindre mes autres compagnons, qui, tous à leur poste et connaissant le départ du roi des montagnes, avaient pris le parti d'attendre avec fermeté le cours des événements. Si ce n'eût été les blessés, je me serais senti à peu près tranquille ; mais leurs cris me perçaient le

cœur, et, bien que j'eusse déchiré ma chemise pour en
faire des bandes et que mon exemple eût été suivi par
plusieurs de mes soldats, les soins que nous avions pu
leur donner n'avaient rien de bien efficace, et ces malheureux étaient en proie à des tourments affreux. Nous
ressentions tous une soif ardente ; qu'on juge de ce que
devaient éprouver des infortunés que la fièvre consu-
mait.

J'allai de tous côtés dans l'espoir de trouver de
l'eau ; mais les puits étaient comblés, tout était sec et
la pierre qui, jadis, avait servi de réservoir était actuel-
lement poudreuse et couverte de décombres.

En m'enfonçant sous une voûte assez obscure, une
porte ouverte s'offre à ma vue ; j'y jette les yeux. Dieu !
quel spectacle ! le cadavre sanglant de mon malheureux capitaine était étendu là, recouvert d'une capote
militaire. Un rayon de soleil, passant à travers un
soupirail, éclairait cette scène et la rendait encore plus
lugubre par le contraste. C'est moi qui, peu d'heures
auparavant, avais fait transporter le corps en cet endroit ; mais je l'avais oublié. Quand il s'offrit à mes
regards, il me sembla voir le tertre de gazon éclairé
par la lune et ressemblant à un cercueil recouvert du
drap mortuaire ; hélas ! ce n'était plus une image fantastique, mais bien la triste réalité, et celui qui la
veille au soir m'entretenait de la mort en était devenu
la proie.

Que de réflexions se pressaient dans mon imagination de dix-neuf ans !

Depuis un moment, j'étais à la porte de ce lugubre caveau, quand je fus tiré de ma rêverie par le cri redoublé de : « Aux armes ! aux armes ! les voilà ! les voilà ! »

Je cours à mon poste ; les brigands faisaient une nouvelle attaque du côté de l'esplanade, et leur fusillade était vive ; heureusement, nous étions bien couverts et nous n'en souffrîmes pas. Comme je n'avais en tout qu'une vingtaine de coups à tirer, je ne faisais tirer qu'à bon escient ; cependant, nous fûmes vite au bout de nos munitions. Par bonheur, l'ennemi ayant perdu quelques-uns des siens et ne sachant pas à quoi nous en étions réduits, se retira encore une fois derrière les maisons et nous laissa un instant de repos. Durant ce moment de calme, je m'entendis appeler par la sentinelle du donjon.

— Lieutenant, me dit-elle, du haut de la montagne on nous fait signe avec un drapeau blanc.

En effet, je vis qu'on agitait en l'air quelque chose de ce genre. A tout hasard je pris mon mouchoir de poche, et, le déployant, je répondis au signal.

Celui qui correspondait ainsi avec moi était à cheval suivi d'un des siens ; il se mit en devoir de descendre dans le fond de la vallée qui nous séparait, en me faisant entendre qu'il fallait en faire autant. Je ne savais trop à quoi tout cela aboutirait et j'hésitais à prendre ce parti ; cependant, ayant consulté le sergent, vieux militaire de vingt ans de service, et les trois caporaux qui me restaient, en un mot, après avoir entendu mon modeste conseil de guerre, qui n'hésita pas à me représenter que, eu égard : 1° à notre manque de cartouches, 2° à l'état des blessés, 3° à la disette où nous nous trouvions, enfin aux pertes que nous avions faites, nous étions dans la nécessité de capituler s'il était possible, je me décidai, malgré ma répugnance, à entrer en pourpalers avec les brigands et à tenter un dernier effort. Je pris donc ma résolution, et me faisant accompagner d'un caporal, le mouchoir blanc à la main et la crosse en l'air en signe de paix, je sortis par la même porte que Régis, et je me dirigeai vers le fond de la vallée où m'attendait celui qui, le premier, avait entamé les négociations ; non sans avoir recommandé au sergent de surveiller attentivement les brigands postés dans la ville et auxquels le château avait probablement caché les signaux de leurs camarades, et qui d'ailleurs n'étaient peut-être pas de la même bande que ceux avec lesquels je correspondais.

Tout en m'acheminant au fond de la vallée, je craignais intérieurement que cette multitude de paysans armés, n'entendant rien au métier de la guerre et combattant chacun pour soi, ne m'empêchât de passer tranquillement. Cela ne manqua pas d'arriver. Juste au moment où je me posais cette question, trois coups de fusil, partis d'une vigne qui dominait le chemin que je suivais, furent dirigés sur nous et l'un des trois

étendit raide mort le caporal qui m'accompagnait...
Faut-il retourner ? Non! Je n'hésite pas et je continue ma route... L'homme qui m'attendait fit signe de
ne plus tirer, et j'arrivai auprès de lui couvert de la
cervelle et du sang de mon compagnon ; mais mon
visage était calme, mon maintien assuré, car toutes les
secousses de cette journée m'avaient mûri en quelques
heures et donné à mon âme un degré d'énergie qu'elle
ne connaissait pas encore.

A mon arrivée, le cavalier mit pied à terre et donna
son cheval à tenir à celui qui le suivait ; puis il s'avança
vers moi et me présentant la main :

— Seigneur commandant, me dit-il, la fortune ne
vous a pas été favorable.

— Il est vrai ; mais moi seul en souffrirai, et nous
serons, je l'espère, bientôt vengés.

— Que voulez-vous dire par là ?

— Je veux dire que cinquante hommes ne sont
rien comparativement au nombre de Français qui
occupent les Abruzzes.

— Vous pouvez avoir raison ; mais, soit dit entre
nous, vous n'êtes guère en situation de parler des
succès de votre nation, et, en ami, je vous conseille de
suivre mes avis.

Cet homme était grand, bien fait, il avait la figure
ouverte, le son de voix agréable, les yeux vifs et
doux. Son costume, composé d'un pantalon de velours
noir, brodé d'argent sur le côté et aux poches, d'un

gilet de même étoffe, garni d'une quadruple rangée de boutons d'argent, d'une veste aussi de velours, brodée comme le pantalon, et d'un chapeau rond, orné d'une large cocarde rouge et d'une superbe plume d'autruche, avait quelque chose de distingué, qui, joint à la douceur de sa physionomie, m'inspira tout de suite une sorte de confiance et me disposa à écouter ce qu'il avait à me dire. Je lui demandai donc quelle sorte d'avis il avait à me soumettre.

— Déposez les armes, moyennant quoi je vous promets qu'il ne vous sera fait aucun mal et que vous serez traité honorablement.

— Je veux bien déposer les armes ; mais je ne veux pas rester en votre pouvoir, ou du moins, si j'y reste de ma personne, je prétends que mes soldats aient la liberté de se retirer à Civita di Penna, que les blessés soient pansés et transportés dans cette même ville, et de plus qu'on nous donne des vivres, car nous mourons de faim et de soif.

— Je ne sais si je peux prendre sur moi de traiter seul avec vous ; mais montons au château et nous verrons à régler les conditions ; surtout, tâchons que les deux autres chefs ne soient pas là, car ce sont des scélérats qui ne demandent que du sang.

— Quel est celui qui commande en premier ?

— C'est bien moi ; mais je ne suis pas toujours obéi. Ah ! seigneur Français si vous connaissiez ma position, elle est terrible !.,. Je fais ce métier avec

dégoût, je m'y déplais, et je ne sais comment le quitter...
Je me suis vengé, j'ai tué l'assassin de mon père, j'ai
rempli mon devoir ; mais je ne puis plus vivre tranquille. Les Français occupent mon pays, la justice me
poursuit, et pour lui échapper il m'a fallu devenir
chef de ces insurgés, de ces brigands ! Mais, croyez-le,
je ne partage pas leurs crimes, loin de là, je leur en
ai même souvent épargné et peut-être serai-je assez
heureux pour les empêcher d'en commettre un nouveau aujourd'hui.

Je regardai cet homme, qui se nommait Michel
Ferranti ; plus il parlait, plus je me sentais pour lui de
bienveillance ; je lui trouvais l'air noble et généreux
et j'aurais voulu qu'il fût officier dans le même régiment que moi. Il me regarda aussi.

— Je lis dans votre âme, me dit-il, vous êtes étonné
de trouver quelque vertu dans un de ceux qu'on vous a
toujours dépeints sous des couleurs atroces.

— Il est vrai, je ne puis vous le cacher ; mais en
vous voyant, en vous écoutant, je sens qu'on peut se
tromper.... Il me tendit la main, je la saisis avec
empressement et nous fîmes quelques pas ainsi. Peu
d'instants après, nous arrivâmes au château ; mais, sans
y penser, au lieu d'entrer par la petite porte, nous nous
dirigeâmes vers l'entrée principale en passant par
l'endroit même où le capitaine d'Hardivillers avait été
tué. Nous ne fûmes pas plutôt aperçus par les sentinelles qui occupaient les maisons de la ville qu'elles

poussèrent des cris que leur arracha la surprise de nous voir ainsi ensemble, et en un clin d'œil l'esplanade se trouva couverte de brigands. A cette vue, Ferranti changea de couleur et me regarda avec un air que je ne puis définir; mais, véritablement, je crois qu'il fut persuadé de ma perte et que son regard fut celui de la compassion la mieux sentie. Je le compris; cependant aucune altération ne se montra sur mon visage, et je criai d'une voix forte que je réclamais la foi du serment. J'étais absolument entouré par cette foule de sauvages; l'un deux, plus hardi, voulut me prendre mon chapeau, je le repoussai si rudement qu'il tomba tout de son long à la renverse, et cet acte d'énergie me sauva peut-être d'une mort qui paraissait certaine; tous en parurent étonnés, et, comme par un mouvement spontané et unanime, ils s'éloignèrent de moi.

Ferranti leur dit alors que nous étions ensemble pour capituler et que nous allions régler les conditions. A ce mot de conditions, deux autres chefs s'avancèrent; mais qu'ils étaient différents de Ferranti! Le premier, que j'ai su depuis se nommer De l'Orio, était d'une taille gigantesque, il avait les cheveux crépus, l'œil farouche, le nez gros, une moustache épaisse cachait tout le bas du visage. Il était armé d'une carabine qu'il portait en bandoulière, de deux pistolets attachés à sa ceinture, d'un sabre, d'un large poignard dont le manche passait par l'ouverture de sa poche, et d'un fusil qu'il tenait à la main. Son costume était à la fois

burlesque et martial. Il était coiffé d'un chapeau
galonné comme ceux de nos gendarmes et dessous
lequel pendait une longue crespine rouge (1), terminée
par trois énormes nœuds de rubans noirs. La veste était
brune, bordée de broderies rouges et le gilet de peau de
veau avec le poil en dehors; il portait des culottes
courtes attachées aux genoux avec des rubans rouges
formant de gros nœuds, ses jambes étaient nues et ses
pieds chaussés d'espadrilles. Son aspect avait quelque
chose de cruel qui portait à détourner la vue. L'autre
chef, appelé Juan de Fiori, était encore plus désagréable à voir. Il était de petite taille avec de larges épaules,
les bras très longs ainsi que les cuisses, et ses jambes
étaient aussi velues que celles d'un ours. Il tenait à la
main un fusil d'une longueur extraordinaire; à son côté
était une sorte de coutelas assez semblable à un large
couteau de cuisine, dont le fourreau se trouvait attaché
à une ceinture faite d'une bande de buffle et serrée par
devant au moyen d'une boucle tellement haute qu'elle
lui montait presque jusqu'au menton. De l'autre côté
pendait un pistolet d'arçon. La tête aux traits hideux,
était coiffée d'une espèce de kolbach dont le poil
couvrait presque deux yeux qui brillaient à travers
comme ceux d'un tigre et dont la couleur jaune était
quelque chose d'horrible. Son costume se composait
d'une veste de peau de mouton serrée par la haute

---

(1) Ce mot de crespine se retrouve plusieurs fois dans ce
récit et signifie probablement résille, ou tout autre ornement
de ce genre.

ceinture dont j'ai parlé, et de culottes de peau de chèvre à longs poils. L'aspect général était vraiment celui d'une bête féroce, et la voix ressemblait à une sorte de glapissement bien capable d'inspirer la terreur. Tels étaient les deux individus à la volonté desquels mon sort et celui de mes compagnons étaient subordonnés.

Ainsi que je l'ai dit, tous ces bandits s'étaient approchés lorsqu'ils entendirent qu'il s'agissait de conditions; et l'un deux, s'élançant de mon côté, tira son poignard et allait m'en frapper lorsqu'un cri général poussé par les soldats français qu'une scène pareille avaient attirés vers la porte qu'ils venaient d'ouvrir, joint à leur présence inattendue, fit encore une fois reculer cette horde de sauvages. J'en profitai pour me rejeter au milieu des miens et rentrer dans le château, dont je refermai la porte avec une telle promptitude, que cette action redoublant la terreur que l'apparition des soldats avait jetée parmi l'ennemi, le porta à se retirer vers les rues de la ville, craignant une décharge que, par malheur ou par bonheur, nous étions loin de pouvoir exécuter.

Ferranti profita de la circonstance pour représenter que nous allions poser les armes et que, nous rendant prisonniers, ils nous auraient bientôt sans coup férir à leur disposition. Cette promesse parut calmer la haine de ses compagnons et ils poussèrent des cris de joie, cris affreux, qui semblaient annoncer par avance le plaisir qu'ils éprouveraient à nous égorger tous.

Cependant, j'avais de nouveau barricadé la porte, et, criant assez fort pour me faire entendre (1), je dis que si l'on voulait que je me rendisse il fallait que les chefs entrassent dans l'intérieur du château et que nous règlerions alors les articles de la capitulation. C'était un mot nouveau pour eux, et, soit curiosité, soit effet du hasard ou de mon bonheur, soit enfin que Ferranti fût parvenu à les décider, on convint que lui, De l'Orio, Juan de Fiori et quelques autres entreraient dans le château. Ils se présentèrent aussitôt, et je les introduisis, ne sachant pas trop comment cela finirait; mais m'attendant à tout ce qu'il y avait de plus fâcheux.

Aussitôt qu'ils furent dans l'intérieur et d'après le conseil de Ferranti qui, de temps à autre, me serrait la main en cachette, je consignai tous mes soldats dans une salle et nous passâmes, moi, le sergent et les chefs de brigands, dans une autre pièce contiguë, et là, Ferranti tirant une écritoire et une feuille de papier dont il était pourvu, commença à écrire les articles suivants :

« 1° Les Français se rendront à l'armée royale de « Fra-Diavolo. »

Ce nom me glaça d'effroi, c'était celui du plus terrible des ennemis du gouvernement français. Ferranti, remarquant l'altération qui se peignit sur mon visage, se hâta d'ajouter que, vu l'absence de son chef, l'armée

---

(1) L'auteur de ce récit possédait la voix la plus forte, la mieux timbrée et la plus extraordinairement sonore qu'on puisse rencontrer.

était commandée par ses lieutenants Michel Ferranti,
De l'Orio et Juan de Fiori : combien je lui sus gré de cette
déclaration ! Mais revenons aux articles de la capitulation :

« 2° Les Français déposeront les armes ;

« 3° Le commandant restera prisonnier et sera en-
« voyé en Sicile ;

« 4° Les soldats français seront échangés contre un
« nombre égal de ceux de ladite armée royale détenus
« dans les prisons des Français ;

« 5° On s'empressera de faire donner des secours
« aux blessés, et ils seront ensuite transportés à Civita
« di Penna ; les morts seront enterrés ;

« 6° Les Français recevront, après la signature de la
« capitulation, une ration de vivres semblable à celle
« des soldats de l'armée royale. »

Quand les articles furent ainsi dressés, je signai,
Ferranti en fit autant, De l'Orio griffonna son nom,
les autres ne sachant pas écrire firent une croix ; mais
tous, à l'exception de Ferranti, avaient sur les lèvres
un sourire infernal qui trahissait visiblement leur
mauvaise foi et mettait à découvert la perfidie de leur
arrière-pensée. Enfin, nous étions en apparence
d'accord.

Que l'on juge de mon désespoir ! Pour la première
fois j'allais au feu, je m'y étais comporté en brave,
j'avais dix-neuf ans, une belle carrière s'ouvrait devant
moi et, nonobstant la mort dont j'étais menacé, j'avais

devant moi le pis aller de terminer cette carrière dans les prisons d'un ennemi implacable. Ah ! combien je maudissais l'imprévoyance du commandant de Pescara ! dix cartouches de plus par homme et nous étions sauvés !

Ma position était terrible, pourtant je n'en fus pas accablé. L'âme s'élève en proportion du danger où l'on se trouve. Puis, je pensais malgré moi que Régis était parti depuis plus de deux heures. Etait-ce un reste d'espérance ?... On sait qu'elle n'abandonne jamais les malheureux.

Quand tout fut terminé, je lus la capitulation à mes soldats, et, les faisant sortir un à un, ils déposèrent les armes sur l'esplanade en dehors du château, et je donnai mon épée à Ferranti. Dieu ! quel cruel moment !... Mes braves soldats avaient les larmes aux yeux, et plusieurs brisèrent leur fusil, ce qui faillit nous faire un mauvais parti. Après cette triste cérémonie, on fit rentrer mes compagnons dans la salle où, peu avant, je les avais consignés ; je fus mis seul dans un cabinet, la porte fermée sur moi, et les chefs s'assemblèrent dans une chambre qui n'en était séparée que par des planches mal jointes. Là, il s'établit entre eux une discussion vive et dont nous étions l'objet.

Il s'agissait principalement de décider de ce que l'on voulait faire de moi. Ferranti, qui redoutait de voir répandre le sang et qui pour l'éviter avait imaginé les articles de la capitulation, soutenait qu'il fallait l'exécuter dans toute son étendue ; De l'Orio voulait qu'on nous envoyât à Fra-Diavolo dont le quartier général était entre Terracino et Naples ; mais qu'au préalable il fallait nous dépouiller de tout et que nous étions encore bien heureux d'en être quittes à si bon compte. En parlant, il s'échauffait progressivement et s'écriait que, s'il suivait son sentiment particulier, il nous aurait bientôt expédiés dans l'autre monde ; une vingtaine de coups de couteau feraient l'affaire ; mais qu'il voulait bien user de douceur puisque les chefs l'ordonnaient ainsi. Il en était cependant grandement étonné, car Fra-Diavolo n'était pas homme à ménager le sang français.

— Il faut, ajouta-t-il, que le vent vienne de plus loin.

Puis, son visage reprenant tout d'un coup l'expression de la fureur :

— Sangue di Christo, exclama-t-il, en posant la main sur un de ses pistolets, je ne sais ce qui m'arrête d'aller faire sauter la cervelle de ce chien d'étranger et de l'envoyer à tous les diables avec tous ces maudits auxquels je voudrais arracher le cœur !

— Oui, s'écria Juan de Fiori, avec un accent effroyable, il faut les tuer, ce sera plus tôt fait, et maudite soit l'âme de celui qui m'a créé si je ne les saigne pas tous en un quart d'heure ! j'en ai expédié bien d'autres et cette pointe (montrant son poignard) n'en a pas été seulement émoussée !

— Allons, allons, s'écrièrent les autres, à mort, à mort ! qu'il n'en échappe pas un !

Et déjà ils relevaient les manches de leurs vestes, en tenant à la bouche leurs énormes couteaux à la manière des bouchers.

On croira peut-être que je tremblais, que j'éprouvais de l'effroi ? Non, je les regardais par une fente avec une impassibilité dont je ne puis me rendre compte, et il ne me semblait pas que c'était de mon sort qu'il s'agissait.

Cependant, le brave Ferranti s'était jeté vers la porte et menaçait de tuer le premier qui voudrait sortir. C'est alors que je commençai à frémir, il était seul contre sept ou huit bêtes féroces et certainement il allait être victime de son dévouement à la justice et à l'humanité, lorsque le bruit éclatant d'une trompette et des cris mêlés d'exclamations de joie se firent entendre.

— Qu'est-ce que cela ? s'écrièrent à la fois mes féroces ennemis, et Ferranti ayant ouvert la porte ils descendirent précipitamment.

Je n'étais pas homme à rester là immobile. Un pressentiment me dit sur le champ que nous étions sauvés et que Régis était parvenu à son but. Aussi, me lançant contre la porte, qui n'était pas très solide, je la jetai à terre, et je fus en un instant dans le donjon qui dominait le château et dont j'ai parlé. De là, je vis une troupe de deux cents cavaliers environ, dont

les derniers arrivaient encore et venaient se ranger
en bataille sur la hauteur où j'avais aperçu Ferranti
avec son drapeau blanc. Tous les brigands étaient
sous les armes; mais leur attitude n'était plus la
même, ils ne semblaient plus respirer que la paix et
tous criaient :

— C'est Piscicota, c'est notre ancien camarade,
voyez comme sa compagnie est belle, comme ils sont
bien montés et bien habillés.

Pour l'intelligence de ce que je viens de dire, je dois
expliquer que ce Piscicota était un ancien chef de brigands qui s'était présenté au général en chef avec
toute sa bande et qui, pour récompense, avait reçu la
permission de l'organiser en compagnie franche à
cheval, à la solde et au service du gouvernement français, et de la recruter parmi les brigands qui deman-
deraient à rentrer en grâce. J'appris cela peu d'heures
après les évènements que je viens de narrer.

Ces brigands légitimes, je puis les appeler ainsi,
faisaient la guerre aux autres ; mais, soit attachement
à leurs anciens camarades, soit qu'il y eût entre eux
une convention tacite de ne pas se nuire, il est certain
qu'ils n'avaient jamais de rencontres bien sanglantes,
et qu'en ces occasions, ils aimaient mieux fraterniser
que de se battre. Le fait est que l'espèce d'intelligence
qui régnait entre eux fut ce qui me sauva. Comme
j'ignorais alors tout cela, je ne concevais rien à ce que
disaient ceux qui, un moment auparavant, ne parlaient

6

que de guerre et de mort, et qui à présent ne semblaient désirer que la paix.

Bientôt Piscicota descendit dans la vallée avec deux
ou trois des siens ; Ferranti, De l'Orio et Juan de Fiori
y furent aussi. Là, je les vis s'embrasser, puis se
parler avec feu, enfin ils se touchèrent la main. Piscicota remonta vers sa troupe et les autres revinrent
vers le château. Ferranti rassembla son monde d'un
côté, et les autres chefs en firent autant. Il faut dire
que tous étaient descendus des hauteurs et occupaient
la ville.

J'entendis qu'il y avait entre ces chefs et leurs gens
de grandes explications et de vives disputes. Ferranti
s'éloigna un peu avec sa troupe et la posta sur une
hauteur, dans la vigne même où avait été tué mon
malheureux caporal. Chez lui, tout se passait tranquillement, chez les autres, au contraire, tout était dis-
corde ; et bon nombre d'hommes entouraient leurs
chefs qui paraissaient très agités et même furieux.

Les choses en étaient là, quand tout à coup la compagnie de Piscicota descendit en entier dans la vallée ;
De l'Orio et Juan de Fiori, s'adressèrent alors une
dernière fois à leurs troupes, puis les quittèrent et,
suivis seulement de ceux qui les avaient entourés,
s'avancèrent jusqu'au milieu de l'esplanade. Au même
instant, la compagnie franche prit le galop et, en une
minute, elle fut devant le château. Ferranti, à la tête
de sa bande, ne bougea pas ; les bandes commandées

par De l'Orio et Juan de Fiori firent un mouvement
de retraite, on leur cria de n'avoir point peur, mais il
n'y eut pas moyen de les arrêter, les chefs venant de
se séparer d'elles voulurent encore les ramener;
impossible, elles s'étaient déjà éparpillées à leur
manière habituelle. Il y eut même quelques coups de
fusils, mais ils ne firent aucun mal, et toute cette multitude naguère si animée au carnage, si belliqueuse
et, en apparence, si disciplinée, était maintenant dis--
persée dans la campagne et s'éloignait pour ainsi dire
en déroute, après avoir remporté une sorte de victoire.

Je faisais toutes ces réflexions et cherchais à me
rendre compte des événements, lorsque j'aperçus Ferranti à l'entrée du château. Je descendis aussitôt et, le
rencontrant dans la cour, je lui pris la main et la lui
serrai sans rien dire ; mais mon silence valait tous les
remerciements et il le comprit.

— Enfin ! s'écria-t-il, vous êtes sauvé, et même cela
tourne entièrement au profit de votre gouvernement,
ce qui n'est pas tout à fait ce que j'aurais voulu ; mais
j'aime encore mieux ce résultat que du sang répandu
inutilement.

— Comment ! serais-je libre ? qu'y a-t-il donc de
nouveau ?

— Toutes sortes de choses avantageuses pour vous.
Grâce à je ne sais qui, Piscicota a été envoyé ici.

Il m'expliqua alors ce qu'était Piscicota.

— Il a, continua-t-il, plein pouvoir pour amnistier

et recevoir dans sa compagnie franche. Espérant
échapper au supplice qui les attend tôt ou tard (il me
dit cela à l'oreille), De l'Orio et Juan de Fiori viennent de se rendre moyennant une place dans ladite
compagnie ; ils ont abandonné leurs bandes qui,
n'ayant plus de chefs, se sont aussitôt dispersées à
l'exception d'une centaine d'hommes qui obtiendront
également leur pardon. Quant à vous et vos soldats,
on va vous rendre vos armes, ou du moins vous
armer de nouveau, car je crois qu'il serait difficile de
retrouver les autres, je n'ai même pu conserver votre
épée. On fera panser vos blessés, on vous donnera des
vivres et des moyens de transport et, dès ce soir,
vous partirez pour Civita di Penna. Quant à moi, je
reste ici cette nuit, et, comme je ne veux pas me rendre, je vais tâcher de faire rentrer mes gens chacun
chez eux, et j'irai ensuite m'embarquer pour la Sicile
où je tâcherai d'oublier et mon malheureux pays et
les horreurs que j'y ai vu commettre ; mais jamais je
ne servirai contre lui. Je souhaite à mes deux collè-
gues beaucoup de bonheur ; mais, soit dit entre nous,
je peux leur prédire qu'ils ne jouiront pas longtemps de la tranquillité qui semble leur être assurée.
Mon jeune ami, qui a bu boira, qui a tué tuera. Ces
deux individus ont au moins chacun une douzaine
d'assassinats sur la conscience et, certes, ils n'en de-
meureront pas là ; enfin, qu'ils s'arrangent. Je vous
quitte, souvenez-vous quelquefois de Michel Ferranti,

et dites-vous bien que tous les brigands ne sont pas des
scélérats. Adieu, je vais organiser les logements de
ma troupe et vous envoyer le chirurgien, les vivres
et les transports. Pour vous éviter la mort, j'avais
imaginé de vous emmener en Sicile, ne m'en veuillez
pas pour cela, c'était votre intérêt qui me guidait. Vous
allez retourner au milieu des vôtres, parlez-leur de
moi... Adieu encore, embrassons-nous et ne nous
oublions jamais !

Tant qu'il parla, je demeurai comme un homme
frappé de stupeur. Il me semblait que je sortais d'un
songe pénible, ma poitrine était oppressée, je tenais
une de ses mains et il avait à peine prononcé le mot :
« embrassons-nous » que je m'étais élancé à son cou
et versais d'involontaires larmes. Mon âme qui avait
résisté à tout, que l'idée d'une mort cruelle et pro-
chaine n'avait pu ébranler, céda à l'émotion de la
reconnaissance et à la joie de penser que mes braves
soldats et moi étions en sûreté.

Je restai quelque temps sans pouvoir parler.

— Non ! m'écriai-je enfin, non, je ne vous oublierai
jamais, et votre souvenir est un de ceux qui me de-
meurera le plus cher.

Je lui racontai ensuite comment j'avais envoyé Régis
et à peine finissais-je mon récit que celui-ci entra, encore vêtu du costume avec lequel je l'avais fait partir.

Je courus à lui, je pris sa main et le présentant à
Ferranti.

— Le voilà, notre sauveur ! mais sans votre intervention, toutes ses fatigues eussent été inutiles.

Régis nous raconta qu'il avait trouvé facilement le chemin de Civita di Penna et montré son billet au commandant de la garde civique, que celui-ci avait hésité quelque peu ; mais que, pour lui mieux persuader qu'il lui disait bien la vérité, il avait tiré sa baïonnette et parlé français, et qu'enfin, un paysan étant venu dire qu'on avait entendu une vive fusillade du côté de Lauretta, on s'était décidé à envoyer Piscicota et sa compagnie, avec ordre d'agir avec douceur pour ne point porter les brigands à des extrémités cruelles au cas où nous serions en leur pouvoir. Grâce à Dieu, tout avait réussi.

— Je vous l'avais bien dit, mon lieutenant, ajouta-t-il, le roi des montagnes ne se met pas en marche inutilement.

— Vous en serez récompensé, répliquai-je, et je rendrai compte de votre conduite.

— Je vous remercie, mon officier ; mais je me trouve bien comme je suis ; mon métier est de courir le fusil sur le dos et je ne suis pas fait pour commander. Tout ce que je demande, c'est de ne pas être astreint à marcher dans les rangs. Je suis roi des montagnes, il est juste qu'on me les laisse parcourir.

Je lui promis de ne pas m'y opposer, et, tout joyeux de cette promesse, il fut gaiement reprendre ses armes et son costume militaire. Je dis ses armes, car ce brave garçon, se doutant à la tournure des choses que nous ne pourrions peut-être pas tenir jusqu'à son retour, avait eu soin de cacher son fusil et sa giberne de manière à ce qu'on ne put les trouver.

Michel Ferranti me dit un dernier adieu, m'embrassa encore une fois, puis partit...

J'ai su depuis qu'il parvint à dissoudre sa bande, et que, accompagné d'un petit nombre de ses gens, il trouva le moyen de passer en Sicile où, selon son désir, il vécut paisiblement. Puisse-t-il avoir trouvé le bonheur dont il était digne !

Aussitôt que Ferranti m'eut quitté, je vis entrer Piscicota avec De l'Orio et Juan de Fiori. Ces deux derniers avaient toujours l'air cruel et féroce ; mais, au lieu d'être fiers et arrogants comme ils l'étaient auparavant, ils avaient le maintien humble et rampant, et, s'ils n'eussent été armés, j'aurais pu les croire mes prisonniers. Ils s'avancèrent tous deux vers moi, et, prenant ma main, ils la baisèrent avec respect. Je ne savais ce que je devais en penser ; je voyais à mes pieds des hommes qui, peu d'instants avant, levaient le poignard sur moi. Quel revirement !

Vous êtes libre, seigneur commandant, me dit Piscicota, et ces deux braves-là vont être des nôtres. Voilà une épée, ce n'est point la vôtre ; mais qu'importe ! Quant à vos soldats, nous avons de quoi les armer et leur donner des munitions.

Le plus pressé, lui répondis-je, est de faire panser les blessés.

— Le chirurgien est arrivé et il est déjà en train de le faire, dit De l'Orio ; les transports sont prêts et bientôt nous partirons.

Il était sept heures du soir ; nous reçûmes des vivres, les blessés furent pansés et convenablement installés dans des voitures garnies de paille. Mes soldats avaient repris des fusils qui, à la vérité, n'étaient pas tous de munition ; on leur donna des cartouches et la gaieté revint parmi eux ; Régis leur raconta son voyage.

Les morts furent enterrés ; le brave capitaine d'Hardivillers fut déposé dans sa dernière demeure au bruit d'une décharge de tous les fusils du détachement, et à huit heures, nous étions en marche pour Civita di Penna.

Quarante cavaliers de Piscicota formaient l'avant-garde avec De l'Orio, Juan de Fiori et leurs gens ; je marchais ensuite avec mon détachement au milieu duquel étaient les voitures de blessés ; venait ensuite après nous la compagnie franche dont un autre détachement d'une vingtaine d'hommes formait l'arrière-garde. Je fus reconnus commandant de cette colonne qui, sans accident, entra vers dix heures du soir à Civita di Penna.

L'honneur est le but que se propose tout militaire ; c'est le stimulant de toutes ses actions. Quand un soldat, de quelque grade qu'il soit, manque à l'honneur, il est à jamais perdu dans l'esprit de ses camarades et de ses chefs.

Je marchais seul, ne répondant à personne et le cœur en proie à la douleur,

Maintenant que tout danger était passé, maintenant que, tranquille sur ma vie et celle de mes compagnons, je pouvais laisser errer mon imagination librement, elle ne se portait que sur des idées tristes et affligeantes. Je craignais d'être déshonoré. Ma conscience me disait bien que je n'avais rien à me reprocher ; mais pourrait-on lire dans mon âme, saurait-on tout le difficile de ma situation, ajouterait-on foi à tout ce qui militait en ma faveur, serait-on juste enfin ? Les jugements des hommes sont si fragiles, souvent si faux, et malheureusement si vite portés. Il a déposé les armes devant des brigands, il s'est rendu à des gens indisciplinés, méprisés, et regardés comme lâches, voilà ce qu'on va penser au premier abord, sans se donner la peine de peser toutes les raisons qui ont déterminé, forcé même cette résolution. Voudra-t-on prendre la peine de réfléchir que ces brigands étaient au nombre de deux mille, bien armés, et que, lorsque je me suis rendu, nous n'étions plus que vingt, dépourvus de cartouches et chargés de blessés ? Voudra-t-on croire que nous sommes restés sans munitions, sans vivres, sans eau, bloqués, cernés de tous côtés ? S'imaginera-t-on surtout qu'un commandant ait été assez ignorant, assez imprévoyant, pour

nous lancer dans une pareille expédition sans instructions, sans précautions, et dans un pareil dénuement?
Enfin, aura-t-on égard à mon âge et à mon inexpé-
rience ?

Toutes ces réflexions se croisaient, s'entrechoquaient
dans mon esprit. Je me reprochais de n'avoir pas été
blessé, tué, que sais-je ? de ne pas m'être fait jour au
milieu de l'ennemi par une charge à la baïonnette. Ah !
comme on est habile à se forger des torts quand on
craint d'en avoir... Et cependant, l'issue inattendue de
cette journée, sinon glorieuse pour moi, au moins
avantageuse à mon gouvernement, puisqu'elle lui
ralliait une centaine de ses plus mortels ennemis,
n'était-elle pas due plutôt à ma prévoyance qu'au
hasard ? Je crois pouvoir affirmer que oui.

Après avoir donné libre cours à mes inquiétudes, je
finis par me rappeler ce vers de Virgile :

Durate et vosmet rebus servate secundis.

« Prenez patience et conservez-vous pour une meilleure fortune. »

Puis, rappelant toute ma fermeté et la gaieté naturelle à mon âge et à mon caractère, d'ailleurs m'appuyant sur le témoignage de ma conscience, je me
trouvai, lorsque j'arrivai à Civita di Penna, dans une
situation d'esprit tout opposée à celle où j'étais en
partant de Lauretta.

C'est dans ces dispositions que j'allai trouver le

commandant de la garde civique. C'est ainsi qu'on appelait la garde nationale dans le royaume de Naples.

C'était un homme grand et maigre, d'un abord froid, mais d'une figure noble et qui inspirait la confiance. Il se nommait Don Giuseppe Delmonte.

Il portait un uniforme bleu à parements et collet rouges, des épaulettes de colonel, un grand sabre, un chapeau à la française, un pantalon à la hongroise, galonné d'argent, et des bottes à la russe.

Aussitôt qu'il m'aperçut, il vint à moi d'un air assez embarrassé.

— En vérité, seigneur commandant, me dit-il, je suis au désespoir de ce qui est arrivé dans nos environs ; mais croyez que...

— Seigneur colonel, répliquai-je vivement, je suis persuadé que vous faites votre devoir et ne rejette la faute de tout cela que sur ma mauvaise fortune. Il me semble cependant que vous auriez dû avertir le commandant de Pescara de la grande quantité de brigands qui infestait vos contrées, et surtout, vous auriez bien pu établir une petite garnison de votre garde civique ou de la compagnie de Piscicota dans le château de Lauretta avec des munitions ; c'est un point assez aisé à défendre et qui aurait servi de poste d'observation.

— Vous avez raison, seigneur français, mais je ferai observer à votre seigneurie, qu'avec la meilleure volonté du monde pour le gouvernement de notre bon souverain, Joseph Napoléon, que Dieu protège, je puis à peine venir à bout de maintenir l'ordre dans la ville, et quant à la compagnie franche, je me garderais bien de m'immiscer à rien de ce qui la concerne ; les soldats de Piscicota prétendent faire ce qu'ils veulent, et, voyez-vous, je n'ai déjà que trop d'ennemis. Il ne s'agirait que d'un petit changement pour que je sois perdu.

— Mais n'avez-vous pas de votre côté la force et l'autorité ?

— Je vois, seigneur français, que vous n'êtes pas bien au courant des affaires de notre pays. Permettez qu'en deux mots je vous renseigne complètement. Ici, rien n'est stable, une retraite momentanée des troupes françaises peut tout changer, tout bouleverser, et malheur à celui qui se serait prononcé d'une manière trop énergique. J'ajouterai même, mais cela sous le sceau du secret, qu'avec vos vingt hommes vous n'êtes guère en sûreté dans cette ville au milieu de ces maudits Piscicotais, et même de ma garde civique, ajouta-t-il plus bas.

— Merci de vos avis, seigneur colonel ; mais soyez persuadé que je saurai me faire respecter. Songez seulement à assurer l'exécution des ordres que je vais donner.

— Je ferai tout ce que je pourrai, seigneur commandant, disposez de toute mon autorité ; mais, je vous en supplie, ne me compromettez pas trop.

Cet entretien me donna la mesure de ce qu'était le pays, et m'inspira la résolution d'agir avec fermeté, prudence et circonspection.

Il y avait, hors de cette ville, un vieux couvent situé sur une petite hauteur à quelques portées de fusil de toute habitation. C'est là que j'allai m'établir; j'y fis conduire les blessés qui furent convenablement couchés. Je recommandai à mes soldats d'être toujours sur le qui-vive, la moitié veillerait, quand l'autre dormirait; je fis fermer toutes les portes et, en outre, les barricadai, et j'en pris les clefs, une seule resta ouverte avec deux sentinelles et je la couvris d'une espèce de retranchement fait avec des planches, des bancs, des tables, derrière lequel on pouvait faire le coup de fusil, et je plaçai un factionnaire dans le clocher avec ordre d'observer les environs. Quelques moines se trouvaient dans le couvent, je les pris pour otages et les enfermai dans une chambre. Bref je ne négligeai aucune des précautions qu'exigeait ma position au milieu d'un pays rempli d'insurgés, et où ceux qui étaient soi-disant fidèles ne l'étaient qu'en apparence.

D'après mes ordres, il me fut apporté des vivres, des médicaments, et des munitions de guerre, et ce dernier article fut ce que j'obtins le plus difficilement. On m'envoya aussi un chirurgien que je gardai auprès de moi. Je pris ensuite des renseignements sur le pays. Enfin, quatre heures après mon arrivée et malgré les difficultés qu'on éprouve à s'organiser de nuit, grâce à l'activité de mon sergent et de mes caporaux, à l'intelligence de Régis qui me servit beaucoup en cette occasion, et à la bonne volonté du seigneur Don Guiseppe Delmonte, je me trouvai parfaitement établi dans mon couvent et en état, en cas de besoin, de m'y défendre au moins trois ou quatre jours.

Après avoir veillé en personne à l'exécution de tout ce que je viens de détailler, je m'étendis sur un peu de paille à côté de mes fidèles compagnons et je ne tardai pas à trouver, dans un sommeil paisible, le repos dont j'avais besoin après une journée si fertile en dangers et en événements de tout genre.

Je ne dormis que trois heures, et cependant j'eus le temps de voir en songe Léonidas aux Thermopyles, Alexandre à Suse, Fabius arrêtant Annibal dans des rochers et des marais, et enfin les Romains passant sous les fourches caudines.

On pourra trouver étonnant qu'un jeune sous-lieutenant, à peine entré dans la carrière et dont le début n'a rien de bien brillant, se soit mêlé de rêver choses si glorieuses à propos de quelques coups de fusil; je répondrai que le chasseur rêve aux bois, le pêcheur aux poissons, le soldat aux combats.

A peine le soleil avait-il paru que j'étais sur pied. De quinze blessés, quatre étaient morts et le premier sergent était du nombre, deux moururent le lendemain. Je dis cela ici pour n'en plus reparler. Les autres guérirent et, avec des voitures, je pus les emmener quand je quittai Civita di Penna.

Tout était tranquille dans la ville ou tout au moins

le paraissait. Je passai la revue des armes, je les fis
mettre en bon état, je redoublai de surveillance, et
me mis ensuite à rédiger un rapport détaillé pour le
général qui commandait à Chieti et pour le commandant de Pescara. En même temps, j'écrivis à ce
dernier une lettre qu'il se garda bien de montrer, car
elle l'aurait couvert de honte. Je lui reprochai, en
termes honnêtes mais énergiques, sa négligence,
son incurie, son imprévoyance. Je lui faisais entendre
que la manière dont il nous avait envoyés en expédition
ressemblait à une véritable trahison, et c'est sans doute
ce qui l'effraya et l'empêcha de parler de cette lettre à qui
que ce fut. Enfin, soit pour cette raison, soit pour une
autre, il n'en n'ouvrit la bouche à personne, pas même
à moi quand je fus de retour.

Sur les dix heures du matin, je reçus la visite de
Piscicota, accompagné de Pietro De l'Orio et de Juan
de Fiori. Le premier, dont l'aspect était assez martial
et la figure belle, était en grande tenue. Il portait des
épaulettes en argent et un costume à peu près semblable à celui de nos chasseurs à cheval. de l'Orio avait
des épaulettes de lieutenant et Juan de Fiori les galons
de maréchal-des-logis. Ils avaient tous deux quitté
leurs costumes de brigands pour se revêtir d'un habit
pareil à celui de Piscicota, sous lequel ils ressemblaient
à des tigres qu'on aurait muselés et caparaçonnés.

Ils me saluèrent tous les trois avec beaucoup de
respect et me demandèrent mes ordres. Je leur enjoi-

gnis de me procurer un messager sûr pour Chieti, attendu que j'avais besoin de rendre compte de ma situation au général en chef et que c'était mon rapport qu'il s'agissait de porter. Je leur demandai aussi des vivres, et ils me promirent tout ce que je voulus. Ils me firent compliment sur la manière dont je m'étais battu, et sur celle dont je m'étais retranché dans le couvent.

— C'était cependant bien inutile, ajouta De l'Orio : ici vous êtes en sûreté au milieu de vos amis.

— Je veux bien le croire, répondis-je ; mais il est de mon devoir de rester sur la défensive.

— Si nous n'étions pas de vos amis, reprit Juan de Fiori, est-ce que nous viendrions chez vous seuls et presque sans armes ?

— Vous avez raison d'agir ainsi, répliquai-je, les Français n'ont qu'une parole, elle est sacrée pour eux, vous êtes ici sous ma sauvegarde et je serais criminel si j'abusais de votre confiance, aussi n'avez-vous rien à craindre. Il n'appartient qu'à des gens sans foi et sans honneur, sans religion, à des bandits enfin, de manquer à ce qu'ils ont promis et d'enfreindre leur parole.

A ces mots, il firent tous deux une grimace qu'ils s'efforcèrent de réprimer, mais qui donna à leurs traits une expression si farouche qu'il m'eût été impossible de ne pas la remarquer.

Piscicota, qui s'aperçut également de leur mécontentement, s'empressa de répondre que, par leur dévouement au gouvernement français, ses nouveaux compagnons s'efforceraient de montrer qu'ils n'étaient pas de ceux dont je venais de parler.

Je n'en doute pas, répondis-je, et en même temps je présentai la main à Pietro de l'Orio qui s'en saisit et la baisa bien que je voulusse la lui retirer. Dans le mouvement que je fis, je touchai le manche de son poignard, de ce même poignard qu'il avait voulu me plonger dans le cœur, et, à ce contact, je l'avoue sans honte, un frisson me passa par le corps. Juan de Fiori voulut baiser mes pieds, et je fus obligé de le relever. Plus l'homme est lâche et méchant, plus il est vil et rampant. Après cette scène, qui ne fut pour moi que hideuse comédie, ils sortirent tous les trois.

Peu d'instants après, on m'amena un messager auquel je remis mon paquet avec tous les renseignements possibles et l'ordre de rapporter un reçu; mais je me méfiai, et le roi des montagnes fut de nouveau travesti. Le soir, à l'insu de tout le monde, il se mit en route avec un double de ce que j'avais écris, et bien m'en prit, car lui seul parvint au but.

On m'envoya aussi des vivres que, pour plus de sûreté, je fis goûter aux moines du couvent qui affectèrent de rire de mes craintes, mais qui me prouvèrent, par la répugnance visible avec laquelle ils firent ce que je leur demandais, que ces craintes n'étaient pas tout à fait chimériques.

7

Le supérieur de ces moines était un gros homme très gai, aimant la bonne chère et le bon vin. Je vivais à sa table, et, bien qu'il fût prisonnier, il ne m'en faisait pas moins bonne mine. S'il n'aimait pas les Français, ce n'était que parce qu'il craignait pour son couvent; il parlait beaucoup et contribua fort à me faire paraître le temps moins long, car je m'étais imposé de ne pas sortir, et le jardin du couvent était mon seul lieu de promenade. Aussi, la société de cet aimable moine, qui se nommait Dom Domenico, m'était-elle précieuse. Il était Sicilien, ne se lassait point de parler de son pays, et le faisait avec un si grand charme que, de mon côté, je ne me lassais pas de l'écouter.

Cependant, après quatre jours passés à Civita di Penna et malgré les récits de mon bienveillant hôte, le temps commençait à me paraître long. Ne recevant aucune réponse du général, j'allais écrire de nouveau, quand la sentinelle placée dans le clocher du couvent nous cria qu'elle voyait venir de la troupe qui lui semblait être composée de gens portant l'uniforme français. Cette nouvelle me fit tressaillir de joie. Je montai bien vite en haut de la tour, et, à l'aide d'une lorgnette que j'avais achetée pour faire le beau au spectacle de Bologne, je pus distinguer que c'était effectivement un détachement de soldats français qui s'approchait. Je laisse à penser la joie qui s'empara de moi. En descendant, je trouvai Dom Domenico et je lui sautai au cou en l'embrassant; j'aurais embrassé tout le couvent.

— Qu'y a-t-il donc, mon cher enfant, me demanda-t-il ?

— Des Français ! des Français qui arrivent ! ils sont tout près d'ici.

En effet, au bout de quelques instants, la sentinelle de la porte cria « Qui vive? » et il lui fut répondu « France ! »

J'allai, en personne, m'assurer si c'était vraiment des compatriotes et, m'étant convaincu qu'il n'y avait aucune surprise, je les introduisis dans la cour. Le fidèle et intrépide Régis était avec eux et leur avait servi de guide. Ils étaient au nombre de cent soixante, commandés par un capitaine et deux officiers. Ce détachement appartenait au 52ᵉ régiment, autant que je puis me le rappeler.

Le chef me remit un ordre du général commandant à Chieti, par lequel il m'était enjoint de me rendre dans cette ville avec mon détachement. Celui qui venait d'arriver allait me donner dix hommes pour augmenter ma force, en outre de trente hommes de la compagnie franche qui devaient me suivre.

Le chef du détachement avait encore l'ordre d'envoyer à Lauretta un autre groupe de quarante hommes qui devait se fortifier dans le château ; l'officier qui commanderait dans ce dernier poste aurait en plus cinquante cavaliers de la compagnie de Piscicota qui logeraient en ville et serviraient d'éclaireurs pour explorer les environs. Ce chef de détachement correspondrait avec le capitaine qui s'établirait militairement avec ses hommes à Civita di Penna où il commanderait la garde civique et le reste de la compagnie franche. Je lui donnai tous les renseignements possibles sur le pays et les individus.

Le syndic reçut l'ordre de me procurer des transports, et, pendant le temps qu'il fallut pour les trouver et préparer mon départ, nous nous mîmes à table. Dom Domenico dîna avec nous et j'en profitai pour le recommander au nouveau commandant qui me promit de le bien traiter. Soit pour me faire ses adieux, soit plutôt pour gagner les bonnes grâces de mon successeur, l'aimable moine nous fit servir du vin délicieux.

Quand tout fut prêt, je me mis en route avec toutes les précautions nécessaires. Je fus obligé de coucher dans un village, et le lendemain j'entrais à Chieti sur les dix ou onze heures du matin, sans qu'il me fût rien arrivé qui mérite d'être rapporté.

Chieti, ancienne ville bâtie sur une éminence, est la capitale des Abruzzes; elle n'a rien de remarquable, mais sa position est agréable. Il s'y trouve un théâtre, un palais épiscopal, où logeait pour le moment le commandant de la province, et d'assez belles églises.

Arrivé sur la place, je fis faire halte à mon détache-ment et je me rendis chez le général. Près de paraître en sa présence, le cœur me battait avec tant de force que je fus obliger de m'arrêter un peu pour me remettre. Enfin, rassemblant toute ma résolution et d'ailleurs appelant à mon secours la tranquillité de ma conscience, je me fis annoncer. Ah! que j'avais tort de craindre, j'étais devant le gouverneur des Abruzzes, devant un des guerriers les plus distingués de l'armée française (1) et je n'éprouvai que le respect que devaient inspirer le rang, la valeur et la célébrité.

Le visage de ce brave était beau et noble, et respirait la bonté et la franchise. Un faux trait dans l'œil répandait sur toute sa physionomie un certain caractère d'originalité qui dénotait l'homme de génie. Sa taille élevée et sa tournure avaient quelque chose de chevaleresque ; il paraissait à la fleur de l'âge ; en un mot, c'était un superbe militaire ! J'étais en admiration et je me sentais entraîné vers lui par un sentiment que je ne pouvais définir.

Il s'était levé à mon entrée dans son appartement et vint à moi d'un air doux et bon.

— Eh bien ! jeune homme, me dit-il, votre premier coup de feu n'a pas été heureux ?

— Pas absolument, mon général ; mais je m'en suis encore mieux tiré que je ne l'aurais cru.

— J'en conviens, et je vous en fais même mon compliment ; vous avez montré de la fermeté et du sang-froid. Où est votre détachement ?

---

(1) Il est à regretter que ce général ne soit pas nommé ; mais l'auteur de ce récit semble s'être fait une loi de ne nommer ni les généraux, ni les officiers supérieurs.

— Sur la place, mon général.

— On va le loger en ville et lui distribuer des vivres. Envoyez-moi le commandant des cavaliers de la compagnie franche et, ce soir, à cinq heures, je vous attends à dîner. Allez...

Je me retirai; mon cœur sautait de plaisir, j'avais l'approbation du général et, qui plus est, il me montrait de la bienveillance; il n'en fallait pas tant pour me rendre heureux ; aussi l'étais-je dans toute la force du terme.

J'exécutai les ordres qui venaient de m'être donnés, et je n'oubliai pas surtout le rendez-vous de cinq heures.

Après le dîner, dont la chère fut excellente, et pendant lequel on discuta beaucoup des choses de la guerre, on se rendit au spectacle et je fus admis dans la loge de l'état-major général. Le lendemain, je partis pour Pescara.

Le bonheur m'attendait de nouveau dans cette garnison. Armand vint à ma rencontre. Avec quelle effusion de cœur nous nous embrassâmes et comme nous fûmes contents de nous revoir ! Il m'avait un instant cru mort ; on avait publié que, surpris pendant la nuit, nous avions été égorgés et que pas un n'avait échappé ! Je crois que l'amitié, entre deux militaires, est encore plus étroite et plus sacrée qu'entre les autres hommes.

Après avoir satisfait à l'amitié, je me rappelai l'aimable Caroline et l'amour eut son tour. Ah ! comme nous nous dédommageâmes du temps perdu !... Une entrevue avait été ménagée dans le jardin qui devint encore l'asile du bonheur et le temple de l'amour !

Je n'avais été absent que sept ou huit jours, il me semblait vraiment que j'étais parti depuis de longs mois ; mes camarades me fêtèrent et, je puis le dire, le plaisir que je goûtai à voir l'intérêt qu'on me montra dépassa de beaucoup les ennuis éprouvés.

Nous restâmes à Pescara jusqu'au commencement de janvier 1807, et ce temps s'écoula pour moi dans la plus parfaite tranquillité, toujours aimé de la charmante Caroline, bien que nos parties de jardin fussent devenues plus rares, à cause de la mauvaise saison.

Je faisais de nouveau, mais de loin en loin, la partie de loto chez le commandant de la place qui, depuis mon heureuse ou malheureuse expédition (car elle pouvait être envisagée sous l'un ou l'autre aspect) me gratifiait de la mine la plus aimable, voulant sans doute me faire oublier ses torts.

J'ai dit que mes tête-à-tête avec Caroline étaient devenus rares, cependant les bals masqués du carnaval m'en procurèrent deux ou trois que je mis à profit. Mais, hélas ! rien n'est durable ici-bas, tout fuit, tout passe, nous reçûmes l'ordre de partir pour Naples, et ainsi se termina mon intrigue.

Avant de quitter Pescara, je ne veux pas omettre de dire que les glacis y sont couverts de réglisses qui s'élèvent à la hauteur de quatre ou cinq pieds. Ces arbustes servent au chauffage du menu peuple.

Nous nous mîmes en route le 3 ou 4 janvier. Le temps était froid et sec et notre voyage fut agréable. Nous traversâmes les montagnes des Abruzzes et passâmes par Sulmona, patrie d'Ovide.

C'est une assez jolie ville, mais qui n'a rien de remarquable. Dans cette partie de l'Italie, le point culminant des Apennins est une plaine que l'on nomme la plaine des Cinq Mille ; nous y sentîmes un froid des plus rigoureux, et tout y était couvert de neige. Nous laissâmes Aquilée à notre droite et commençâmes à descendre du côté de la Campanie. Avant d'arriver à Capoue, nous couchâmes à Sidernius.

Cette ville avait été, peu de temps auparavant, ravagée par un tremblement de terre ; elle était encore presque totalement en ruines ; les habitants campaient dans des baraques, et à peine pouvait-on passer par les rues à cause des décombres. Près de la ville, nous allâmes voir un abîme que la secousse avait ouvert ; il était large de douze pieds environ et l'on n'en voyait point le fond. Nous y jetâmes des pierres ; mais nous n'entendîmes que le bruit sourd qu'elles rendaient en frappant contre les parois, et le bruit expirait peu à peu sans que rien annonçât qu'elles étaient arrivées au fond. Tous les essais faits pour sonder ce gouffre avaient été infructueux.

Nous étions restés en route environ huit jours. En descendant du côté de Capoue, la température changea sensiblement ; les fleurs des arbres fruitiers étaient

prêtes à s'épanouir et plusieurs étaient déjà couverts
de verdure. Dans cette dernière ville, les marchés
abondaient en légumes des plus beaux ; on y voyait
des artichauts et des petits pois en aussi grande quantité qu'en France aux mois de juin et juillet.

Capoue est la dernière étape avant Naples. Elle doit
être bien déchue de sa grandeur et de sa beauté, sinon
les Carthaginois étaient gens peu difficiles pour leurs
plaisirs et dont les délices comportaient peu de recherches. Les rues sont étroites, mal percées, les auberges mauvaises, et le peuple n'y est pas beau. Somme
toute, au climat près, ce doit être un vilain séjour. Cette ville est assez bien fortifiée, les environs
sont composés presque en entier de jardins potagers
qui servent à l'approvisionnement de la capitale, et les
oignons et les poireaux y atteignent une grosseur vraiment extraordinaire.

La route qui conduit de Capoue à Naples est
magnifique ; elle traverse une plaine dont la fertilité
est vraiment étonnante. Nous entrâmes dans cette
grande ville par la porte Capouana. Naples n'est pas
beau de ce côté-là. Nous suivîmes d'un bout à l'autre
la rue de Capoue qui est une des plus peuplées, mais
des plus misérablement peuplées. On y fait un bruit
abominable ; tout le monde y crie à la fois et on
n'entend que juremens et disputes. Le Napolitain est
le peuple qui profère le plus d'imprécations et chez qui
elles sont les plus horribles.

« Je voudrais qu'un chancre te rongeât tout vif !
« — Maudite soit l'âme de ton père ! — Puisses-tu
« être assassiné, toi, ta mère et celle qui la fit ! —
« Maudites soient tes entrailles ! » sont de petites douceurs continuellement entremêlées dans le discours.
Les gens du pays crient beaucoup, se menacent, mais
se battent peu ; ils sont trop lâches pour cela. Le plus
traître, cependant, sait fort bien jouer du couteau ;
mais, le coup fait, il se sauve et personne ne le poursuit.

Puisque je suis sur le chapitre de cette grande cité,
je dirai tout ce que j'en sais et tout ce que j'y ai remarqué.

Elle est bâtie en amphithéâtre sur le penchant d'une
montagne dont la cime est occupée par le château
Saint-Elme, fort qui domine la ville et, par consé-
quent, pourrait la foudroyer. Cette montagne est la
terminaison d'une grande colline qui se prolonge du
côté du Pausilippe, c'est-à-dire au nord-ouest de la
ville. Un peu plus bas que le château, se trouve la
Chartreuse, monument superbe dont la position est
une des plus belles de l'univers. La ville s'étend
jusqu'à la mer, tout autour de la montagne et bien
avant vers le Vésuve qui est situé à l'est. De ce côté,
elle se termine par l'hôpital de la Magdeleine, édifice
immense placé entre la mer et la route de Portici, sur
le bord de laquelle il est bâti. En venant par cette
direction, on franchit un pont sur lequel est la statue de

saint Janvier étendant la main vers le Vésuve comme
pour lui imposer silence. Vient ensuite une grande
caserne de cavalerie, puis le fort des Carmes qui sert
de prison et devant lequel on exécute ; c'est la place
de Grève de Naples. Tout ce grand quartier est un
quai orné de plusieurs fontaines assez belles et modernes. C'est dans cet endroit et dans la rue de Capoue que
l'on voit le plus de prédicateurs ambulants. Ce sont
des prêtres en étole et en surplis, qui, montés sur un
tonneau ou des tréteaux, haranguent le peuple, un
grand crucifix de fer à la main, et avec lequel, à
certains passages de leurs sermons, ils tapent sur ceux
qui les environnent en leur reprochant leurs péchés,
tandis que ceux-ci tendent le dos et crient à tue-tête en
se frappant la poitrine à grands coups de poings :
« Peccati nostri ! Peccati nostri ! Peccati nostri ! »

Les sermons que font ces prêtres sont quelquefois
assez bons ; mais il en est qui, bien que d'un ridicule
achevé, n'en sont pas moins écoutés, et produisent
toujours l'effet accoutumé, c'est-à-dire de forcer les
auditeurs à tendre les épaules pour recevoir, béné-
volement, les coups du crucifix de fer. Ils croient qu'ils
souffrent pour le pardon de leurs péchés.

Je ne puis résister au désir de rapporter celui de
ces sermons qui m'a paru le plus burlesque.

Le voici :

« Mes frères, s'écriait le prédicateur, j'ai eu un
« songe cette nuit, un songe qui vous intéresse et qui

« certainement m'a été envoyé comme un avertisse-
« ment qu'il vous faut faire pénitence.

« J'étais dans le paradis, j'avais adoré Dieu et baisé
« la main de la bienheureuse vierge Marie, j'avais vu
« saint Pierre, saint Paul, saint Barnabé et tous les
« plus grands saints et saintes de votre connaissance ;
« mais je n'apercevais pas notre patron, le grand
« saint Janvier. Je le cherchai partout et ne pus le
« trouver. Enfin, je m'adressai à saint Pierre et lui
« demandai à voix basse :

« Seigneur saint Pierre, dites-moi donc, je vous prie,
« où se tient le grand saint Janvier, patron de la ville
« de Naples ?

« Saint Pierre alors ouvrit une petite chambre et
« me dit : voilà sa demeure. Je me jetai à genoux et me
« traînai jusque dans l'intérieur de cette chambre
« sacrée ; mais je ne fus pas plus avancé, il ne s'y
« trouvait personne. Je me mis alors à crier :

« Saint Janvier, saint Janvier, je t'en prie, réponds-
« moi, je suis un Napolitain, montre-toi, je t'en
« conjure !

« Toujours même silence ; enfin, je criai une troisième fois :

« Bienheureux saint Janvier, où peux-tu donc te
« cacher ?

« J'entendis alors une voix sourde qui sortait du
« coin de la chambre, je regardai, et je n'aperçus, le
« croiriez-vous, mes frères ? je n'aperçus qu'un pot de

« chambre, je m'approchai cependant. O comble de
« l'horreur ! faut-il vous dire ce que je vis ?... Fré-
« missez, mes frères, notre grand saint patron était
« dans le fond de ce vase immonde !

« — Voyez, me dit-il, où m'ont réduit les péchés des
« Napolitains !...

« Oui, mes frères, ce sont vos péchés qui ont
« plongé saint Janvier dans cet urinal, c'est votre
« ivrognerie, vos imprécations, votre paresse, votre
« amour pour le jeu, pour les femmes, et, je vous le
« dis, il y restera jusqu'à ce que vous ayiez fait
« pénitence ; il faut commencer aujourd'hui, dites votre
« *mea culpa.* »

Et les coups de crucifix de reprendre !

Que chacun fasse les réflexions qu'il lui plaira ; pour
moi, je reviens à ma description de Naples.

Après avoir quitté le quartier des Carmes, on traverse (autant que je puis me le rappeler) un autre
pont, puis, allant à gauche, on trouve le port, le môle,
à l'extrémité duquel est la tour du Phare. On arrive de
là sur la place Del Largo Del Castel, où l'on voit le
château neuf ; à droite, le théâtre Del Fondo et le
bureau général de la poste aux lettres. La place tourne
à droite, et dans cette partie il existe une fontaine
dont l'ornement principal est une statue de Neptune.
De là, on entre dans la rue Saint-Charles, et, passant
devant le magnifique théâtre qui porte ce nom, on
débouche sur la place du Palais, à l'endroit où com-

mence la rue de Tolède. Si l'on tourne du côté opposé, on entre sur la place que je viens de nommer où est bâti le palais du roi. A gauche et en face, la rue du Géant, ainsi nommée à cause d'une statue colossale placée à l'extrémité du parapet qui borde cette rue du côté de l'arsenal de la marine. Quelques années plus tard, le roi Murat ayant fait opérer de grands changements et embellissements, enleva cette statue qui était de mauvais goût et déparait la place. Cette rue du Géant conduit sur le quai Sainte-Lucie, où sont les marchands de poisson; en le suivant, on aperçoit à son extrémité le fort de l'Œuf qui s'avance dans la mer et qui est destiné à défendre l'entrée du golfe. Ici, le quai se rétrécit et des édifices se trouvent en cet endroit sur le bord de la mer; on entre dans une rue assez étroite de laquelle on parvient sur la place qui précède l'entrée de la Villa-Reale. Cette promenade, composée de quelques carrés de gazon environnés de fleurs et d'arbustes, avec des arbres qui forment d'assez belles allées couvertes, est beaucoup plus longue que large; elle est entourée de grilles de fer qui ont été restaurées et dorées sous le règne du roi Joseph et renferme le superbe groupe du Taureau Farnèse, qui, de toutes les œuvres d'art qu'on y voit, est la seule qui puisse attirer le regard des vrais connaisseurs.

Le quai où est la Villa-Reale s'étend jusqu'à la grotte du Pausilippe ; il est large et le gouvernement fran-

çais y a fait planter des arbres qui font suite à la
promenade du côté du Pausilippe. On y voit une madone en laquelle le peuple a beaucoup de foi ; aussi la
mauvaise baraque en planches qui la renferme est-
elle continuellement remplie et entourée de marins, de
pêcheurs, de femmes et de vieillards qui viennent y
suspendre des *ex-voto* où y brûler un cierge. De la
Villa-Reale, dont j'ai parlé plus haut, on entre dans la
Strada de Chiaja qui conduit à la place du Palais.
Nous voilà donc revenus à l'endroit d'où nous étions
partis. Tout l'espace renfermé dans l'enceinte dont
nous venons de faire le tour est une colline, peu élevée
à la vérité, mais qui cependant l'est assez pour que les
édifices soient en amphithéâtre, et qui, du côté de la
Villa-Reale, est terminée par une terrasse dont les arbres
d'une grande beauté produisent un superbe coup d'œil.

Entrons maintenant dans la rue de Tolède, la plus
belle des rues de Naples ; c'est là que se tient le beau
monde. Elle offre un aspect varié, et, ce qui contribue
le plus à en faire un endroit agréable, ce sont les deux
rangées d'aquaïols dont les boutiques portatives la bor-
dent des deux côtés. Ces boutiques forment un effet
pittoresque, tant par leur excessive propreté que par
les ornements tout à fait singuliers qui les parent.
Elles sont couvertes de sculptures vraiment originales
peintes de différentes couleurs et souvent très élegam-
ment dorées. Le marchand d'eau crie sans cesse en
faisant balancer l'espèce de tonneau suspendu où, au

moyen de neige et de sel, il rafraîchit une eau limpide qu'il verse dans de grands verres et à laquelle il ajoute une goutte d'essence de sureau, d'anis, de fenouil, etc., ce qui la blanchit aussitôt comme du lait et lui donne un goût très agréable. Je défie qui que ce soit de passer devant un de ces aquaïols sans avoir envie de boire, surtout s'il vient de faire une petite course à pied.

La rue de Tolède est large et belle, mais elle n'est pas droite. Durant les jours du carnaval, c'est le rendez-vous de tous les masques et gens du bon ton ; tout le monde s'y promène en calèche découverte ; il y a deux files, l'une qui va, l'autre qui revient. De toutes les fenêtres pleuvent des dragées, le pavé en est couvert et la canaille se les dispute au risque même de se faire écraser, la plupart du temps. Ces bonbons, objets de la convoitise populaire, sont tout ce que l'art du confiseur peut produire de plus mauvais. Les bonnes dragées ne sont pourtant pas exclues de ces fêtes, mais elles sont dirigées et tombent dans les chars élégants qui portent les beautés pour lesquelles palpitent les cœurs de jeunes gens placés aux balcons, beautés que l'on reconnaît fort bien sous le masque à l'aide de signes de convention que le père, le frère ou le mari sont loin de soupçonner.

C'est en suivant cette rue ou sa direction (car elle n'est pas bien longue) que l'on arrive à Capo di Monte, palais situé sur le haut d'une montagne et qui contient une grande quantité de tableaux que l'on dit

ne pas être ce qu'il y a de meilleur en peinture, à
l'exception de cinq ou six. Au reste, ne les ayant point
vus, je me garde d'en parler.

La grande colline où s'élèvent le fort Saint-Elme et
la Chartreuse, et autour de laquelle la ville est bâtie en
amphithéâtre, est située entre les quartiers que je
viens de décrire, c'est-à-dire entre la Villa-Reale et
son prolongement jusqu'au Pausilippe; tout le reste
de cette immense cité forme comme un quart de cercle
appuyé d'un côté sur la colline et de l'autre à l'hôpital
de la Madeleine.

Cinq choses m'ont principalement frappé dans cette
superbe capitale des Deux-Siciles. Ce sont : la grotte du
Pausilippe, la Chartreuse, le théâtre Saint-Charles, les
Etuves, et l'horrible misère de quelques individus, mais
surtout l'impudence vraiment cynique avec laquelle
ils en font parade.

La grotte du Pausilippe est un passage souterrain
qui fait communiquer le grand quai (qui forme le
prolongement de celui ou est située la Villa Réale)
avec la route de Pouzzoles, ce qui dispense de gravir
la colline qui s'avance en cet endroit jusque dans la
mer. Il régnerait une nuit continuelle dans presque
toute l'étendue de cette route souterraine, si l'on
n'avait eu soin d'y pratiquer des ouvertures qui
laissent passer à peine de faibles rayons de lumière.
Le gouvernement français y avait fait poser des
réverbères ; avant cela, quelques lampes de madones

étaient la seule clarté qui se joignît à celle des soupiraux.

Sur la montagne, au-dessus de cette caverne, on voit le tombeau de Virgile. C'est une tour carrée, à moitié enterrée, et dont l'intérieur est garni de petites niches à peu près semblables à celles d'un colombier. Je veux bien croire que cette tour soit la dernière demeure du prince des poètes latins, mais peut-on regarder cela comme chose certaine ? Pourquoi dans le tombeau de Virgile, homme unique en son genre, mais de la famille duquel on ne parle pas, aurait-on pratiqué cette multitude de trous propres à recevoir des urnes funéraires ? Je laisse cette question à de plus savants que moi.

La Chartreuse est un couvent plus magnifique que beaucoup de superbes palais. Des colonnes de marbre soutiennent le cloître ; des parterres charmants en ornent l'intérieur ; des terrasses ombragées d'arbres règnent tout autour. Un belvédère s'élève sur l'une d'elles ; c'est de là qu'on jouit de la vue délicieuse de Naples et de ses environs. L'église est très belle et renferme quelques beaux tableaux du Guide. Les moines regrettaient l'autre gouvernement ; mais, si on leur eût rendu leurs richesses, ils auraient été enchantés du régime français.

Le théâtre Saint-Charles est la salle de spectacle la plus vaste qu'on puisse voir, elle est de toute beauté ! J'y ai assisté à un bal masqué ; elle était illuminée par

plus de trois mille bougies soutenues par des giran-
doles placées de chaque côté des loges qui sont ici
toutes séparées et dont il y a quatre ou cinq rangées ;
et cette lumière factice était véritablement éblouissante. Ce théâtre, paraît-il, s'ouvre dans le fond ; on
dit qu'on y voit la mer, je le crois, mais ce doit être
dans le lointain, car il y a un grand espace entre elle
et l'édifice. En 1807, il lui manquait un portique ; il a
été exécuté par l'ordre de Murat ; mais je l'ai trouvé
mesquin quand je l'ai vu en 1811.

On entend par les Etuves un grand bâtiment qui
renferme la Bibliothèque royale et une grande quantité
de statues antiques. L'escalier est beau, la grande
salle est superbe et bien ornée ; dans l'une des salles,
on remarque, avec un étonnement mêlé d'admiration,
différents objets trouvés dans les ruines de Pompéï et
d'Herculanum ; on y voit des fruits, des œufs, de la
pâte, du pain, qui probablement devaient servir au
repas d'un des habitants de ces villes infortunées et
qui subsistent encore après 1800 ans !... Ces curiosités
étaient auparavant au musée de Portici ; elles ont été
depuis transportées aux Etuves ; il ne reste à
Portici que divers ustensiles, vases et autres objets.

Après avoir parlé de choses agréables, je suis obligé
de m'arrêter sur le triste spectacle des misères humai-
nes. Dans tous les quartiers de Naples, mais principalement dans celui qui avoisine le port, dans la rue
de Capoue, autour du fort des Carmes et dans toutes

les petites rues qui, servant à descendre du fort Saint-Elme, coupent à angle droit la rue de Tolède, on voit des individus des deux sexes entièrement nus, à l'exception des parties naturelles, recouvertes quelquefois par un lambeau de haillon retenu par une ficelle. Ces rebuts de l'humanité étalent à vos yeux tout ce qu'on peut imaginer de plus dégoûtant. La plupart sont couverts de chancres rongeurs et d'ulcères affreux ; ils sont maigres, décharnés, tandis que leur ventre jaune et luisant est souvent d'une grosseur hideuse. Leur manière de demander l'aumône consiste à se frapper le ventre et la bouche avec l'index et le pouce légèrement ouverts en disant : « Signor, mi moro della fame ». En hiver, ils font claquer leurs dents d'une manière horrible, en ajoutant qu'ils se meurent de froid. J'ai vu une femme dans cet état avec deux enfants à la mamelle. Cette famille n'avait pour se couvrir qu'une méchante pièce d'étoffe de deux pieds carrés et avait fixé sa demeure sous l'image d'une madone et près d'une peinture qui représentait les âmes du purgatoire, au nom desquelles la femme tâchait d'exciter la charité publique. En vérité, on voyait là rassemblés le purgatoire de ce monde et celui de l'autre, et certes, si cette malheureuse offrait à Dieu les peines qu'elle souffrait en cette vie, il doit lui en avoir tenu compte dans l'autre.

Mais que dis-je ? Ces gens-là se plaisent en cet état d'abrutissement, ils ne voudraient pas en changer ; et jamais peut-être il ne leur est arrivé de se trouver malheureux, tant la misère, la crapule et l'avilissement où ils sont plongés les ont rendus en tout semblables aux animaux les plus immondes. Ils sont bien loin d'avoir des idées religieuses, et si parfois ils prononcent le nom de Dieu, c'est machinalement et pour faire plus d'impression sur les passants.

Outre cette classe de mendiants, il y a la grande classe des Lazzaroni ; ils étaient à Naples au nombre de trente ou quarante mille, mais, depuis l'arrivée des Français, ils avaient considérablement diminué. Comme on les avait armés contre les Français, la potence des Carmes avait singulièrement éclairci leurs rangs ; néanmoins, il en restait encore beaucoup, et leur violence a diminué avec leur nombre. Ceux qui restaient en 1807 vivaient en faisant des commissions ; cependant il fallait s'en défier, car ils étaient très enclins à violer le septième commandement de Dieu.

Les Lazzaroni sont en général forts et vigoureux, ils vont toujours pieds nus et n'ont pour tout vêtement qu'un caleçon qui descend sur le genou et une chemise, encore en est-il qui n'en portent point.

Quand ils ont gagné de quoi vivre un jour, ils se couchent et ne font plus rien, même si vous leur offrez de l'or. Quatre grains (un peu moins de quatre sols), voilà tout ce qu'il leur faut pour passer la journée. Ils se procurent, avec cette faible somme, du macaroni, du fromage, de la glace et du vin.

Quand ils ont pris ce modeste repas, ils s'endorment dans des endroits à l'abri du soleil et passent la nuit dans les rues, sur le seuil des portes cochères, sur le parvis des églises. Lorsque je suis revenu à Naples en 1811, ils étaient encore moins nombreux qu'en 1807 ; Murat en avait fait enfermer beaucoup ; bon nombre aussi avaient été incorporés dans des régiments ; d'autres, enfin, par suite de conspirations et de brigandages, avaient terminé leur carrière sur la place des Carmes, ou la traînaient misérablement dans les bagnes et les maisons de détention.

La haute classe de la société napolitaine est assez polie ; elle a le vernis de l'éducation, mais elle est dissolue à l'excès. Elle partage son temps entre le jeu, l'amour et la religion.

Ces trois mots, à les entendre prononcer, ont quelque chose de doux qui séduit l'imagination du voyageur et l'enflamme à l'idée d'un pays où l'on passe sa vie aussi délicieusement ; mais il faut en rabattre, et rien de tout cela n'est bien attrayant. Le jeu, qui devrait être un délassement agréable, est ici une frénésie qui transforme chaque maison en tripot, et fait de chaque joueur une espèce de filou employant tous les moyens pour dépouiller son voisin. L'amour, au lieu d'être un sentiment délicat remplissant l'âme d'une délicieuse mélancolie et changeant en plaisirs les peines mêmes que vous éprouvez, l'amour, dis-je, que l'on fait à Naples est une passion dévorante qui pousse à l'adultère, à la perfidie, au parjure, qui n'agit que sur les sens, et qui, vous rendant semblable aux brutes, vous jette dans des accès de jalousie capables de vous conduire jusqu'au crime. Que de femmes napolitaines pourraient s'accuser d'avoir donné lieu à nombre d'assassinats! L'âme se révolte à la vue d'un si affreux tableau.

L'horrible maladie qui nous fut apportée d'Amérique et que les Napolitains, bien à tort, appellent le mal français, habite ici le palais de la duchesse ou de la marquise aussi bien que la maison de prostitution; encore dans cette dernière est-on peut-être plus en sûreté à cause des visites de la police. Méfiez-vous des grandes dames ; parmi les souvenirs que vous pourrez en recevoir, elles ne manqueront pas de vous en laisser un qui vous les rappellera plus longtemps que celui que vous sauriez conserver de leur amour.

Vous croyez peut-être qu'une femme atteinte de cette triste maladie, sentant son avilissement, n'ose plus paraître? Ah! mon Dieu! vous êtes bien naïf et bien peu au courant des us et coutumes de ce pays. Dans une conversation, deux dames se demandent des nouvelles de ce mal comme en France on se dirait : « Comment vont vos migraines ? » Les mœurs sont à Naples au dernier échelon de la dépravation.

Il me reste à parler de la religion. Vous la connaissez, cette sublime religion; vous ferez donc parfaitement la différence.

Ici on va à la messe comme on va au spectacle, on s'y donne des rendez-vous d'amour comme on pourrait s'en donner en tout autre endroit. Après avoir commis tous les excès possibles, après avoir même assassiné, on se confesse, on communie, on fait son jubilé si c'est une année de jubilé, et l'on croit être réconcilié avec le ciel. On assiste aux processions, on fait ses stations le jeudi saint et l'on renverse en sortant les pauvres qui sont à la porte. Au nom de Dieu, et poussé par de mauvais prêtres, on se porterait à tous les crimes, et les exhortations des bons ministres ne sont pas capables de vous porter à la vertu. La religion n'est à Naples que dérision, superstition et fanatisme.

A Naples, il y a beaucoup de procureurs et d'avocats, partant beaucoup de procès; on y est Normand. Serait-ce là une suite de la conquête de ce pays par les anciens guerriers ?

La police se fait au moyen de sbires vêtus de jaune avec des revers noirs ; ils portent une crespine (résille) et un chapeau rond, et ressemblent assez à des Figaros. Je dois ajouter qu'ils m'ont toujours fait l'effet de véritables bandits, aussi coquins que ceux qu'ils ont mission d'arrêter.

Depuis les Français, ces sbires ne servent plus que pour aider les huissiers et la garde des prisons civiles : c'est la milice du tribunal. La grande police est faite par les troupes pour ce qui concerne la tranquillité publique.

Il y a encore une autre espèce de police dont je n'ai jamais connu les secrets et avec laquelle je n'ai pas eu la moindre envie de faire connaissance ; celle-là était dirigée en 1807 par le ministre Salicetti. Il passait pour s'y entendre à merveille et sous ce rapport il n'était pas trop aimé par les Napolitains, à telle enseigne qu'il faillit être plusieurs fois victime de leur haine. Un jour, on fit sauter une partie de son palais situé vis-à-vis de la Villa-Reale : mais l'explosion n'atteignit pas l'endroit où il se trouvait. Qu'il fût aimé ou non, peu m'importait. Ce qui m'importait et à quoi je fis attention pour lui en savoir tout le gré qu'il méritait, c'est que, malgré la grande répugnance du peuple, il avait fait éclairer et nettoyer la ville et que, grâce à lui, les assassinats nocturnes étaient devenus rares, et que les cloaques immondes et pestilentiels avaient disparu ; la population s'en félicitait.

On lui devait aussi un autre service et des plus importants. Tous les fiacres anciens avaient été remplacés, et le service de la ville se faisait par des calèches superbes et très commodes, attelées de bons chevaux, et par des cabriolets à l'instar de ceux de Paris, beaucoup moins dangereux que les *sédiola* élevées dans lesquelles on était toujours exposé à se casser le cou.

Passons maintenant à la classe aisée du peuple. C'est selon moi la meilleure de toutes, celle où l'on trouve la franchise et la véritable gaieté. Les gens qui la composent sont vêtus proprement ; les femmes se couvrent d'ornements de similor ; leurs corsets et leurs jupes sont galonnés ; leurs cheveux relevés en chignons comme les Lyonnaises ; elles mettent beaucoup de poudre et ont une petite coiffe en forme de casque. Elles portent des bas rouges à coins blancs, des souliers à boucles et à hauts talons ; leurs robes sont courtes.

Les hommes sont presque toujours en veste et culotte de velours noir, ornées de boutons d'argent en forme de grelot ; la culotte ne se boutonne pas sur le genou bien qu'elle ait boutons et boutonnières ; ils portent des bas blancs et des souliers dont les boucles en argent sont tellement démesurées qu'elles touchent à terre de chaque côté et s'avancent jusque sur la pointe du pied. Le gilet est garni d'un quadruple rang de boutons, toujours en argent. Ils sont coiffés de la crespine rouge et du chapeau de feutre en forme de pain de sucre orné de rubans noirs.

Cette classe est continuellement chantante, buvante et dansante ; les guinguettes regorgent le monde ; là on joue aux cartes et à la *mora*. Voilà en quoi ce jeu consiste :

Deux personnes montrent ensemble, et le plus rapidement, un certain nombre de doigts en désignant un autre nombre ; celui qui devine combien les deux joueurs ont montré de doigts a gagné. Il faut avoir une grande habitude pour jouer à cette sorte de jeu. Les Italiens y excellent et les Espagnols y jouent aussi. Il est tellement en vogue à Naples que de tous côtés, à tous les coins de rue, on entend « quattro, tre, sette, tutti, otto... » Et ces mots sont prononcés avec une volubilité et un son de voix vraiment surprenants pour un étranger.

Je n'ai point parlé de la liquéfaction du sang de saint Janvier. Tout le monde connaît le prétendu miracle. Je ne sais comment on s'y prend pour l'opérer ; mais je sais fort bien que, lorsque Championnet était dans cette capitale, un jour où il devait avoir lieu, on vint lui dire que le sang s'obstinait à rester en matière solide et que le peuple commençait à murmurer, disant que c'était la présence des Français qui excitait la colère du saint patron. Le général en chef, sans s'émouvoir, déclara que si, dans un quart d'heure, le prodige ne s'effectuait pas, il ferait pendre l'archevêque. Au grand étonnement des Napolitains, la liquéfaction eut lieu plus visiblement que jamais, et alors le peuple de crier que tout le monde était Jacobin, jusqu'à cette face jaune de saint Janvier ; on le traita de maudit patriote et d'infrancesato. La populace s'ameuta même jusqu'à renverser la statue du saint, à la traîner dans la boue en lui donnant des coups de bâton et vomissant contre elle mille imprécations et abominations. Le malheureux saint Janvier, déchu de sa popularité, ne dut son salut qu'à ces mêmes Français, auteurs de sa disgrâce ; car, le tumulte allant croissant, la troupe fut obligée d'intervenir pour ramener l'ordre dans la ville.

Les marins ont une grande confiance en saint Janvier et ne manquent pas, quand ils sont en danger, de promettre tant de piastres ou tant de livres de cire s'ils échappent au péril qui les menace ; ils pleurent, ils se jettent à genoux, se frappent la poitrine, lèvent les mains au ciel.

Mon Dieu ! s'écrient-ils, priez le bienheureux saint Janvier de nous préserver de la mort, dites-lui que nous lui donnerons autant de cierges qu'il en voudra.

Il s'adressent ensuite à la madone, puis au saint lui-même. Une fois le danger passé, ils se mettent à maudire celui auquel, peu d'instants avant, ils adressaient leurs vœux, lui disant que, s'ils ont failli périr, c'était de sa faute, qu'il était obligé de les protéger, que ce n'est qu'à cette fin qu'on lui avait bâti des églises et que c'était beaucoup d'honneur d'avoir donné son nom à la cathédrale de Naples. Ensuite ils finissent par marchander avec le saint, et s'ils lui ont promis quatre cierges ils lui déclarent qu'ils ne brûleront qu'une chandelle et que c'est encore trop bon pour une face jaune et un Jacobin de son espèce, et qu'enfin s'il n'est pas content il n'aura rien. Comme le malheureux saint ne répond pas, il est censé consentir ; on lui brûle donc une chandelle puante devant le nez et l'on s'imagine être relevé de son vœu. Croyez-vous que les

habitants de l'ancienne Parthénope fussent plus ido-
lâtres ou plus païens que ceux de la Naples moderne ?

Avant de terminer mes observations sur Naples, je
dois ajouter que, de toutes les villes que j'ai vues,
c'est celle dont l'aspect m'a paru le plus pittoresque et
la position la plus belle ; mais, pour en jouir et l'appré-
cier entièrement, il faut y arriver par mer et la
considérer du milieu du golfe ; elle présente alors un
des plus magnifiques spectacles qu'on puisse imaginer ;
d'ailleurs, sous ce beau ciel, tout se revêt de teintes
magiques.

Voilà Naples telle qu'elle me parut lorsque j'y
arrivai en 1807. J'y avais un oncle, frère de ma
mère (1), je m'empressai d'aller le voir ; il me reçut
avec toute la cordialité d'un bon parent. Il avait près
de lui son fils aîné ; nous nous connaissions depuis
l'enfance ; on juge de notre joie à nous retrouver. Mon
cousin fut mon guide et c'est lui qui dirigea mes
courses de manière à ce que je les fisse avec fruit.

Je ne restai que peu de jours ; mon régiment occupait tout le littoral, depuis le fort qui s'élève près de
l'hôpital de la Madeleine et dont j'ai oublié le nom,
jusqu'à Castellamare.

Ma compagnie se trouvait à Resina, situé absolument
sous le Vésuve : j'eus donc tout le loisir d'observer

(1) M. Dareste de La Chavanne.

cette montagne. Je ne vis point d'éruption ; mais je fis comme tous les curieux, je montai jusqu'au cratère du volcan.

Armand était avec moi, nous allâmes à mulet jusqu'à l'ermitage ; je n'en parlerai pas, tout le monde le connaît. Nous déjeunâmes, et, après avoir écrit notre nom sur le registre du bon ermite, nous continuâmes notre ascension. Il nous fallut d'abord traverser le vallon qui sépare la montagne du sommet du Vésuve et que l'on nomme Atrio di Ravallo ; il est très-profond et très resserré en certains endroits.

Après cela nous recommençâmes à gravir. Nous eûmes bien quelques difficultés à cause des aspérités produites par les scories qu'on trouve à chaque instant; mais cependant le voyage se fit assez facilement jusqu'à l'endroit où commence le cône de cendre qui forme comme la tête du Vésuve. Là il serait presque impossible de marcher seul, car si on fait un pas en avant on recule de deux; aussi a-t-on grand soin de se pourvoir d'un guide. Nous en avions deux, munis chacun d'un grand bâton ferré et d'une longue corde attachée à une ceinture de cuir. Aussitôt qu'ils virent que nous ne pouvions plus grimper, ils nous attachèrent cette ceinture, et, posant la corde sur l'épaule en la tenant avec la main gauche et s'appuyant de l'autre sur le bâton ferré, ils se mirent en marche nous traînant après eux. Le voyage fut long et pénible. Enfin, grâce à la force et à l'adresse de nos cyclopes, c'est

ainsi qu'on se plaît à les nommer, nous arrivâmes sur
l'arête que forme le cratère qui, en cet endroit, ressemble à un entonnoir. Pour arriver au fond, nos guides
passèrent derrière et nous soutinrent avec leur corde,
sans quoi nous serions descendus plus vite que nous ne
l'aurions voulu. Le volcan était ce jour-là parfaitement
calme. Je remarquai deux larges crevasses dont les
bords étaient garnis de gros morceaux de soufre et
d'une autre matière rouge. En nous approchant, nous
entendîmes un sourd bourdonnement et, quand nous
enfoncions un morceau de papier dans l'une des
crevasses au moyen de nos épées, en un instant il
était enflammé. Nous sentions une grande chaleur sous
nos pieds, et il sortait de ces mêmes crevasses une
épaisse fumée qui montait dans les airs et se perdait
insensiblement, car le temps était parfaitement tranquille. Notre retour à l'ermitage s'effectua en
employant les mêmes moyens, et le soir nous rentrâmes
à Resina, bien contents de notre excursion.

Entre Resina et le Vésuve, tout autour de sa base,
sont les vignes qui produisent le fameux Lacryma-
Christi. Les vignes sont plantées dans ce qu'on appelle
rapilli. C'est une couche de pierre ponce recouverte à
peine de deux pieds de terre végétale, et il y en a
d'autres encore bien plus singulièrement cultivées. Le
vigneron est obligé de percer avec une pique de fer
une croûte formée de lave, jusqu'à ce qu'il trouve la
terre végétale; dans ce trou, il place un sarment, et,

deux ans après, il en cueille le raisin. Il semble vraiment que la nature ait voulu indemniser le cultivateur que ses grandes révolutions privent souvent du fruit de son travail. Ici, une vigne est détruite par une éruption; deux ans après, celle qu'on plante est en plein rapport. Voilà du moins ce qui m'a été dit par l'hôte chez lequel je demeurais à Resina. Outre les laves, qui à chaque éruption détruisent les vignes en grande quantité, elles sont encore sujettes à être étouffées par des vapeurs nuisibles que l'on nomme *mofete*; et l'on a vu des vignerons tomber asphyxiés par ces vapeurs au moment où ils soulevaient une motte de terre. A tous ces inconvénients, se joint en outre le mal que font éprouver à cette plante les *tropea* ou *orages d'été*.

Malgré tant d'obstacles, la base du Vésuve, depuis la cendre jusqu'aux villes de Portici, Resina, Torre-del-Greco et Dell'Annunziata, est couverte de vignes, ce qui prouve combien l'homme est industrieux, attaché à ses habitudes et au pays qui l'a vu naître.

Ces vignobles sont sillonnés par des torrents de lave allant jusqu'à la mer; la dernière lave était de 1806. Elle se dirigea du côté de Torre-del-Greco, qui est au reste le lieu où elle coule presque toute depuis bien des années. Il y a dans cette ville une église qui a été entourée de lave trois fois de suite. On a toujours continué à l'élever en proportion de ce qu'elle avait été enterrée, de telle façon qu'elle a maintenant autant de profondeur que de hauteur.

Pendant tout le temps que je passai à Resina, il
ne m'arriva rien de remarquable ; j'allais quelquefois
à Naples et j'employais mes loisirs à visiter ce qu'il
y avait de curieux aux environs. Armand était régu-
lièrement de la partie et nous faisions ensemble nos
excursions et nos observations.

La première chose que nous visitâmes, ce fut la
Favorite, maison de campagne royale et qui, dans ce
temps-là, appartenait à Masséna. C'est un séjour
enchanteur. Les jardins s'étendent jusqu'à la mer et
sont terminés par un labyrinthe aussi compliqué que
pouvait l'être celui de Dédale. L'intérieur du château
est charmant et les appartements disposés de façon à
y donner de très belles fêtes. Je remarquai une salle
de danse dans laquelle on descend par des escaliers
de marbre, et, comme elle est plus basse que les
autres chambres, celles-ci ont des balcons d'où l'on
peut voir danser. On monte de là sur une fort belle
terrasse d'où l'on jouit d'une vue superbe s'étendant
jusqu'à la mer.

Dans les appartements supérieurs, se trouvaient
autrefois, du moins à ce qu'affirme le cicerone, plusieurs meubles d'une grande beauté, notamment des
tables de bois pétrifié rehaussées de pierres précieuses,
beaucoup de beaux tableaux, une pendule enfermée
dans une caisse de corne de cerf représentant plusieurs
bêtes féroces. Tout cela a disparu ; mais ce qui est
resté, et selon moi surpasse en valeur et en curiosité

tout ce qui a été enlevé, c'est un pavé de marbre parfaitement conservé, découvert dans l'île de Capri où
il faisait partie d'un palais de Néron. On éprouve une
sensation presque désagréable en pensant qu'on pose
le pied sur une pierre qui a porté sans doute cet
empereur, dont le nom est synonyme de cruauté et
demeure une épithète outrageante pour un souverain.

Nous visitâmes ensuite le palais de Portici; il forme
un carré entourant une cour traversée par la grande
route; toutes les voitures passent là, et, comme le
terrain est placé sur de profondes excavations formées
par le volcan, elles font en roulant un bruit épouvantable qui doit être fort gênant pour les hôtes de ce
séjour royal. Il est bon d'ajouter qu'à l'époque dont
je parle il n'était habité que par le concierge.

Ce palais renferme un musée où l'on a réuni tout
ce qui a été découvert à Pompeï et à Herculanum.
Quelques-unes de ces antiquités ont été transportées
aux Etuves, mais il en reste encore beaucoup. On y
voit un grand nombre de médailles, de bas-reliefs,
des peintures à fresque enlevées aux murailles des
villes englouties, des poids, des marteaux, des armes,
des instruments de labour, des marmites, des trépieds,
des casseroles, des couteaux, des verres, des bouteilles, des lampes, des autels, des statues, des tables,
des candélabres, des vases de toutes les formes. Plusieurs de ces objets sont en marbre et en bronze, ces

derniers sont les mieux conservés. Ceux en bois le
sont moins bien, cependant on est étonné de les
trouver encore si reconnaissables. Les salles sont
pavées de mosaïques tirées d'Herculanum et de Pompeï ; on y voit aussi deux statues équestres des deux
Balbus, provenant des fouilles d'Herculanum. Enfin
on est dans l'antiquité jusqu'au cou, si bien qu'on
finit par se croire contemporain de Cicéron, d'Horace,
de Virgile, ou tout au moins de Pline le jeune, et
peut-être quelques-uns des objets dont on est envi-
ronné lui ont-ils servi durant le peu d'instants qu'il
demeura à Pompeï pendant la catastrophe.

Combien de fois a-t-on décrit les environs de Naples !
Il serait curieux de le savoir. Néanmoins, tous ceux
qui ont fait ce voyage ne peuvent résister à l'envie
de recommencer cette même description ; la raison en
est que tout ce qu'on y voit est si rare et si intéressant
que l'on éprouve le désir de faire partager son plaisir
aux autres.

Un proverbe dit : « Voir Naples et mourir ! » Il y
a là quelque peu d'exagération, et pour mon compte
j'aimerais mieux vivre sans avoir vu Naples que
mourir après l'avoir contemplé ; cependant il faut
convenir que c'est peut-être le pays du monde le plus
beau et qui offre le plus de souvenirs. On me pardonnera donc si, avant de revenir à mes aventures
personnelles, je me promène encore dans les environs
de l'ancienne Parthénope.

Un matin, Armand entra dans ma chambre :

— Allons ! paresseux, lève-toi, s'écria-t-il, il faut aujourd'hui visiter les squelettes de la cité campanienne.

J'avoue, à ma honte, que, ne sachant pas trop ce qu'il voulait dire, je le regardai tout ébahi.

— Pompeï ! Pompeï ! exclama-t-il...

A ce nom, plus connu que l'autre, je sautai à bas de mon lit, et peu d'instants après nous étions sur la route.

Nous avions avec nous plusieurs dames et un autre de nos amis ; nous emportions des vivres, du vin et une provision de gaieté bien propre à contrebalancer les fâcheuses impressions que la vue de cette ville, pour ainsi dire sortie du tombeau, aurait pu jeter dans nos âmes. Tout le voyage se passa à rire et à folâtrer à qui mieux mieux, et nous en étions à conter mille folies plus drôles les unes que les autres, quand notre conducteur nous avertit qu'il fallait descendre.

— Ici, à gauche, dit-il, est la porte de la vieille cité.

A ces mots nous restâmes muets et nous descendîmes de voiture.

Les mains de nos compagnes de voyage tremblaient, leurs cœurs battaient d'émotion et leurs voix même étaient altérées. Pour moi, quand j'arrivai à la porte, il me sembla que des fantômes allaient s'avancer et murmurer : « Ne nous troublez pas. » Il est de fait que nous traversâmes la ville sans presque proférer une parole.

Nous passâmes par une porte qui, probablement, était tout près du port où dix-huit siècles plus tôt des milliers de vaisseaux entraient à pleines voiles, alors que cette ville était florissante, et qui représente aujourd'hui l'empire du silence et de la mort.

A droite, se trouve un édifice appelé le quartier des soldats. C'est un bâtiment soutenu par des colonnes et sur lequel on a découvert toutes sortes de griffonnages du genre de ceux que font les soldats sur les murs de leurs casernes, et un squelette enchaîné. C'était sans doute un soldat au cachot ; les Romains, plus sévères que nous, les mettaient peut-être aux fers. Près de là, on entre dans un petit temple où l'on voit la place où était posé le trépied sur lequel s'asseyait la prophétesse pour rendre ses oracles, et du dessous duquel sortaient des vapeurs qui lui occasionnaient des convulsions et lui donnaient l'air inspiré. On voit l'endroit où se cachait le prêtre qui répondait aux dévots venus pour consulter la statue d'Isis, car ce temple lui était consacré. Il était soutenu par des colonnes d'ordre dorique qui existent encore.

En sortant de ce temple et à gauche de la porte, on entre dans une rue ; les maisons sur deux rangs sont telles qu'elles étaient il y a près de dix-huit cents ans ; seulement elles sont maintenant découvertes ; on distingue les traces laissées par les roues sur le pavé formé par de grands morceaux de lave. On remarque des pierres, posées pour passer le ruisseau sans se mouiller les pieds, et des trottoirs pour les piétons. Cette rue est étroite, et je pense que c'était une des plus petites de la ville ; j'établis ma croyance sur la petitesse des maisons, qui, la plupart, ont une boutique donnant sur la voie publique. Ce n'est donc pas là le faubourg Saint-Germain ou la Chaussée-d'Antin de Pompeï, et il est probable que les beaux quartiers et les places publiques sont encore ensevelis.

Dans l'une des maisons est une table de marbre sur laquelle on voit l'empreinte des vases qu'on y a posés jadis ; on présume que c'était un cabaret. Afin de compléter l'illusion, nous prîmes des verres et une bouteille, et, nous versant une rasade, nous bûmes à nos santés et nous fûmes presque tentés de boire à celle de l'ancien maître de ce lieu, tant il semblait qu'on allait le voir apparaître.

Près de là, nous vîmes une autre maison ; au-dessus de la porte était écrit : *Salve!* Nous ne pûmes nous empêcher d'y entrer. Après en avoir franchi la porte, on se trouve dans une cour carrée au milieu de laquelle est un bassin. Autour de cette cour, environnée de colonnes, sont des chambres carrées qui ne reçoivent le jour que par la porte ; elles sont peintes en rouge ou en jaune et pavées en mosaïques. Les murs sont ornés de figures qui conviennent parfaite-

ment à la destination de l'appartement. Par exemple,
dans la chambre à coucher, on voit des figures de
Morphée et des guirlandes de pavots ; dans la salle à
manger, Bacchus, Pomone, avec des guirlandes de
fruits ; dans le cabinet de toilette, Vénus et ses attributs.
L'appartement du fond, en face de la porte, paraît
avoir été un simple vestibule plus grand que les autres
chambres ; il n'est point fermé par devant. La cour
est pavée en mosaïques. On distingue encore les
conduits par lesquels on faisait passer les tuyaux de
chaleur, et ceux destinés à porter au dehors la fumée
des lampes. La porte de chaque chambre donne sur
la cour.

Nous parcourûmes plusieurs de ces maisons qui
sont à peu près toutes distribuées de même. Dans
quelques-unes, on retrouve encore les restes d'un
escalier, ce qui indiquerait qu'il y avait un étage. Il
y a des habitations qui ont jusqu'à trois cours l'une
après l'autre et dont les appartements sont plus
spacieux ; ces maisons appartenaient probablement à
des gens plus riches. Malgré les défenses qui existent,
nous obtînmes, moyennant la bonne main, qu'on jetât
de l'eau sur les peintures murales dont aussitôt les
couleurs nous apparurent aussi fraîches que si elles
fussent sorties la veille du pinceau de l'artiste. Il
existe, dans l'une des chambres de ces maisons, une
pierre large et plus élevée que le reste du pavé, et qui
pourrait bien être l'endroit où on plaçait le lit.

Nous gardions le silence, et chacun donnait libre cours à ses pensées, lorsque notre guide nous fit arrêter devant une porte.

— Regardez au-dessus, nous dit-il.

Nous levâmes les yeux et restâmes immobiles d'étonnement ; nos compagnes rougirent et détournèrent la vue. Un Phallum ou Priape était sculpté sur une pierre au-dessus de cette porte. Si nous eussions oublié que nous n'étions pas dans une ville moderne, cette image nous l'aurait sur le champ rappelé. Quelle distance entre l'époque dont les mœurs s'accommodaient d'une pareille enseigne et celle où nous vivons !

Quelle était cette maison ? Voilà ce qu'on ne peut savoir. Les uns soutiennent que ce devait être une maison de prostitution, les autres celle d'une accoucheuse, ceux-ci un temple de Priape, et d'autres enfin celle d'un marchand de légumes qui aurait pris pour enseigne un attribut du dieu des jardins. Mon avis est que c'était une demeure de fille de joie. Par égard pour la pudeur de nos dames, nous ne restâmes pas longtemps en cet endroit. Dans tout autre lieu, leur mine nous aurait fait éclater de rire ; mais à Pompeï on ne rit pas... Nous quittâmes donc la maison au Phallum en gardant notre sérieux, et nous visitâmes successivement celles d'un chirurgien, puis d'un boulanger et d'un sculpteur. Dans toutes ces maisons, on voit des vestiges de l'art ou du métier qu'exerçait celui qui en était le possesseur.

Nous avions vu tout ce qui était à voir dans la rue, et nous nous acheminions vers la maison de campagne nouvellement découverte, quand nous rencontrâmes une autre société qui, comme nous, faisait un pèlerinage à l'ancien monde. Nous nous saluâmes en silence et avec des figures où se peignait l'admiration mêlée de mélancolie. Je dis cela pour faire remarquer combien il faut que ces lieux soient solennels pour produire ainsi le même effet, et je ne crains pas de déclarer que celui qui entrerait et se promènerait dans Pompeï avec indifférence aurait un cœur de marbre et une imagination glacée ; et si deux amoureux venaient là pour parler d'amour, je crois vraiment qu'ils s'en retourneraient sans y avoir seulement pensé.

En suivant cette rue de Pompeï, on sort par une autre porte et on arrive à une colline contre laquelle était bâtie la maison de campagne ou du moins l'habitation qui passe pour telle. Cette maison a un jardin, des terrasses, de beaux appartements et plusieurs étages. Le jardin est entouré de trois côtés par une galerie couverte soutenue par des colonnes ; au milieu se trouve un grand bassin. Près de là, sur une petite hauteur, on voit encore plusieurs rangées de colonnes plus élevées les unes que les autres, mais placées par rang de taille, les plus basses devant, les plus hautes derrière. Sous la galerie couverte qui entoure le jardin, une cave très bien voûtée règne dans toute l'étendue et dans un si parfait état de conservation qu'on pourrait

y mettre du vin. Il y a encore une grande quantité
d'amphores rangées les unes contre les autres et appu-
yées à la muraille; elles sont remplies de cendres, mais
à travers les parois on distingue parfaitement la couleur
de la lie. Près de ces amphores, vers la porte, on a
trouvé, en fouillant, une quinzaine de squelettes d'hommes et de femmes de tout âge. C'étaient probablement
les gens de la maison qui avaient cherché là un refuge.
Que de cris, que de lamentations ils ont dû pousser!
Ces squelettes étaient entassés les uns sur les autres
contre la porte. Hélas! elle se ferma sur eux pour ne se
rouvrir que dix-huit siècles plus tard. Devant celle de
la maison, on trouva aussi le squelette d'un homme
tenant à la main une lanterne et portant au doigt un
anneau de chevalier romain; c'était sans doute le maître
de la maison, et peut-être allait-il ouvrir à des gens qui
voulaient se réfugier chez lui.

En quittant ces tristes lieux et en revoyant le ciel,
chacun de nous jeta un coup d'œil sur le Vésuve comme
pour s'assurer qu'il ne donnait aucun signe de colère.

Comme nos âmes étaient disposées à la tristesse,
nous demandâmes à voir les tombeaux; ils sont sur la
route en avant de la ville. Celui de la prêtresse Mamea,
que l'on reconnaît à une inscription, est plus grand que
les autres. On voit un caveau rempli de petites niches,
et, en dehors, des masques d'une laideur effrayante.
Tout près de là, est un siège demi-circulaire très bien
conservé et assez grand pour recevoir une trentaine de

personnes ; il était probablement sur une promenade publique fréquentée par les belles de Pompéï. Nous nous assîmes tous sur ce siège et y restâmes quelques instants. Ce fut là seulement que la parole nous revint et que nos idées commencèrent à prendre un autre cours. Mais nous n'avions pas tout vu, le guide nous conduisit dans les deux théâtres qui nous parurent parfaitement conservés.

Ils sont ovales, la scène d'un côté, les gradins de l'autre, et, à quelque endroit que l'on se place, on est toujours bien pour contempler ce qui se passe sur la scène ; l'un des théâtres est grand et l'autre beaucoup plus petit.

Après avoir visité ces deux derniers monuments, nous reprîmes la porte par laquelle nous étions entrés et regagnâmes notre voiture ; mais ce ne fut pas sans nous retourner bien des fois pour jeter un dernier regard sur cette ville sortie du tombeau et sur le Vésuve qui s'élève au-dessus d'elle et la menace encore. Hélas ! elle ne le craint plus, sa rage tomberait sur un cadavre.

Selon toute apparence, il n'y a qu'un tiers tout au plus de Pompéï qui soit découvert. Combien je désire qu'il me soit donné de visiter de nouveau cette ville quand elle sera entièrement mise à jour; mais le sera-t-elle jamais ?

Quand nous fûmes à une certaine distance de l'infortunée cité, et que nous lui eûmes adressé nos derniers adieux, la gaîté revint dans nos cœurs et nous nous mîmes à rire de l'air vraiment lugubre que nous avions tous en parcourant ces rues désertes. Avant de nous remettre en route, nous choisîmes un endroit ombragé, et, déballant nos provisions, nous fîmes un repas assaisonné par la gaîté. Le soir seulement, à la fraîcheur, nous regagnâmes Resina et chacun rentra chez soi. Je m'endormis promptement ; mais toute la nuit je fus avec les Romains.

A peu près vers cette époque, je reçus une lettre de Pescara ; je brisai le cachet : elle était de la tendre, de la sémillante Caroline. Le style en était brûlant.

« Ame de ma vie, m'écrivait-elle, je t'aimerai éter-
« nellement, tu seras toujours mon unique bien, ma
« souveraine félicité. En quelque lieu que tu te trouves,
« à quelque heure que ce soit, rappelle-toi qu'il est
« une femme qui pense à toi et qui mourrait volontiers
« pour te revoir un seul instant. »

Je baisai cette lettre mille et mille fois, je la mis sur mon cœur, je fis des folies, puis je répondis à mon tour de la façon la plus passionnée. Je brûlais d'amour et je croyais, de bonne foi, que la mort seule y mettrait fin. Cette lettre, en un mot, m'avait embrasé de nouveau le cœur et l'imagination. Ah ! combien je regrettais le petit jardin, combien je m'en voulais d'avoir perdu tant d'instants précieux que j'aurais pu passer près de Caroline !

Quinze jours environ après le départ de ma lettre, un

détachement arriva à Resina. Il venait de Pescara et se rendait à Salerne; il ne devait coucher qu'une nuit. Rempli d'impatience, car j'espérais recevoir des nouvelles de Caroline, je m'informe du logement de l'officier qui commandait; je parviens à l'apprendre, j'y vole, et je m'adresse à la maîtresse de la maison.

— Madame, lui dis-je, vous logez un officier ?

— Oui, monsieur, il est arrivé ce matin.

— Est-il chez lui ?

— Non, il vient de sortir; mais sa femme est là-haut.

— Il est donc marié ?

— Je ne pourrais vous l'affirmer, réplique l'hôtesse en laissant échapper un sourire malin; mais, pour une femme, il en a une et qui, par parenthèse, est fort jolie.

— Est-elle française ?

— Non, je crois plutôt qu'elle vient de l'endroit d'où vient l'officier.

— Ah ! tant mieux ! elle sera plus à même de répondre à ce que je veux demander.

Et sans attendre, je m'élance dans l'escalier en me disant que peut-être cette personne connaîtrait Caroline et pourrait m'en parler. Qui sait, ajoutai-je mentalement, si elle n'est pas chargée d'une lettre pour moi ? Tout en faisant ces réflexions, j'arrive à la porte de la chambre; je frappe, on ne répond pas; impatient, je pousse cette porte; elle s'ouvre. Une femme était à la fenêtre, debout et me tournant le dos. Je m'avance jusqu'au milieu de l'appartement; au bruit de mes pas, la dame se retourne, me regarde, pousse un cri et tombe à la renverse. Moi, je reste à la même place, immobile, pétrifié, n'en pouvant croire mes yeux..... c'était Caroline, oui Caroline elle-même..... Je m'approche; elle était toujours sans mouvement; mais, observant le coloris de son visage, je ne conçus aucune pitié. Je l'accablai de reproches, toujours sans qu'elle parût m'entendre; enfin, rempli d'indignation et jetant un regard de mépris sur l'infidèle, je sortis de cette maison dans une situation d'esprit bien différente de celle avec laquelle j'y étais entré.

Je présume que mon rival ne fut instruit de rien, car je le vis le soir au café et il ne me parla d'aucune chose relative à l'aventure. J'éprouvai bien quelque mouvement de colère causée par une sorte de jalousie; mais mon amour s'était subitement éteint et je n'eus aucune peine à me contenir.

Le lendemain, l'officier continua sa route; je regardai même d'une fenêtre le passage du détachement; mais, comme il eut lieu à la première heure du jour, je ne pus rien distinguer. Il me sembla cependant apercevoir deux personnes à cheval l'une près de l'autre; je pense que c'était Caroline et son nouvel amant.

J'oubliai bientôt la perfide, et je me consolai avec une petite brunette dont les charmes ne le cédaient en rien à ceux de mon abruzzaise. Elle s'appelait Bettina. Elle m'adorait, je l'adorais, et, comme tant d'autres, je l'ai oubliée.

Voilà l'histoire véritable de la fin de mes amours
avec la nymphe du jardin des Hespérides ; car c'est
ainsi que je me plaisais à nommer Caroline, faisant
allusion au jardin où je reçus d'elle tout ce qu'elle
pouvait me donner.

Vers cette époque, arriva mon tour d'être envoyé au
fort de Rovigliano. Ce fort est bâti sur un rocher cal-
caire qui s'élève au milieu de la mer à un demi-mille
du rivage et à peu de distance de Castellamare du côté
de Torre-Dell'Annunziata. Les troupes qu'on y caserne
ne sont relevées qu'après un séjour de deux semaines.
On y mettait ordinairement une compagnie, en ayant
soin de l'approvisionner de vivres pour un mois. Deux
jours après y avoir été établi, la mer devint furieuse
et une tempête horrible la bouleversa jusque dans ses
plus profonds abîmes. Les vagues passaient par dessus
notre caserne ; on fut obligé de fermer toutes les ouvertures, que l'on appelle en cet endroit « écoutilles »,
comme sur un vaisseau, et que l'on bouche aussi her-
métiquement que possible.

Les toits du fort de Rovigliano sont établis en terrasses soigneusement maçonnées, d'où l'eau s'écoule
aussitôt. Nous restâmes environ trois jours ainsi
ensevelis, obligés de garder de la lumière en plein
midi et en but à la fureur des flots, lesquels, je dois
le dire, malgré leur bruit infernal, ne nous inquiétaient
guère. Ils faisaient pourtant trembler notre rocher, qui
selon toute apparence est la cime d'une montagne sous-

marine. Nous employâmes nos loisirs à boire, à fumer,
à jouer aux cartes. Enfin, vers le quatrième jour, le
calme se fit, on ouvrit les écoutilles et tout rentra dans
l'ordre.

Notre temps fini, ma compagnie fut remplacée par
une autre. Depuis quinze jours seulement j'étais
enfermé au fort de Rovigliano, et cependant je fus
heureux d'en sortir. Ah! qu'ils sont à plaindre les
infortunés que le despotisme, l'injustice ou leurs
crimes, ont plongés dans ces demeures étroites et
malsaines où souvent ils doivent terminer leur misérable existence !

A quelques jours de là, le régiment reçut l'ordre de
partir pour Foggia, une des principales villes de la
Pouille, et Portici fut le lieu du rassemblement.

Comme notre corps d'armée avait été continuellement disséminé depuis que j'y étais entré. je n'en
connaissais pas encore tous les officiers. Quand les
différents détachements furent réunis, j'eus le plaisir
d'être présenté à ces messieurs, et ce jour est un de
ceux dont je me souviens volontiers. Les militaires
n'étant pas longs à faire connaissance, et la franchise
qui leur est propre mettant à découvert le caractère
de chacun, ils se trouvent tout naturellement dispensés
du soin de s'étudier. Dès ce moment, j'acquis de
nouveaux amis, et, malgré la légèreté apparente avec
laquelle nous nous liâmes, je ne me repentis jamais de
leur avoir accordé mon amitié. Plusieurs d'entre eux

vivent encore, et, quand je suis assez heureux pour en rencontrer un, ma joie est extrême et mon cœur se remplit des sentiments qu'il éprouvait à vingt ans.

Ce fut aussi vers cette époque qu'une expédition fut tentée contre l'île de Capri, expédition qui, mal combinée, mal ordonnée et contrariée par les éléments, n'eut d'autre résultat que de montrer la faiblesse du gouvernement, de mécontenter les Napolitains, et de nous rabaisser à leurs yeux. Cette malheureuse échauffourée coûta la vie à plusieurs officiers des régiments que l'on avait entassés dans de chétives barques de pêcheurs. J'y perdis pour ma part un de mes bons camarades de l'Ecole militaire qui voulut sauter d'une barque dans l'autre. Les ténèbres, la fureur des flots et le feu de l'ennemi ne permirent pas de le sauver ; la confusion était à son comble, et je ne doute pas qu'elle ne fût cause de la mort de bien des soldats.

Le camarade dont j'eus à regretter la perte se nommait Régnier ; il appartenait au 62ᵉ régiment. C'était un jeune homme charmant, plein d'instruction, de talent, de bravoure et doué de cet esprit aimable et brillant qui caractérise le véritable militaire français. Je suis persuadé qu'il serait devenu un officier des plus distingués ; mais, hélas ! *Mors omnia versat.*

Qu'on me pardonne de m'arrêter ainsi sur la tombe d'un ami et de jeter quelques fleurs sur une fin aussi malheureuse et prématurée.

Je reviens à notre départ de Portici pour Foggia ; il eut lieu vers le milieu d'avril. La campagne étalait à nos yeux toutes les merveilles du printemps. Le Vésuve, du sommet duquel s'élevait avec grâce une colonne de fumée, formant le seul nuage qui fût au ciel, contribuait par le contraste des ombres noires de ses flancs opposés au soleil et par sa masse imposante à rehausser la magnificence du tableau. Avec quelle joie, avec quels transports je me mis en route ; j'allais parcourir de nouvelles contrées : en fallait-il davantage pour me rendre heureux ? Armand et mes autres camarades partageaient ma satisfaction.

Nous dîmes adieu à nos belles de Resina et de Castellamare, quelques-uns furent à Naples ; mais je ne m'aperçus pas qu'aucun de nous fut bien triste. Ce qui prouve pour la cent millième fois (soit dit en passant) combien les hommes et surtout les militaires sont inconstants.

En sortant de Portici, nous tournâmes pendant plusieurs milles autour du Vésuve, et, laissant Caserte à notre gauche, nous arrivâmes à Nola après avoir traversé une belle plaine, le pays le plus fertile, la campagne la plus délicieuse que l'on puisse imaginer. C'est une continuation non interrompue de tout ce que la végétation peut offrir de splendide ; partout des pampres verts suspendus en guirlandes à des cerisiers, à des amandiers, parés à ce moment de tout le luxe de la floraison ; et, sur le sol, des tapis de fleurs de toute nuance, de petits ruisseaux artificiels, ingénieusement distribués, répandaient une douce fraîcheur dans ce nouvel Eden, fraîcheur encore augmentée par les arbres de haute futaie qui formaient une voûte au-dessus de la route, sur le bord de laquelle se voyaient de jolies chaumières posées au milieu de massifs de rosiers, de lilas, de peupliers touffus et de figuiers déjà chargés de leurs premiers fruits. Ajoutez à ces enchantements le concert des oiseaux, la voix joyeuse du cultivateur, et vous aurez une idée, bien faible encore, de la riche et gracieuse plaine de Nola.

Ce fut après avoir traversé toutes ces merveilles, que nous arrivâmes, comme je l'ai dit, à cette ville, qui n'est pas, à beaucoup près, aussi agréable que la campagne qui l'environne, mais qui cependant n'est point laide. Il s'y trouve surtout une superbe caserne de cavalerie, et il m'a semblé que les femmes y étaient jolies. Elles ont le teint blanc et presque toujours le nez aquilin. Celles auxquelles j'ai eu l'occasion de parler m'ont paru aimables, et charitablement je suppose qu'elles le sont toutes.

Le lendemain, nous partîmes pour Avellino, et bien que la campagne me parût toujours jolie, cependant elle diminuait de beauté à mesure que nous avancions. A peu près à moitié du chemin, nous traversâmes un village nommé Cardinale. Ce que j'y observai est digne de remarque : tous les habitants, grands ou petits, hommes ou femmes, vieux ou jeunes, riches ou pauvres, y sont roux. Nous y fîmes la grande halte, et, dans l'espace d'une heure, ayant eu le temps de voir presque toute la population, attirée vers nous par la curiosité, nous pûmes constater que pas un seul individu n'était seulement blond ou châtain; tous étaient du plus beau, ou pour mieux dire du plus vilain roux couleur de cuivre. N'est-ce pas là un phénomène digne d'attention ? Qui a pu contribuer à donner cette couleur aux habitants de ce village ? Est-ce l'eau ? Est-ce l'air ? ou bien l'héritage d'une race ? Je laisse cette question à de plus autorisés que moi, et je me contente de signaler le fait.

Après notre halte et nos remarques sur cette étrange population, nous continuâmes notre route et bientôt nous arrivâmes à Avellino. Je n'y vis de remarquable que des forges établies dans son voisinage et la grande quantité de noisetiers qui croissent aux environs et du fruit desquels on fait un grand commerce. Avellino a-t-il donné son nom aux noisettes avelines, ou celles-ci ont-elles donné le leur à Avellino ? Encore une question, de peu d'importance à la vérité.

Le régiment coucha à Ariano, et durant cette journée nous voyageâmes dans un pays légèrement montagneux, et le lendemain nous arrivâmes à Bovino. Ici, la route se prolonge dans une étroite vallée, au fond de laquelle coule une rivière. Nous logeâmes comme nous pûmes dans un couvent isolé sur la route, tandis que le village en est un peu éloigné, et au soleil levant nous étions dans l'immense plaine de la Pouille où l'on n'aperçoit pas un seul arbre et où l'on ne cultive pas autre chose que du blé. A l'horizon, comme un point noir, s'élevait le clocher de Foggia où nous n'arrivâmes que fort tard et bien fatigués.

Je ne dirai que peu de mots de cette ville ; elle est assez grande et passablement bâtie. Il s'y tient chaque année une foire qui dure quinze jours ; elle est dépourvue de rivière, et on n'y boit que de la mauvaise eau de puits ou de citerne, encore la paye-t-on fort cher, heureux quand elle ne manque pas. Durant l'été, Foggia est désert, chacun fuit le mauvais air qu'on y respire en cette saison et qui souvent occasionne de dangereuses épidémies. Le peuple, peu délicat sur la nourriture, a coutume de couper par lanières la viande de presque tous les animaux : bœufs, chevaux, ânes ou mulets, et de la faire sécher au soleil ; dans cet état, il la garde pour la manger à l'occasion en la cuisant dans la minestra verde. Les rues et les places publiques sont comme pavées de dalles rondes et carrées qui bouchent l'ouverture d'espèces de citernes qui, bien sèches et à l'abri de l'air et de toute humidité, servent à renfermer le blé et où il se conserve parfaitement ainsi que tout ce qu'on y met. En ce moment, comme la guerre empêchait l'exportation des grains, ces magasins en regorgeaient ; on ne savait plus où les mettre et ils n'avaient aucun prix, au grand mécontentement des habitants qui, pour cette raison, maudissaient de tout leur cœur les Français et leur gouvernement.

Quelque temps après mon arrivée à Foggia, je tombai malade assez dangereusement, et ne recouvrai la santé qu'après un mois de souffrance et tout juste pour assister à la grande revue qui eut lieu à l'occasion du passage du roi Joseph qui traversa cette ville en se rendant du côté de Bari en passant par Manfredonia, Cannes et Barletta, voyage que j'aurais bien désiré faire avec lui, quand il n'aurait eu pour but que de visiter le fameux champ de victoire du célèbre Annibal.

Mon séjour dans la capitale de la Pouille ne présentant rien autre de remarquable, je passerai de suite au départ. Il eut lieu vers le mois d'octobre 1807, époque à laquelle le régiment reçut l'ordre de se rendre à Salerne.

Ayant obtenu la permission d'aller au petit dépôt du corps qui se trouvait à Torre-del-Greco, je profitai d'une place que notre obligeant colonel m'offrit dans sa voiture et je fus avec lui à Naples où il allait revoir sa femme qu'il y avait laissée. Je restai quelques jours chez l'oncle dont j'ai parlé et qui habitait cette ville, et ensuite je me rendis à Torre-del-Greco, d'où je faisais de temps en temps des excursions dans la capitale, et que je quittai définitivement quand ma santé fut entièrement rétablie.

Avant d'abandonner ces parages, je veux cependant raconter une aventure assez singulière qui me survint, et dont le souvenir resta longtemps dans ma mémoire.

Un jour que j'étais allé à Resina visiter Bettina, la brunette que j'y avais laissée, je m'oubliai près d'elle jusqu'à près de minuit, et, voyant la nuit avancée, j'étais sur le point de prendre, comme je l'avais déjà fait quelquefois, une place dans un gentil petit lit blanc qui s'élevait au fond d'une jolie alcove, lorsque deux coups frappés à la porte attirèrent mon attention. Bettina, paraissant non moins étonnée que je pouvais l'être, se leva brusquement, et, après avoir ouvert la fenêtre, la repoussa avec précipitation en s'écriant :

— Nous sommes perdus ! Ah ! mon Dieu, nous sommes perdus ! cachez-vous ou fuyez ; mais nous sommes perdus s'ils vous aperçoivent.

J'avais saisi mon épée, et je me tenais debout, cherchant à deviner ce que ce pouvait être, lorsque j'entendis ouvrir la porte et monter l'escalier. Il n'était plus temps de chercher à fuir, je pris donc ma résolution et j'attendis avec assurance ceux que j'avais entendus monter. Ils ne tardèrent pas à paraître. La porte de la chambre s'ouvrit, et je vis entrer deux hommes couverts chacun d'un long manteau et le chapeau rabattu sur les yeux.

— Que venez-vous faire ici ? leur criai-je avec force. Qui êtes-vous ?

— Les frères de la malheureuse que vous avez séduite, et vous allez nous suivre.

En disant cela, ils avaient jeté leurs manteaux et, le poignard à la main, s'étaient précipités sur moi comme deux furieux. Profitant d'un instant où un sentiment de compassion m'avait fait me tourner du côté de Bettina qui venait de tomber sans connaissance, ils étaient parvenus à me désarmer et se préparaient à m'entraîner je ne sais où, quand, animé par la colère et faisant un dernier effort, je parvins à m'emparer d'une lourde chaise dont j'assènai un si terrible coup sur la tête de l'un d'eux, qu'il tomba tout de son long laissant échapper et son poignard et mon épée. Je me saisis de ces deux armes, à l'aide desquelles je parvins à repousser jusque sur l'escalier celui qui restait. Fermant alors la porte avec force, j'eus le temps, avant qu'il rentrât et avant aussi que l'autre ne revint de son étourdissement, de sauter par la fenêtre qui était demeurée ouverte et n'était pas très élevée, et de gagner à toutes jambes le logis d'un officier dont j'avais peu de temps auparavant fait la connaissance.

Comme on peut le penser, il fut surpris de me voir à sa porte à pareille heure, pâle, tremblant, et couvert de sang ; car j'avais, en me débattant, reçu à la joue une légère blessure. Lorsque je fus un peu remis de mon trouble, je lui contai ma mésaventure, mais quand il l'eut entendue jusqu'à la fin et que je lui eus dit le nom de la belle :

— Imprudent, fit-il, vous ne saviez donc pas que cette fille est sœur de deux brigands dont la bande rôde aux environs.

— Je ne savais rien du tout, répondis-je, depuis longtemps je la voyais et il ne m'était rien arrivé.

— Vous étiez plus heureux que sage. Au surplus, ces deux scélérats n'ont peut-être appris vos visites chez leur sœur que depuis peu de temps, ou bien n'ont-ils pu effectuer plus tôt le projet qu'ils ont failli mettre à exécution ce soir. Croyez-vous que Bettina fût du complot ?

— Je ne sais ; mais je ne voudrais jurer de rien.

Me rappelant alors tous les moyens qu'elle avait employés pour me retenir jusqu'à minuit, l'air inquiet que j'avais parfois remarqué sur son visage et son évanouissement soudain qui ressemblait beaucoup à celui de Caroline, je ne doutai plus de sa trahison, et j'en éprouvai une sensation si désagréable, un serrement de cœur si violent, que je faillis presque me trouver mal.

— Est-il possible, m'écriai-je, que tant de perfidie entre dans le cœur d'une femme ! Passe pour l'inconstance, l'infidélité ; mais la trahison la plus noire !.. C'en est fait, je renonce aux femmes, je veux les détester.

— Serment d'ivrogne, dit en riant mon camarade. Vous êtes sauvé, c'est le principal ; oublions en prenant un verre de punch.

Nous avions tout ce qui était nécessaire pour en faire ; nous passâmes le reste de notre nuit à cette douce occupation et à parler des femmes, de leur coquetterie, de leur malice, et, le lendemain, nous apprîmes que Bettina avait disparu. Je ne la regrettai point, on le pense, et, peu de temps après, je me mis en route pour aller rejoindre mon bataillon à Salerne. Pour y arriver, je passai à Torre-Dell'Annunziata et j'eus le plaisir de contempler encore une fois les ruines de la malheureuse ville de Pompéï. Je couchai à Nocera-dei-Pagani, ainsi appelée parce qu'elle fut prise par les Sarrasins qui, en Italie, sont désignés sous le nom générique de « païens » donné à tous les peuples qui ne sont pas chrétiens, et que l'on donnenerait volontiers aussi à ceux qui vivent hors de l'Eglise romaine.

Je traversai La Cava, très jolie petite ville, dont la principale rue est bordée d'arcades des deux côtés. Enfin, après avoir passé à Viesti, remarquable par ses papeteries et par sa belle position au-dessus d'une gorge étroite où sont une quantité d'usines de tous genres, j'arrivai à Salerne. C'est une ville de vingt-cinq à trente mille âmes, bâtie en amphithéâtre et en forme de croissant au bord de la mer et sur une montagne isolée dont le sommet est couronné par les ruines majestueuses d'un antique château-fort édifié par les Normands. Cette montagne est elle-même environnée de collines très hautes formant un demi-cercle dont les extrémités vont en s'abaissant jusqu'à la mer et dont la surface est couverte de la plus riche verdure. Le panorama qu'offre Salerne en arrivant par la route de Viesti est incomparable ; c'est une perspective ravissante. On aperçoit d'un seul coup d'œil, groupés dans un petit espace, la mer, la ville, le château se dessinant sur un fond de verdure dont les cimes se confondent, bleuâtres elles-mêmes, avec l'azur du ciel. Un petit môle, gracieusement jeté au milieu des flots couverts de barques de pêcheurs, et le port, garni de petits navires marchands, achèvent de donner à ce tableau le mouvement et la vie.

Salerne était autrefois célèbre par son école de médecine ; c'est elle qui a créé cet aphorisme : « *Post prandium sta, post cœna ambula* », maxime du reste qui paraît avoir été proclamée à la requête des Italiens ; car, comme on sait, ils aiment dormir après dîner et se promener après souper.

Mon séjour dans cette ville n'offre rien de remarquable. Nous en partîmes vers le mois de février pour aller occuper le camp de la Puglietta ou de Campagna, assis sur un plateau en face de la plaine de Pæstum. Ce camp occupé par des tentes de coutil bleu et blanc présentait un aspect charmant. Il était adossé du côté nord à de hautes montagnes coupées par de délicieuses vallées où serpentaient mille petits ruisseaux ; devant lui, s'inclinant doucement jusqu'à la plaine dont j'ai parlé, un vaste territoire couvert d'oliviers dont le feuillage argenté contrastait agréablement avec la teinte foncée des arbres de la montagne et le vert cru des myrthes, des lauriers et des chênes verts de la

plaine ; à l'horizon, la mer d'azur bornée à l'ouest par
la pointe d'Amalfi ; à l'est, par les montagnes du
Cilento.

Les troupes du camp se composaient d'un bataillon
du 20e de ligne et du régiment corse au service du roi
de Naples, formant en tout quatre mille hommes environ. La plus parfaite harmonie régnait entre nous. On
faisait, de compagnie, des excursions dans les gorges
des montagnes, soit pour y aller jouir de la fraîcheur
du bain dans les ruisseaux dont elles sont arrosées,
soit pour chasser le renard, le blaireau et le porc-épic
qui abondaient dans les forêts des alentours. La chasse
de ce dernier surtout nous offrait beaucoup d'intérêt,
parce que du moins elle présente quelque danger.
Quand l'animal est forcé, gare à celui qui n'a pas eu la
précaution de se munir de bottes ou de fortes guêtres ;
il sera sûrement blessé par les dards qui s'échappent
avec force de son corps et qu'il a le talent de gonfler
et d'agiter à un point tel que ces piquants produisent
une sorte de cliquetis dont les chiens ont une peur
horrible et qui les met généralement en fuite, ce qui
ne les préserve pas toujours de l'atteinte de ces dards
qui souvent leur crèvent les yeux. Plusieurs officiers
perdirent de cette façon des chiens de chasse de toute
beauté, et ceux du boucher qui fournissait la viande
aux troupes étaient tous borgnes ou aveugles.

Les environs de notre camp regorgeaient de lézards
de vipères, de couleuvres, et surtout de scorpions.

Ces reptiles s'introduisaient dans nos tentes, ou plutôt sortaient de la terre sur laquelle elles étaient dressées. Nous en trouvions partout, dans nos bottes et jusque dans nos lits ; il fallait avant de se coucher, de s'habiller ou de se chausser, se livrer à une perquisition bien minutieuse, sans quoi on aurait couru grand risque d'être piqué.

Comme on peut le croire, nous faisions une chasse impitoyable à tous ces ennemis rampants. Les vipères étaient tuées sur le champ et sans rémission ; les couleuvres et les lézards que nous attrapions avec des brins d'avoine disposés en nœuds coulants, servaient à nous donner le plaisir du spectacle des combats d'animaux. Je n'ai jamais rien vu de terrible comme ceux que se livraient ces reptiles, soit de lézard à lézard, soit de celui-ci avec une couleuvre. Tout ce que le courage, la rage et le désespoir peuvent suggérer était mis en œuvre, et souvent les deux champions restaient sur le champ de bataille. Quant aux scorpions, on avait soin de les écraser sur l'heure, à moins qu'on ne voulût les voir se suicider. Pour porter un scorpion à cette extrémité, nous l'entourions d'un cercle de charbons ardents ; le malheureux animal commençait par faire le tour de ce rempart de feu, afin, probablement, de trouver une issue ; hélas ! toutes étaient bouchées ; il recommençait une seconde fois comme pour s'assurer de l'horreur de sa situation, et, quand il en était bien certain, il revenait lentement au milieu de l'enceinte et,

redressant sa redoutable queue, il se frappait par derrière du dard venimeux dont elle était armée et termi-
nait aussitôt son existence dans d'horribles convulsions.

Pendant le temps que mon bataillon fut au camp
de la Puglietta, j'eus occasion d'aller me promener à
Eboli où nous avions un détachement. Cette petite
ville, située sur le bord de la plaine de Pæstum qui
porte aussi le nom de plaine d'Eboli, est bien bâtie ;
mais les miasmes pestilentiels qui s'élèvent de cette
même plaine y répandent la langueur et la mort.
Chaque année il y règne des fièvres lentes qui finissent par emporter ceux qui en sont atteints après de
longues et cruelles souffrances. Nous perdîmes ainsi
plusieurs officiers et un nombre considérable de
soldats. Ce perfide climat devint également funeste à
une jeune et intéressante créature. Le chirurgien-major
du régiment y perdit sa fille, personne charmante que
tout le monde regretta. Elle mourut à quinze ans et
on peut dire d'elle ce que disait Malherbe de la
fille de son ami Du Perrier :

Et rose elle a vécu
Ce que vivent les roses,
L'espace d'un matin.

La plaine de Pæstum surtout est particulièrement
ravagée par les exhalaisons putrides ; aussi les malheureux qui sont obligés d'y travailler ou d'y garder

les troupeaux sont-ils un objet d'horreur et de pitié. Ils ont le teint jaune, les yeux ternes et caves, le visage et les membres d'une maigreur effrayante et le ventre d'une grosseur exagérée. On ne peut les contempler sans un involontaire dégoût. Ces infortunés apportent de ces parages infectés les germes de la destruction et viennent terminer leur misérable vie dans les chétives baraques qui les ont vus naître aux environs de la triste ville d'Eboli. Trop tard ils viennent y chercher les secours de la médecine qui ne servent qu'à prolonger leurs souffrances.

Outre les ravages causés soit par les miasmes délétères, soit aussi par le siroco qui souffle violemment dans ces contrées, les malheureux habitants sont encore exposés à un fléau qui n'est pas sans danger : je veux parler de la piqûre de la tarentule. Cet insecte, espèce d'araignée dont l'aspect est hideux, tend sa toile et habite dans les crevasses du sol. Malheur à l'imprudent qui s'endort dans son voisinage ! Il est bientôt réveillé par une douleur aiguë occasionnée par la piqûre de cet animal venimeux, et ne tarde pas à se sentir atteint d'un assoupissement général et invincible qui le force à se livrer à un sommeil dont il ne doit plus se réveiller. Pour prévenir ce malheur, dès qu'un individu sent qu'il a été piqué par l'insecte en question, il se hâte de regagner sa demeure et de faire avertir tous ses parents. Ceux-ci se rendent auprès de lui sans tarder et, dès qu'ils s'aperçoivent que l'effet du venin commence à se faire sentir, l'un d'eux le force à danser au son de la musette et du tambour de basque une danse napolitaine appelée la Tarentelle. Quand celui-ci est fatigué, il est remplacé par un autre et ainsi de suite, jusqu'à ce que le patient, après avoir plusieurs fois demandé grâce, finisse par tomber de lassitude et d'épuisement, et noyé dans des torrents de sueur. Alors on le met au lit, on le couvre soigneusement; il s'endort et il est guéri. Voilà le fidèle récit de ce que j'ai plusieurs fois vu à Eboli.

Je trouve le remède très bon, d'autant mieux qu'il est presque toujours efficace; mais je ris de la crédulité de ces pauvres gens qui sont profondément persuadés que pour guérir il faut absolument danser, et danser la Tarentelle. Pour moi, je pense que, quel que soit le moyen qu'on emploierait pour exciter une forte transpiration, le malade n'en serait pas moins guéri. Toutefois, il est heureux que ces gens-là aient confiance dans le remède qu'ils emploient, car non seulement il ne coûte rien (chose essentielle pour le peuple), mais encore le malade est toujours sûr de pouvoir l'appliquer; car le parent qui ne paraîtrait pas à la réunion serait honni et maudit par les autres. Enfin c'est une espèce de fête de famille où souvent se terminent de vieilles querelles et se projettent des mariages. En effet, on imagine facilement que, tandis que le malade danse, les langues des commères ne restent pas oisives et que les hommes fraternisent en buvant, et que les jeunes gens ont aussi leurs entretiens particuliers.

Après quelque temps de séjour au camp, ma compagnie fut envoyée à Campagna, petite ville laide et mal bâtie. Elle est située dans un véritable trou au milieu de montagnes qui la cachent si bien qu'on ne la voit que quand on est dessus. Alors on l'aperçoit à ses pieds et on n'y arrive que par des sentiers étroits et taillés dans le roc, à l'exception du côté d'Eboli où la route est un peu plus large et moins escarpée. Celle qui conduisait au camp par le chemin le plus court était comme une échelle, et si étroite qu'un homme pouvait à peine y passer. A moitié chemin à peu près, se trouvait un couvent de Franciscains appelé la Madona di Campagna. De ce couvent au camp, le chemin devenait plus praticable et le pays qu'il traversait était vraiment pittoresque. De beaux rochers garnis de lichens les plus variés, des arbres superbes et de magnifiques tapis de verdure formaient des tableaux enchanteurs. Ces lieux sauvages me rappelaient les chères montagnes du Forez, ma patrie. Que de fois suis-je venu y respirer la fraîcheur, écouter le chant du rossignol et la voix plaintive de la tourterelle! Que de fois Armand et moi, assis tous deux à l'ombre d'un bouquet de chênes verts, nos fusils à notre portée, avons-nous parlé de notre chère France, de nos amours, de nos espérances! Que de projets, que de châteaux en Espagne!... Hélas! autant en a emporté le vent! Les événements ont entravé ma carrière et mon pauvre ami n'est plus! Mais je me tais, mon cœur se serre; il n'est pas encore temps de parler de ce malheur.

Un jour que tous deux nous avions été, comme de coutume, errer dans ces lieux solitaires, nos chiens ayant fait partir un lièvre, nous le suivîmes entraînés par l'ardeur de la chasse, et, sans presque nous en apercevoir, nous nous trouvâmes sur le revers de la montagne opposé au camp et à Campagna. Cet endroit était loin de toute habitation, au milieu des bois, et à plus de trois milles de toute espèce de troupe. Au moment où nous y arrivâmes, les chiens faisant revenir le lièvre vers nous, il passa près de mon camarade qui l'abattit d'un coup de fusil. La détonation se répercutant de rocher en rocher fut terrible et produisit un effet extraordinaire; on eût dit qu'on avait tiré plusieurs coups à la fois. Tout en rechargeant nos armes et en examinant notre gibier, nous nous entretenions, Armand et moi, de l'effet surprenant de cet écho, quand un second coup de fusil, qui cette fois n'avait rien de commun avec lui, partit à quelque distance, et une balle qui siffla à nos oreilles nous avertit que nous n'étions pas seuls en ces lieux.

— Oh! oh! m'écriai-je, nous sommes en compagnie.

— Et en mauvaise compagnie, repartit mon compagnon; il faut déguerpir au plus vite.

Ayant observé, tout en parlant, qu'une légère fumée s'élevait d'un rocher placé au nord de notre position, nous nous dirigeâmes directement au midi où, heureusement, était le chemin du camp. Nous nous glissâmes sous le fourré du bois aussi longtemps que possible, mais, comme le haut de la montagne était dépourvu d'arbres, force nous fut de marcher à découvert. Une fois au sommet, nous nous arrêtâmes, et nous vîmes plusieurs hommes se glisser sous les rochers en face de nous, mais trop loin pour pouvoir nous atteindre. Croyant alors être à l'abri de tout danger, nous redescendions tranquillement dans la direction de Campagna, quand le sifflement de deux balles vint encore nous avertir de nous tenir sur nos gardes. Qu'avions-nous à faire ? Plus près du camp que de Campagna, nous résolûmes d'y aller. En conséquence, doublant le pas et nous tenant prêts à mettre en joue, nous nous dirigeâmes de ce côté. Nous n'apercevions plus personne et nous n'entendions plus rien, quand, au détour du chemin, nous vîmes à une vingtaine de pas deux hommes armés des pieds à la tête et qui me rappelèrent subitement De L'Orio et sa bande. Nous nous arrêtâmes tous quatre, et spontanément nos quatre coups de fusil se firent entendre. Les deux brigands tombèrent morts, et Armand reçut une légère blessure à la tête. Rechargeant précipitamment nos armes et nous emparant de celles de ces malheureux, dont l'un respirait encore, nous continuâmes notre route, craignant à chaque instant d'être entourés par ces brigands. En effet, dans un endroit où le chemin traversait une bruyère bordée de rochers, nous nous vîmes assaillis par cinq ou six de ces bandits et reçûmes leur décharge dont une balle m'égratigna le côté, et dont les autres ne firent que percer nos habits. Nous ne jugeâmes pas à propos de riposter, et nous allions probablement recevoir une seconde décharge, quand un détachement du camp, attiré par le bruit de la fusillade, déboucha de la forêt.

— Vive la France ! m'écriai-je, nous sommes sauvés !...

Et jetant mon chapeau en l'air, je courus au devant des soldats à la vue desquels nos ennemis ne tardèrent pas à se disperser. On fit une battue mais infructueuse ; ces insurgés connaissaient trop bien le pays pour se laisser prendre. Nous retournâmes vers ceux qui avaient été tués ; on les mit sur des brancards et les soldats les portèrent jusqu'au camp. Là, on fit venir le syndic de Campagna, et celui-ci, les ayant examinés et fait examiner, déclara qu'ils étaient de tel endroit, qu'ils se nommaient de telle manière, et que depuis longtemps ils tenaient la campagne. C'est tout ce qu'il y avait à faire, et il n'en fut plus parlé.

Quant à mon camarade Armand et à moi, nous reçûmes une forte semonce pour nous être éloignés de notre cantonnement sans permission, et l'on nous infligea quelques jours d'arrêt afin de nous apprendre qu'il n'y a ni honneur ni gloire à braver des dangers inutiles. Nous retournâmes nous faire panser à Campagna, en profitant, de peur d'une nouvelle alerte, de l'escorte de la corvée du pain que l'on allait chercher dans cette ville.

Quelque temps après notre aventure, ennuyé de ne pas voir mes camarades et poussé aussi par cet amour du changement qui fait qu'on n'est jamais bien où l'on se trouve, je demandai et obtins la permission d'aller au camp avec ordre du revenir le soir même. Armand ne pouvant m'accompagner, je me décidais à partir seul. Ne me souvenant plus de la leçon reçue, ou excité par ce faux point d'honneur qui vous pousse à ne vouloir jamais avoir l'air de ressentir la peur, et qui chez les Français a enfanté tant de prodiges lorsqu'il est dirigé vers de grandes choses, je repris le chemin de traverse où nous avions soutenu le petit combat dont il vient d'être question. La fortune me favorisa ; plus heureux que sage, j'arrivai au camp sans malencontre me gardant bien de dire au commandant que j'étais venu par là. Je fus fêté par mes amis avec une franchise et une cordialité toute militaire. On dîna longuement avec peu de chose, et on but beaucoup, le vin étant bon et abondant. Ce fut ensuite le café, préparé sous une belle marquise ; le punch et le vin chaud achevèrent de monter les têtes. On fit cent folies ; on reprit du vin chaud, si bien que la nuit arriva sans qu'on s'en aperçut. Je me souvins alors de la promesse que j'avais faite et de l'ordre qui m'avait été donné de revenir le soir. Je déclarai donc à mes camarades que j'allais partir; ils ne le voulaient pas, mais, ma résolution étant inébranlable, ils furent obligés d'y consentir. Il fut question de me donner une escorte; mais je repoussai cette proposition, et, soit fanfaronnade, soit que réellement je ne crusse pas au danger, je partis seul et plein de confiance en ma bonne étoile. J'eus seulement la précaution de prendre la grande route, l'autre chemin n'étant point praticable la nuit.

Tout le territoire entre le camp et la gorge par laquelle on descendait à Campagna était couvert d'oliviers; je marchai quelque temps sans encombre; mais, près d'arriver à une taverne qui se trouvait dans un fond et passait, à bon droit, pour être un rendez-vous de brigands pendant la nuit, je voulus l'éviter, et pour cela je me dirigeai sur ma droite à travers les oliviers, espérant ainsi arriver au-dessus et reprendre la route quand je jugerais l'avoir dépassée. Après une demi-heure de marche environ, et la nuit étant devenue plus noire, je m'aperçus que j'étais totalement désorienté et je m'arrêtai un moment. Le ciel était couvert, la température accablante, les chouettes faisaient entendre leurs cri lugubre, qui seul se mêlait au bruit lointain d'un torrent. Autour de moi, tout était d'une tristesse affreuse; de distance en distance, de vieilles souches de bois pourri jetaient une clarté livide et phosphorescente véritablement fantastique; j'avais besoin de toute mon énergie pour ne pas laisser aller mon âme aux idées superstitieuses ; des éclairs brillaient, et le roulement lointain du tonnerre se faisait entendre, encore augmenté par les échos de la montagne. Je m'étais arrêté, sans trop savoir à quoi me décider; je pris enfin le parti de marcher dans la direction d'où le bruit du torrent parvenait à mon oreille, espérant bien que c'était celui qui passait dans le ravin près de la taverne, mais que j'arriverais bien en avant de ce maudit coupe-gorge. Je m'acheminai donc d'un pas ferme; le tonnerre redoublait et s'approchait de plus en plus, le vent s'éleva, et un éclair brillant, bientôt suivi d'une horrible détonation, déchira la nue; un orage affreux éclata soudain et la pluie tomba par torrents. Jamais pluie ne vint plus à propos, elle me guérit instantanément de mes craintes. Avec un temps comme celui-ci, me dis-je, les brigands, s'il y en a, resteront à couvert. Rassuré par cette idée, je marchai plus franchement et, en peu d'instants, je fus sur le bord du ravin. Jugez de mon étonnement, je ne sais quelle direction j'avais prise, mais je me trouvais juste en face de la maudite taverne sur le bord de la grande route. La porte en était ouverte, et, à la lueur d'un grand feu qui pétillait dans le fond d'une salle, je vis passer et repasser des espèces de géants armés de longs fusils. Je dis géants; mais c'étaient de simples hommes que la lumière du foyer grandissait démesurément.

Je me jetai aussitôt à quatre pattes, et, marchant ainsi au milieu des torrents de pluie qui sillonnaient le chemin, je me dirigeai du côté opposé. Au même instant, un des hôtes de la taverne vint sur la porte, et, m'apercevant, mit en joue en criant :

—Vois donc, Orlando, un loup ; je crois ; j'ai bien envie de lui tirer mon coup de fusil.

L'autre arriva.

— Ne t'en avise pas, c'est le chien de la maison.

Durant ce colloque, le premier releva son arme, et, comme il pleuvait toujours, ils se rapprochèrent du feu en riant bruyamment.

Pour moi, ayant continué à me traîner hors de la route, j'y parvins non sans effort et, le terrain allant en pente, j'en profitai pour me relever et, sans être aperçu, gagner le bord du torrent. Je n'examinai pas s'il était large, profond ou rapide, je m'y précipitai au risque de me noyer, ayant de l'eau jusque sous les bras, et, heureusement, je parvins sur l'autre bord. Plusieurs fois déjà j'avais traversé ce torrent, mais sur un pont, et je n'aurais jamais imaginé pouvoir le passer ainsi, surtout après une pluie d'orage ; enfin j'étais loin, c'était le principal. Je marchai encore un certain temps au milieu des oliviers ; ensuite je regagnai la route, heureux d'en être quitte à si bon compte. Je me mis alors à courir de toutes mes forces jusqu'à Campagna, où j'arrivai vers les deux heures du matin, haletant et trempé jusqu'aux os. Mon ordonnance ne m'attendant plus, il me fallut rester encore longtemps à la porte de mon logement ; enfin elle s'ouvrit et, à toutes les questions que me faisait ce garçon, je ne répondais que ceci :

— Vite, vite, du vin chaud et mon lit.

Je me couchai, le feu pétilla, le vin chaud acheva de me réconforter, et le lendemain je ris de bon cœur de mon aventure.

Après un mois de cantonnement à Campagna, nous fûmes rappelés au camp où nous ne restâmes que quelques jours, après lesquels une partie du bataillon fut envoyée en colonne mobile dans les environs de Capaccio, petite ville du Cilento, province située à l'est de Pæstum. Nous traversâmes la plaine de ce nom, et, comme nous étions partis fort tard de notre position, nous fûmes obligés de nous arrêter pour faire la soupe. Nous bivouaquâmes dans la forêt qui environne la maison de campagne du roi de Naples ; cette habitation, qui se nomme Persano, occupe une grande partie de cette plaine où il y a une réserve de chasse, (caccia reservata) des plus vastes et des plus giboyeuses. Les cerfs, les daims, les chevreuils, effrayés par nos feux, furent en mouvement tout le temps que nous y restâmes. En dépit des ordres, et malgré toutes les précautions, il y eut deux ou trois de ces animaux qui tombèrent sous les coups des sentinelles d'avant-poste qui tirèrent dessus dans les ténèbres après avoir crié le triple « Qui vive ». Comme le mal était sans remède, on ne vit d'autre moyen que d'en faire la distribution aux troupes.

Aussitôt que les premiers rayons de l'aurore firent pâlir les feux de notre bivouac, nous quittâmes ces lieux et prîmes la route de Capaccio. Chemin faisant, nous passâmes tout près des ruines de l'antique Pæstum ; on y voit un temple admirable et plusieurs autres monuments. L'enceinte du temple est composée de magnifiques colonnes d'ordre corinthien qui s'élèvent majestueusement dans les airs et dont plusieurs soutiennent encore des portiques.

Le soleil du matin, frappant dans ces ruines, leur donnait une teinte rosée, et les mousses, le lierre et la giroflée qui se plaisent sur la rocaille ajoutaient à la grâce de l'ensemble.

Le commandant ordonna une halte, pendant laquelle nous pûmes visiter ces ruines sublimes. Ce n'étaient que colonnes renversées, corniches cachées sous les ronces, l'églantier, le myrte et le laurier-rose ; ces ruines étaient peuplées d'oiseaux de proie et de reptiles, seuls habitants des lieux qui avaient autrefois retenti des cris de tout un peuple. Partout on apercevait le lézard à gorge bleue glisser à travers les feuilles d'acanthe ; on entendait la couleuvre siffler en se dressant sur un fût de colonne ; le hibou, dérangé par le bruit, jetait en s'enfuyant sa plainte lugubre ; en un mot, tout portait à la mélancolie. Mais, dans un rassemblement de jeunes militaires, on n'a guère le temps ni l'humeur de s'y abandonner, et l'un de nous s'étant laissé choir dans un trou recouvert de broussailles, nous fîmes résonner l'enceinte du temple de nos joyeux éclats de rire que les échos répétèrent à regret.

Après avoir parcouru ces ruines en tous sens, nous dirigeâmes nos pas vers le Sele que nous passâmes en bac, ce qui demanda près d'une heure, ce bac étant fort étroit et ne contenant que dix hommes. Les bords de ce fleuve sont d'une grande beauté, mais d'une beauté sauvage. Nous arrivâmes bientôt à Capaccio, et nous y restâmes deux jours qu'on employa à battre tout le pays environnant sans aucune espèce de succès. Il s'y trouvait une bande d'insurgés qui faisait tout le mal possible, assassinant, brûlant, levant des contributions ; mais l'approche des troupes françaises leur fit évacuer cette contrée, et ils se réfugièrent dans les montagnes de Vallo di Novi, de Canna Lunga et des environs ; il ne fut pas possible de les joindre, et sur le rapport qu'en fit le commandant nous reçûmes l'ordre de nous disperser par détachement. Armand, pour son compte, fut dirigé sur le camp de Palinaro où l'on soupçonnait qu'était leur communication avec la Sicile, et moi je partis avec cinquante hommes pour aller tenir garnison a Agropoli, petite ville assise sur un promontoire très élevé, et qui renfermait un château assez fort destiné à défendre un port formé par deux énormes rochers avançant dans la mer.

Pour arriver à mon commandement, nous traversâmes un pays légèrement montagneux, couvert de champs de melons et de pastèques que la soif nous fit trouver délicieux. On était au commencement de septembre, et la campagne offrait l'aspect d'une vaste corbeille de fruits ; c'était vraiment bien là l'empire de Pomone, et je n'ai jamais rien vu qui peignît mieux l'image de l'abondance.

Je fis mon entrée à Agropoli le trois ou le quatre septembre 1808, et j'établis ma troupe au château que je m'empressai de visiter exactement. Il était entouré de murailles très élevées et en bon état avec de larges fossés ; c'était un carré flanqué de quatre tours énormes dont deux donnaient sur la mer. Entre ces deux tours, était pratiquée une porte défendue par des mâchicoulis, des créneaux et des meurtrières qui constituait avec une petite poterne de secours, murée depuis longtemps, la seule issue de cet édifice. Il y avait eu jadis un pont-levis ; mais il tombait en ruines. A l'intérieur se trouvait une cour au fond de laquelle s'élevait le bâtiment destiné à loger le gouverneur et peut-être la garnison. Il y avait en outre des casemates, des magasins, mais tellement remplis de décombres qu'ils étaient absolument inhabitables et ne pouvaient être d'aucune utilité à moins de grandes dépenses. Des remparts, en assez bon état, conduisaient sur le terre-plein ; à droite de la porte, était une salle basse assez bien conservée ayant deux fenêtres sur la cour ;

c'est là que je logeai mon détachement. Cette salle était assez vaste pour l'abriter ; au reste, de la paille et des couvertures formaient l'unique coucher de mes soldats, cinquante hommes (dont dix étaient continuellement de garde).

Je trouvai dans une petite cour, derrière la maison du gouverneur, deux vieilles pièces de canon en fer et sans affûts, d'ailleurs en bon état, abandonnées depuis longtemps Je conçus au premier abord le projet de les mettre en batterie sur chacune des tours regardant la mer ; mais l'exécution de ce projet fut renvoyée au lendemain. Une garde de quatre hommes et un caporal fut placée à la porte du château. Comme, outre le château, la place fort petite était entourée de murailles élevées, je me logeai chez le syndic dont la sentinelle surveillait la porte de la ville, laquelle touchait à son logis.

Ayant ainsi pris mes dispositions, je songeai au repos et je me rendis chez mon hôte, il signor Don Vito. C'était un homme jovial, plein d'esprit, se souciant peu de politique et aimant les Français parce qu'il les trouvait aimables et prêts à lui faire gaîment raison d'un verre de vin, liquide qu'il appréciait beaucoup. Je fus donc reçu par lui avec une franche hospitalité ; il m'offrit la table que j'acceptai avec reconnaissance, et dès le soir même nous fûmes les meilleurs amis. Comme j'étais fatigué, je le quittai de bonne heure et j'allai me coucher.

Le lendemain, éveillé avant le jour, je repris le projet formé la veille de rétablir mes canons en batterie ; je me rendis au château, je communiquai mon dessein aux deux sergents, et avec leur aide et celle aussi de Don Vito qui n'était pas fâché d'avoir du canon dans sa place pour protéger les pêcheurs contre les barques Anglaises qui rôdaient sans cesse aux environs du port, je me procurai assez promptement les rouleaux, leviers et câbles nécessaires. Nous nous mîmes aussitôt à l'œuvre, et en moins de deux heures mes pièces étaient en place ; il ne leur manquait plus que des affûts. Je connaissais ceux de marine ; je me fis délivrer les matériaux, et tous les charpentiers, menuisiers et forgerons de la ville ayant été requis, les affûts, tant bien que mal, furent construits ; à huit heures du soir, mes canons étaient braqués chacun dans leur embrasure respective ; il ne me fallait plus que des munitions.

Je fis alors un rapport détaillé au général commandant à Salerne avec lequel j'avais ordre de correspondre, et je lui demandai des munitions pour deux pièces de dix-huit. Une barque de service fut prêtée ; elle partit immédiatement avec mes dépêches et, content de ma journée, je fus me réjouir à la table de mon cher hôte que j'aimais vraiment à cause de son urbanité et de la bonne grâce avec laquelle il s'était prêté à l'exécution de mon projet.

Le lendemain, pas de nouvelles ; mais la nuit suivante,

la barque revint, suivie d'une autre plus grande qui m'apportait, avec une lettre de félicitations et de compliments, des gargousses et des boulets pour à peu près six cents coups. Je préparai, sans tarder, une chambre bien à l'abri de l'humidité pour serrer ma poudre, et mes boulets furent empilés à côté de mes pièces. Ce jour-là, en signe de réjouissance, je fis distribuer double ration de vin qui fut donnée par la ville ; les soldats burent à la santé de la France, crièrent : vive l'Empereur ! et bientôt, m'étant procuré de la serge de trois couleurs, un beau drapeau tricolore se déploya gracieusement sur le point le plus apparent du fort d'Agropoli.

Le soir, le Syndic invita mes deux sergents à souper et le repas se prolongea jusqu'à minuit. Au dessert, la femme de Don Vito, Dona Angela, vint prendre place au milieu de nous et anima notre fête par son esprit, sa grâce et sa beauté. En vérité, c'était une charmante personne. Je l'avais peu vue, parce que dans ce pays les femmes ne se mettent que rarement à table et habitent presque toujours un appartement séparé de celui des hommes. Je fus enchanté de sa figure, de sa conversation. Comme la plupart des femmes de ces contrées, elle avait peu d'instruction ; mais son esprit naturel suppléait à tout. La naïveté de ses questions, l'étonnement que lui causaient mes réponses, enfin l'abandon et la simplicité de ses manières qui avaient quelque chose de l'âge d'or, me jetaient dans le ravissement. En vérité, mon cœur n'était pas en sûreté à côté d'elle, et tous les jours je sentais que sa société me devenait de plus en plus nécessaire. Mais, respectant la loyauté et la généreuse hospitalité du mari, je sus me tenir dans les bornes du devoir et jamais un mot d'amour ne sortit de ma bouche; je crois cependant que j'étais véritablement amoureux. C'est toujours avec plaisir que je me rappelle la victoire que je remportai sur moi en cette occasion.

Heureux dans mon cantonnement, je m'étais décoré du titre pompeux de « Commandant de la place et du château d'Agropoli ». Le service se faisait avec exactitude; pas un pêcheur ne sortait du port sans venir prendre une permission par écrit; la fermeture et l'ouverture des portes avaient lieu comme dans une place de première classe. J'étais fier de commander en chef, et je mettais mon amour-propre à ce que tout marchât avec régularité.

Les hommes de ma compagnie ayant longtemps fait le service de canonniers, la manœuvre de mes pièces leur était facile, et comme j'étais sorti depuis peu de l'école, je la connaissais et pouvais la commander au besoin; mais j'en étais dispensé, l'un de mes sergents s'y connaissant parfaitement. Tous les jours on s'exerçait une heure, et j'avais eu grand soin de masquer les embrasures de mes pièces avec des fascines, afin que les mouches anglaises qui rôdaient aux environs pussent prendre le change et croire que, comme auparavant, il n'y avait point de canons dans le fort. En agissant ainsi, j'avais mes vues, et peu de temps après j'eus lieu de m'applaudir de ma ruse.

Le corsaire maltais Barbara, homme intrépide et bon marin, et qui, au service de la France, avait déjà signalé sa valeur et son habileté contre les Anglais, faisait voile vers la Calabre, escortant deux barques chargées de munitions de guerre. En face du golfe de Salerne, il fut aperçu par un brick ennemi qui lui donna la chasse, et probablement il aurait été obligé de soutenir un combat inégal qui aurait compromis les munitions et dans lequel même il aurait couru risque d'être pris ou coulé, quand, à sa grande joie, il vit flotter le drapeau tricolore sur le fort d'Agropoli. Abandonnant alors, pour le moment, toute idée de combat, il se dirigea vers nous avec toute la vitesse possible, et fut en un instant presque sous la protection de nos canons sans soupçonner encore qu'il y en eût. Je me gardai bien de démasquer mes pièces, et je fis mettre mon détachement en bataille sur le bord de la mer, après avoir fermé la porte du château et laissé dans ses murs des hommes pour servir les pièces, avec ordre de ne démasquer et de ne tirer qu'à bonne portée.

Tout réussit au gré de mes désirs ; les Anglais qui n'avaient jamais vu ni troupes, ni artillerie à Agropoli, et Barbara lui-même, crurent fermement qu'il n'y avait qu'un faible détachement d'infanterie. Ce dernier, dans cette persuasion, m'envoya une chaloupe pour m'avertir qu'il allait s'embosser entre deux rochers voisins, et que de là, son feu croisant devant le port d'Agropoli, il allait soutenir le combat jusqu'à toute extrémité ; que, quant à moi, je devais envoyer remorquer le convoi, le faire entrer dans le port, décharger la poudre, la mettre à l'abri et m'opposer à toute descente.

Ce plan, dans l'hypothèse où le château aurait été désarmé, était vraiment bien conçu et je m'y serais conformé en tous points ; mais mes deux canons me dispensèrent de décharger les barques. Je me contentai de les faire remorquer dans le port où elles arrivè-rent sans malencontre. De son côté, le corsaire se dirigea vers l'endroit où il avait dessein de s'embosser et duquel il n'offrait que la proue de son bâtiment armé de deux pièces de huit, tout le reste se trouvant cou-vert par les rochers. Cependant le brick, déployant toutes ses voiles, gagnait de l'avant et s'avançait majestueusement et plein d'assurance avec le projet sans doute de venir tout près du rivage et de nous lancer une bordée de mitraille qui certes ne nous eût pas accommodés. Déjà il avait dédaigneusement passé devant le corsaire en lui lâchant sa bordée dont les projectiles avaient fait bouillonner l'eau, et celui-ci venait infructueusement de lui répondre par une décharge de ses deux pièces, quand, un nuage de fumée s'élevant du château, une forte détonation se fit entendre, et un boulet déchirant l'air avec un sifflement infernal tombait à six pieds du présomptueux navire anglais. Ici, la scène changea, le brick vira de bord ; mais il n'avait pas achevé sa manœuvre qu'un autre boulet déchirait sa grande voile et qu'un troisième pénétrait dans ses flancs. Alors Barbara, profitant du coup, s'approcha à demi-portée, et, bravant tout danger, envoya une décharge qui dut faire beaucoup de mal. Pour lui, par une manœuvre habile, il se mit à l'abri du feu de son ennemi, qui d'ailleurs gagnait le large en toute hâte.

J'ordonnai aussitôt de cesser le feu ; Barbara entra dans le port, je montai à son bord, nous nous embrassâmes remplis de joie, et dès ce moment nous nous sentîmes amis.

Après avoir pris de concert nos dispositions pour la sûreté du convoi, je l'emmenai dans mon logis où nous ne songeâmes plus qu'à nous réjouir. Il me fit beaucoup de questions sur l'armement du château ; je lui racontai ce que j'avais fait, il en rit beaucoup et m'assura que cette bonne idée lui avait problablement sauvé son bâtiment. Combien alors je fus fier et heureux de son exécution !

Don Vito, qui de ses fenêtres avait suivi le combat, fit au corsaire les compliments les plus flatteurs sur sa bravoure et son habileté ; celui-ci y répondit avec la franchise d'un marin, et moi je jouissais de tout mon cœur d'avoir, par ma prévoyance, été utile à un aussi brave homme.

La charmante Dona Angela, que le bruit du canon avait retenue dans le fond de son appartement, vint tremblante et l'air inquiet savoir comment tout s'était passé. Dès qu'elle m'aperçut, son teint s'anima et le sourire sur les lèvres elle m'embrassa avec effusion, ce que je lui rendis de tout cœur. Son mari était là, elle lui tendit la main, puis se jeta dans ses bras toute émue.

Barbara ouvrait de grands yeux.

— Devant son mari ? me dit-il en français ; ma foi, c'est trop fort !

Je le détrompai en peu de mots ; il était honnête homme, il prit la main de la divine Angela, la baisa avec transport, embrassa Don Vito, m'embrassa, et de grosses larmes de plaisir roulaient dans ses yeux. Il prit un verre de vin, et le vidant d'un trait : — Ah ! mon ami, s'écria-t-il ensuite, la vertu n'est donc pas bannie de la terre, et que ne puis-je habiter toujours cette maison ! l'air seul m'en rendrait meilleur.

Pendant ce temps, les petits enfants de nos hôtes étaient venus gaiement sauter, l'un sur les genoux du père, l'autre sur les miens. Angela les regardait avec un air de satisfaction qui se peignait sur tous ses traits, et bientôt, se levant avec légèreté, elle alla chercher la meilleure bouteille de la cave et nous la vidâmes à sa santé, à celle de son mari et à la nôtre. On envoya du vin au fort, et tout le monde ce jour-là s'endormit plein de joie.

Mon nouvel ami employa la journée du lendemain à faire à son navire toutes les réparations dont il avait besoin ; puis, me laissant deux marins blessés dans le combat et qu'il comptait prendre en repassant, il continua sa route, ayant soin de naviguer le plus près des côtes, de peur de faire encore de mauvaises rencontres. Il fut heureux dans cette nouvelle traversée, et peu de jours après nous le vîmes revenir sain et sauf. Il s'empressa de relâcher dans notre port, et galamment remplit la maison de Dona Angela d'oranges et de citrons. Il partit ensuite pour Salerne emmenant les deux matelots dont les blessures étaient guéries.

Je le chargeai d'un rapport détaillé de tout ce qui s'était passé ; il en fit un de son côté, où selon toute apparence il parlait de moi avec éloge, car je reçus du général une lettre des plus flatteuses.

J'étais trop heureux à Agropoli pour y rester longtemps. Je reçus l'ordre d'y laisser vingt-cinq hommes sous le commandement d'un sergent, et d'aller à Vallo-di-Novi avec les vingt-cinq autres,

Je fis mes adieux à Don Vito et à sa femme avec l'espoir de revenir, et je m'acheminai vers ma nouvelle destination.

Je traversai un pays superbe, et en deux jours de marche j'arrivai à Vallo-di-Novi. C'est une petite ville assez jolie, remarquable par le grand nombre de ses tanneries, où l'on prépare le cuir avec des feuilles de myrte.

J'avais des ordres secrets à remplir ; je pris mes dispositions en conséquence et je réussis au delà de mes espérances. Je parvins à faire arrêter un individu dangereux qui, depuis longtemps, fomentait les révoltes en se tenant habilement à l'écart. Il était fort riche ; il demanda à me parler et je me rendis dans sa prison ; là, il étala à mes yeux une bourse pleine d'or.

— Seigneur Commandante, me dit-il, si vous voulez me rendre la liberté, tout cet or est à vous et d'autre encore avec.

Pour toute réponse, je fis sauter la bourse d'un coup de pied et, fermant la porte, je sortis de la prison. Le lendemain, un détachement se rendant à Eboli, je remis le prisonnier entre les mains du commandant qui le dirigea ensuite sur Salerne.

Le temps que je passai à Vallo fut employé à courir le pays. Dans une excursion, je fus à Canna Longa sur l'invitation du Duc qui me pria de venir pour protéger une foire qui devait se tenir dans le pays. Il habitait un château magnifique et me reçut on ne peut mieux. Il avait une fille aimable et très spirituelle, mais d'une laideur remarquable. Je restai deux jours chez le Duc, puis je revins à Vallo-di-Novi.

Mon hôte se nommait Don Michel et sa femme Dona Pepina. Leur fille, la signorina Maria, d'une beauté merveilleuse, mais d'une coquetterie achevée, mit tout en œuvre pour m'induire en tentation, ce qui n'était pas difficile, on en conviendra ; mais, la croyant vertueuse, je résistai de mon mieux. Cette jeune fille, affichant pour moi une passion subite et invraisemblable, voulait à toute force me suivre déguisée en homme, et j'eus toutes les peines du monde à lui faire entendre que cela ne se pouvait pas. Larmes, désespoir, menaces de se tuer, elle ne négligea rien, et je ne tardai pas à connaître les raisons de cette belle passion à laquelle vraiment j'eus de la peine à résister, tant la belle avait de charme.

Une nuit, réveillé brusquement, j'entends du bruit dans une chambre voisine qui était la sienne ; étonné, je me lève et cours à la porte que je trouve grande ouverte. J'entre, ô spectacle plein d'horreur, la malreuse était mourante ; elle venait de faire une fausse couche... Le chirurgien était debout contre le lit, la mère sanglotait dans un coin, et le père, un poignard à la main, jurait de venger l'honneur de sa fille... Une heure plus tard, cette infortunée avait cessé de vivre !... A quatre heures du matin, le séducteur était étendu mort sur le seuil de sa porte, le père de la jeune fille avait gagné les montagnes et la mère pleurait seule sur son enfant.

Je m'abstiens de réflexions... La seule excuse de cette malheureuse fille qui voulait charger un autre de son déshonneur, était d'avoir été trompée elle-même ; mais sa mort expiait sa faute et au delà.

Je sus, par le chirurgien, que l'amant de Maria,

ayant découvert sa passion pour moi, ou du moins ses projets de vouloir me suivre, et l'ayant rencontrée à l'entrée de la nuit fatale, seule dans le jardin, lui avait, dans un accès de jalousie, lancé un coup de pied qui avait causé l'avortement et la mort. Des lettres, trouvées dans la chambre, avaient dévoilé au père le nom du séducteur. J'ai dit le reste.

Pour moi, pénétré d'horreur et de dégoût, je profitai d'un ordre pour m'éloigner au plus vite de ces lieux maudits.

Je partis avec mes vingt-cinq hommes bien munis de cartouches, et je me dirigeai vers les montagnes qui, se prolongeant de Vallo à Pisciolta et à Policastro, forment à leur base le cap de Policastro. Ces montagnes se divisent en une infinité de rameaux qui forment différentes vallées dans lesquelles se trouvent des villages qui tous étaient des repaires de brigands.

Je me gardai bien de m'enfoncer dans ces étroites vallées, et je suivis la cime des monts. Le premier jour, je couchai près de Vallo, et ce fut le lendemain qu'après avoir marché pendant près de trois heures je me trouvai sur l'arête de la montagne. Le pays était couvert de forêts, et j'arrivai tranquillement près d'un couvent construit dans ces lieux déserts. Je m'y arrêtai, et, m'étant mis en sûreté contre un coup de main, j'y passai la nuit.

Au lever du soleil, j'étais déjà à plusieurs milles de mon gîte, et je marchais avec précaution à cause du rétrécissement de la route qui, en cet endroit, se trouvait dominée des deux côtés par des rochers escarpés, quand mon avant-garde s'arrêta tout à coup. Je m'avançai aussitôt pour voir ce dont il s'agissait, et je ne fus pas plus tôt arrivé, que le caporal, me retenant derrière un arbre afin d'être à couvert, me fit voir, à la faveur d'une clairière, une trentaine de brigands qui se glissaient dans les rochers dont j'ai parlé et au milieu desquels il nous fallait passer. Je n'avais que vingt-cinq hommes, cependant, je résolus de tenter l'aventure ; mais, avant de la raconter, il est bon que l'on sache qui était mon caporal d'avant-garde. C'était le brave Régis, le roi des montagnes ! Il se trouvait là dans son élément, aussi ses yeux brillaient-ils de la joie la plus vive.

Je pris immédiatement mes dispositions, caché par le bois assez épais qui s'étendait jusqu'au bas des rochers. Nous étions partis de nuit ; aussi, bien que l'ennemi connût notre marche, il ne nous croyait pas aussi près, d'autant mieux qu'il venait d'un village situé du côté opposé. Je disposai mes soldats en petits détachements de quatre hommes, c'est-à-dire que je fis quatre de ces détachements et je leur donnai l'ordre de se glisser à droite et à gauche dans le bois, de manière à gagner sans être vu l'autre partie des rochers et de laisser de chaque côté quatre hommes prêts à grimper par les flancs, tandis que les autres huit hommes escaladeraient par derrière. Pour commencer le

mouvement, nous attendîmes que les brigands fussent
à leur poste. Régis, afin de pouvoir les observer sans
être aperçu, s'était traîné en rampant au plus épais
d'un buisson d'où il découvrait facilement ce qui se
passait parmi eux. Il les vit s'établir, puis se coucher
pour mieux dissimuler leur présence, et quand il fut
bien convaincu que d'autres compagnons ne vien-
draient pas augmenter leur nombre, il vint m'avertir.
J'avais avec moi sept hommes, le sergent et lui ; je
donnai quatre hommes au sergent, je pris Régis avec
les trois autres, et nous nous dirigeâmes à notre tour
jusque sur la lisière du bois. Deux petits sentiers partaient de la route, serpentant de chaque côté parmi les
rochers ; nous nous y précipitâmes en faisant retentir
l'air du cri « En avant ! en avant ! » Nous nous mîmes
à grimper ; mes divers détachements, selon l'ordre
donné, suivirent mon exemple. L'ennemi surpris et
voyant des soldats surgir de tous côtés fit une décharge
mal dirigée et se dispersa aussitôt, chacun cherchant à
échapper au danger qui le menaçait ; nous les vîmes
sauter de rochers en rochers et se glisser dans le bois.

Cependant, de part et d'autre, le feu avait été vif ;
après la première surprise, les brigands, tout en cherchant à fuir, s'étaient retrournés et avaient tiré leurs
coups de fusil avec plus de sang-froid. Un de mes
hommes était tué et deux blessés assez grièvement,
sans pourtant qu'il y eût de danger. Quant aux insurgés,
comme nous avions pu les viser facilement lorsqu'ils

s'étaient levés pour s'enfuir, quatre avaient mordu la poussière et deux étaient blessés de façon à ne pouvoir se sauver.

Mes soldats voulaient les achever mais je m'y opposai d'autant plus que je tenais à les interroger. Dans cette intention, je m'approchai de l'un d'eux atteint d'une balle dans la cuisse ; Régis l'avait déjà désarmé, et la figure cachée dans ses mains il attendait probablement la mort, car on était peu accoutumé à faire des prisonniers. Je m'avançai et lui ordonnai de me regarder, l'assurant qu'il était en sûreté. Aux accents de ma voix, je le vis sursauter ; mais, grand Dieu ! de quels sentiments ne fus-je point assailli quand je reconnus dans cet infortuné, Don Michel, le père de la malheureuse Maria, mon hôte de Vallo-di-Novi ! Je jetai un cri involontaire ; pour lui, prenant une expression de physionomie tout à fait singulière et désespérée :

— Eh bien ! me dit-il, suis-je assez malheureux ? C'est moi, me voilà, et je n'ai pas eu la chance de me faire tuer !... Au surplus, ma fille est morte, je me suis vengé, qu'ai-je à faire désormais dans ce monde ?

Puis s'écriant ensuite avec l'accent de la rage :

— Le scélérat du moins est-il mort ?

— Oui, lui dis-je, il est puni de son crime ; mais vous, pourquoi vous être abandonné au désespoir ? Vous avez perdu votre fille ; mais ne vous reste-t-il pas votre femme, votre malheureuse femme que vous avez laissée seule en proie à la douleur ?... Cette idée le fit de nouveau tressaillir et il essaya vainement de se lever.

— Hélas, reprit-il, quelles consolations voulez-vous que je lui porte ? Et en prononçant ces mots il jeta un regard sur sa blessure.

— Je suis un brigand maintenant, continua-t-il, un misérable brigand, et je suis entre les mains des Français. Pourquoi ne me fusille-t-on pas ? Je serais du moins délivré des peines de ce monde.

En face de cet infortuné, je me sentis ému de pitié.

— Vous ne mourrez pas, m'écriai-je, vous n'êtes point un vil brigand ; le désespoir vous a conduit ici, il est vrai ; mais les Français savent faire des distinctions, et je lui tendis la main en signe d'amitié.

Il me regarda fixement, sa bouche balbutia des mots entrecoupés, ses traits se détendirent, et deux ruisseaux de larmes s'échappèrent de ses yeux. Il saisit la main que je lui offrais et la couvrit de baisers sans proférer une parole... Quand son émotion fut un peu calmée :

— Est-il possible, s'écria-t-il, que je puisse encore revoir ma pauvre femme ?

— Oui, vous la reverrez, et sans tarder, c'est moi qui vous en fais la promesse.

Durant cette scène, l'autre brigand, dont la blessure était mortelle, avait rendu le dernier soupir en invoquant Dieu, la santa Madona, et en maudissant les Français.

Mes deux blessés, qu'on avait pansés comme on avait pu, étant en état de marcher, je repris le chemin

du couvent. Là, tous les secours possibles furent
prodigués au malheureux Don Michel, et je donnai
l'ordre au commandant de la garde civique de Vallo-
di-Novi de m'envoyer trente hommes. Comme je
pouvais disposer de mon temps, n'ayant point de terme
fixé pour le retour, j'attendis qu'ils fussent arrivés.
Quand je les eus à ma disposition, le couvent me fournit
un mulet, on y plaça le blessé avec précaution, et,
l'ayant confié à ses compatriotes, il retourna à Vallo.
C'était un honnête homme, tout le monde l'aimait, il
fut reçu avec joie. Quant au jeune homme qu'il avait
tué, méchant et mauvais sujet, il n'était regretté de
personne et le père de Maria ne fut pas inquiété. Au
reste, en ces temps troublés, on n'était pas scrupuleux
et le cours de la justice s'en ressentait fortement.
J'avais, d'ailleurs délivré à Don Michel un certificat
constatant qu'il avait été blessé par les brigands en
servant de guide aux Français. Il rentra donc chez lui
en toute sécurité, et, grâce aux soins de son excellente
femme, il recouvra bientôt la santé. L'image de sa fille
s'effaça peu à peu, et son désespoir se changea en
mélancolie. J'acquis en lui un ami dévoué, et ce ne fut
pas sans verser des larmes qu'il prit congé de moi au
couvent de la montagne.

Aussitôt après le départ de Don Michel, je suivis la
route dont j'ai parlé, au risque de trouver encore des
brigands sur les rochers. Toutefois, j'eus la précaution
de me pourvoir de bons guides prévoyant le cas où je

me fusse vu dans l'obligation de changer de route. Mais toutes ces précautions furent inutiles, et je traversai le défilé sans que personne s'y opposât, au grand déplaisir du fidèle Régis qui, à défaut d'insurgés, trouva moyen de décharger son fusil sur un chevreuil qu'il nous apporta gaiement.

Après avoir marché encore quelques heures, nous arrivâmes à Pisciolta, petite ville bâtie sur le bord de la mer, au milieu de laquelle s'élevait un château occupé par une compagnie du régiment de La Tour-d'Auvergne. Je suis fâché de le dire, mais je ne trouvai pas, chez celui qui commandait cette compagnie, toute la politesse et la franchise qui se rencontrent ordinairement chez les militaires. Ce capitaine était, je crois, un de ces hommes que Napoléon avait su, en dépit de leurs opinions, attirer sous ses drapeaux ; ces hommes le servaient, mais ne l'aimaient pas, et la cocarde tricolore, quoiqu'ils la portassent, excitait toujours chez eux une involontaire répulsion.

Il était maître à Pisciolta et avait avec lui plus de cent hommes ; il regarda mes vingt-cinq soldats avec dédain et me dit à ce sujet quelque chose de désobligeant. J'ai même dans l'idée, sauf erreur, qu'il eût beaucoup mieux aimé voir arriver quelque barque de Capri ou de Sicile qu'un détachement français. Quoi qu'il en soit, il fut avec moi d'une malhonnêteté et d'une mauvaise volonté si révoltantes, que je fus obligé de lui rappeler que j'étais officier, homme d'honneur et Français. Bref, s'il me supporta à Pisciolta, ce fut bien malgré lui, et certes, si une catastrophe comme celle du 31 mars avait eu lieu au moment où nous étions ensemble, je ne doute pas que les premiers coups de fusils reçus eussent été tirés par ses soldats qui cependant, il faut le dire, ne partageaient pas, à beaucoup près, sa manière de voir et desquels il était détesté.

Mais c'est assez parler de ce faux frère ; je me hâtai de le quitter, et le lendemain je me dirigeai sur Vallo en passant par Brucca-Rocca-Gloriosa. J'y arrivai en côtoyant le fleuve Hatente qui arrose une superbe vallée où j'eus la bonne chance de n'être attaqué par aucun ennemi. Je vis cependant quelques paysans armés se montrer sur le haut des montagnes ; mais ils n'osèrent se hasarder à descendre à portée de fusil. Au reste, j'ai remarqué que les brigands de ce pays étaient plutôt des voleurs que des guerriers. Aucun chef n'avait rendu son nom fameux. Un seul d'entre eux, nommé Gaëtan, avait joué un rôle assez brillant dans cette sorte de métier ; mais bientôt, dégoûté de cette vie, il se rendit devant les autorités et je le vis faire amende honorable en chemise, la corde au cou et une torche à la main.

J'arrivai à Vallo pour la seconde fois et l'on pense bien que la première personne que je visitai fut Don Michel.

Quand j'entrai, le malheureux père était dans son

lit, car sa blessure n'avait pas encore eu le temps de se cicatriser, et sa femme travaillait à son chevet. Elle se leva avec précipitation et voulut se jeter à mes pieds, mais je la relevai et la forçai à s'asseoir. Le malade me tendit la main, je la lui serrai, et nous restâmes un moment sans pouvoir prononcer une parole ; enfin la première émotion étant dissipée :

— Pepina, dit-il à sa compagne, voilà celui à qui je dois la vie, il m'a sauvé non seulement du supplice mais encore du désespoir ; c'est lui qui m'a rappelé que tu existais encore, que je n'avais pas tout perdu, et que je devais me conserver pour t'aider à supporter ta douleur.

En entendant ces paroles, la mère infortunée donnait libre cours à ses larmes. Hélas ! je n'avais pas de consolations à lui offrir. Que dire à une mère qui a perdu son enfant ? Il faut la plaindre, c'est ce que je fis. Agée tout au plus de trente-six à quarante ans, elle était encore belle, et pouvait espérer des jours de bonheur.

Peu à peu, la conversation prit un tour moins triste. Je restai avec Don Michel et sa femme une partie de la journée et nous nous séparâmes comme de vrais amis.

Je ne passai que deux jours à Vallo, et je partis sur l'ordre que j'en reçus pour regagner Agropoli.

Mes hôtes m'accueillirent avec leur franchise accoutumée, et Dona Angela me combla de soins et de prévenances. Mais les événements dont j'avais été témoin pendant mon court voyage m'avaient laissé un fond de tristesse involontaire ; mes hôtes s'en aperçurent et me firent mille questions ; j'y répondis franchement et leur racontai tout. Durant mon récit, la divine Angela avait peine à contenir son agitation.

— Les militaires comme vous suivent une carrière bien hasardeuse, dit Don Vito. Ah ! jeune homme, puisse le ciel vous protéger !

Le reste de mon séjour à Agropoli n'offre rien de particulier. Peu de jours après mon arrivée, une petite chaloupe venant de Salerne entra dans le port ; elle portait un officier et quatre soldats. J'étais à ma fenêtre et je reconnus tout de suite l'officier comme appartenant à mon régiment. Je m'empressai de descendre sur la plage et m'avançai au devant de mon camarade. Après nous être cordialement embrassés :

— Mon cher ami, me dit-il, je viens vous relever et voilà une lettre du général qui ne vous amusera pas.

Je saisis la lettre et l'ouvris. Elle m'enjoignait d'aller sur l'heure à Salerne pour y rendre compte de ma conduite et de remettre le commandement du fort, de la place et du détachement audit officier porteur de la lettre. On juge de mon étonnement.

Je fis bonne contenance, par amour-propre, et j'emmenai mon successeur chez Don Vito en donnant ordre à la chaloupe de m'attendre.

Nous soupâmes ensemble, mes hôtes étaient plongés

dans la consternation et ne s'en cachaient pas. Dona
Angela fit les honneurs du souper tout de travers et
n'adressa pas une parole à l'officier ; je crois même
qu'elle pleura en secret. Enfin il fallut se séparer ; les
adieux furent profondément tristes ; je quittais pour
toujours des êtres que j'aimais et dont j'étais aimé, et
ce souvenir, après tant d'années, me cause encore un
serrement de cœur. Je sautai dans la chaloupe qui,
voguant toute la nuit, arriva au lever du soleil dans
le port de Salerne.

Aussitôt débarqué, je m'empressai de courir chez
le général ; il n'était pas encore visible ; j'attendis un
moment et je fus reçu.

L'homme devant lequel je me présentai avait une
jambe de bois et un bras de moins, le tout, surmonté
d'une grande et belle figure militaire. Je fus un
moment déconcerté.

Cette phrase de la lettre : « Pour rendre compte de
sa conduite » me troublait un peu ; cependant,
comme je n'avais rien à me reprocher, j'eus bientôt
repris mon assurance.

Le général m'observa un moment, puis m'adressa la
parole en ces termes et d'un air sévère :

— Je vous ai mandé, monsieur, pour savoir de quel
droit vous avez fait arrêter un habitant de Vallo-di-
Novi, nommé Don Francesco ?

C'était mon homme à la bourse pleine d'or. Je
montrai alors au général une lettre signée de lui et

renfermant ses ordres ; il parut surpris et poussa une exclamation de dépit.

— Il est vrai, monsieur, continua-t-il ; mais je vous disais, comme vous voyez, de prendre des informations sûres et positives sur cet individu et de bien vous assurer de sa culpabilité avant de l'arrêter.

— Je m'en suis assuré, mon général, et mon avis est qu'il était des plus coupables.

— Comment se fait-il, monsieur, qu'il ait été acquitté par la commission militaire ?

— Je n'en sais rien, mon général ; mais, certainement, j'aurais donné ma voix pour le condamner.

— Vous parlez, monsieur, avec bien de l'assurance ?

— C'est, mon général, parce que je suis certain de ce que je dis.

— Allez, monsieur, vous recevrez mes ordres.

Je partis aussitôt, et, chemin faisant, je repassai dans mon esprit tout ce qui venait de m'être dit ; je songeai à l'acquittement de Don Francesco malgré toutes les preuves que j'avais fournies de sa culpabilité et malgré le témoignage des gens qui avaient déposé contre lui, et j'en conclus que la bourse remplie d'or s'était vidée dans une autre poche que la mienne... Je n'en conçus aucun regret ; seulement je sus à quoi m'en tenir sur la probité de ceux qui composaient certains tribunaux.

Le lendemain, je dînai chez le général ; sa colère

n'était plus tournée contre moi, elle avait un autre but; mais je vis à ses façons que j'étais réhabilité dans son esprit. Peu de temps après, le rapporteur de la commission militaire était changé, et je demeurai libre de retourner à Agropoli.

Je balançai un moment entre le plaisir de revoir Don Vito et sa charmante femme, et le besoin que j'avais de rester à Salerne pour me traiter d'une plaie grave à la jambe, et le désir de rejoindre ensuite le reste de mon bataillon et ma compagnie qui avaient été dirigés sur la Calabre. Enfin, malgré la tentation très vive d'Agropoli, ces derniers motifs l'emportèrent.

Au bout de quelques jours, voyant que l'espèce d'ulcère dont j'étais atteint, et qui était une suite de ma mauvaise fièvre de Foggia, ne faisait aucun progrès, et prévoyant que ce mal pourrait durer encore longtemps, je me joignis à un détachement qui partait pour Catanzaro où était mon bataillon.

Nous nous mîmes en route dans le mois de décembre 1807, et nous traversâmes les localités suivantes :

Eboli, dont j'ai déjà parlé, La Duchessa, qui n'est qu'une taverne ou osteria, La Auletta, bourg insignifiant, La Sala, près de laquelle, autant qu'il m'en souvient, on trouve un pont superbe, jeté sur un torrent qui coule au fond d'un abîme d'une effroyable profondeur, Casalnuovo, petit village, Lagonegro, petite ville située dans les montagnes de la Basilicate, près du lac noir qui lui donne son nom.

Ce pays est admirable, mais froid et avec un ciel continuellement nuageux. Nous y trouvâmes une partie du régiment de La Tour d'Auvergne, fort occupé à surveiller les brigands qui infestaient les environs, et digne d'attention à cause de la beauté de sa compagnie de grenadiers composée en grande partie de déserteurs étrangers ; les officiers qui la commandaient étaient presque tous des hommes de distinction. Nous en reçûmes le plus favorable accueil.

De Lagonegro, nous allâmes à Lauria, ville située sur le revers d'une haute montagne ; elle avait un château, mais n'offrait plus qu'un amas de ruines, ayant été brûlée par Masséna qui fut obligé de la prendre d'assaut au commencement de 1806.

Après Lauria, nous gravîmes le Monte Galdo. Je crois, sauf erreur (car ici par exception ma mémoire ne me sert pas très bien) que c'est après avoir traversé le Galdo, que nous arrivâmes à Saint-Laurent de Padula, couvent immense, bâti comme l'Escurial en forme de gril. L'architecture en est superbe et ce monument est tellement vaste que, sans exagération, il pourrait contenir une petite armée, et au besoin la nourrir, car l'ordre est immensément riche.

La Padula est une petite ville qui domine une riche et vaste plaine, qui appartenait en totalité aux moines de Saint-Laurent. De là, nous allâmes à Castelluccio, bourg après lequel nous passâmes le torrent Laino qui sépare la Basilicate de la Calabre. De Castelluccio, on arrive à la Batende par une route magnifique. Nous trouvâmes là un autre détachement qui nous attendait pour traverser le Campo Ténese, dont le défilé qu'il faut suivre pour y arriver du côté de la Rotonde, était ordinairement occupé par des bandes qui faisaient un mal affreux aux troupes qui passaient par là quand elles étaient peu nombreuses. Le détachement qui nous attendait se trouvait justement dans cette situation et de plus escortait un convoi de poudre. C'était vers le 15 décembre 1807 ; le temps était beau, mais il faisait un froid vif; après avoir pris ses dispositions militaires, le commandant ordonna le départ. En peu d'instants nous fûmes près du défilé dont j'ai parlé, et nous étions sur le point de nous y engager, lorsque les éclaireurs qu'on avait envoyés sur les rochers pour reconnaître le terrain, commencèrent à tirailler et à se replier sur nous poussés par un ennemi supérieur en nombre. Le commandant alors divisa son détachement en trois colonnes, deux destinées à monter sur les rochers qui dominaient le défilé, et l'autre à escorter les caissons de poudre. Cette manœuvre nous réussit à merveille ; moyennant une fusillade assez vive, les deux colonnes qui flanquaient la route parvinrent à faire reculer les brigands et le convoi fut bientôt de l'autre côté du passage dangereux. Les insurgés s'étaient retirés sur notre gauche. Nous avions perdu trois hommes ; mais par un hasard unique nous n'avions point de blessés, de façon que nous continuâmes tranquillement notre route qui n'était plus dominée par aucune hauteur et s'étendait sur la plaine élevée du Campo Ténese, où l'on présume qu'il y eut jadis un camp romain, lorsque l'essieu d'un des caissons vint à se briser. Loin de toute habitation et privés des moyens nécessaires, il nous fut impossible de réparer convenablement cet essieu ; en conséquence, le commandant, qui sans doute avait des instructions qui lui laissaient la liberté de sacrifier au besoin une partie de ce qu'il escortait pour sauver le reste, ayant fait enlever du fourgon détérioré toute la poudre qui put tenir dans les autres, le fit refermer au cadenas puis le laissa sur la route à moitié plein.

A peine étions nous à deux portées de fusil, que nous fûmes témoins d'un spectacle épouvantable, mais qui, dans la situation où nous nous trouvions, nous fut d'un grand secours.

Les insurgés qui ne se doutaient pas que nous escortions de la poudre, mais s'étaient figurés que nos voitures étaient remplies d'argent (car c'est dans cette assurance qu'ils avaient pris le parti de nous attaquer), voyant que nous étions obligés d'en abandonner une et que nous continuions notre route sans nous opposer à leur mouvement, coururent sus au caisson, objet de de leur convoitise, et, pleins de sécurité, se précipitèrent à l'envi l'un de l'autre. Comme je l'ai dit, il était fermé, et pour l'ouvrir il fallait briser le cadenas. Chacun voulant devancer son voisin, ils étaient autour de cette machine infernale d'un nouveau genre, comme un essaim d'abeilles autour de la branche où s'est posée la reine. Tout à coup, une étincelle produite par les coups de sabre, de baïonnette ou de crosses de fusil dont ils frappaient la fermeture, mit le feu au volcan. Une explosion terrible retentit avec fracas, et tout fut obscurci par un nuage de fumée du milieu duquel s'éleva comme une brillante aigrette. Les malheureux insurgés furent victimes de leur cupidité ; tous ceux qui étaient à portée furent lancés à une prodigieuse hauteur et leurs membres palpitants dispersés aux alentours. Nous-mêmes ressentîmes une forte secousse et plusieurs débris de chair humaine encore fumants vinrent tomber au milieu de nous. Il périt ainsi plus de cinquante de ces malheureux, et le reste se dispersa emmenant ceux qui n'étaient que légèrement blessés, mais abandonnant les infortunés qui ne pouvaient marcher. Le commandant envoya un détachement sur le lieu du sinistre avec ordre d'achever les mourants, ce qui fut exécuté.

En remplissant ce cruel, mais cependant nécessaire devoir, les soldats remarquèrent une traînée de sang qui allait se perdre dans les rochers ; ils la suivirent, et bientôt se trouvèrent à l'entrée d'une grotte profonde. Le premier qui voulut y entrer reçut un coup de pistolet qui lui cassa le bras ; les autres, voyant cela, hésitaient à s'approcher ; l'un deux, plus déterminé, se hasarda, un second coup de pistolet lui effleura l'épaule ; mais il n'était pas homme à reculer et il pénétra jusqu'au fond de la grotte bientôt suivi par ses compagnons. Là ils trouvèrent un homme entièrement mutilé qui se traînait comme un reptile ; ses jambes avaient été brisées jusqu'au-dessus du genou. Tout son corps n'était qu'une plaie ; sa figure, animée par la rage et le désespoir, avait une expression de férocité, et ses yeux brillaient comme ceux d'un tigre en fureur. Il avait déchargé ses deux pistolets, mais un long couteau brillait dans les mains de cet intrépide Calabrais et il en menaçait les soldats. Ceux-ci, muets d'étonnement, respectaient le courage de ce misérable ; cependant, l'un deux lui ayant offert de le porter et de l'emmener à Castrovillari où il pourrait entrer à l'hôpital, et le brigand ayant répondu à cette offre par un déluge d'injures et d'outrages, celui-ci indigné et peu habitué à s'entendre traiter de lâche et de scélérat, cédant à un mouvement de colère, lui envoya une balle qui mit fin à ses souffrances et à sa rage.

Après cet incident terrible, mais qui suspendit pour un temps le brigandage qui affligeait ces contrées, nous continuâmes notre route et arrivâmes bientôt à Castrovillari. C'est une assez jolie ville située dans une belle plaine bien arrosée et très fertile ; le climat y est plus doux que dans le pays que nous venions de traverser. Un bataillon de La Tour d'Auvergne y séjournait encore et les officiers nous firent aussi bon accueil que leurs camarades de Lagonegro.

De là nous allâmes à Torzia, petite ville dans les

montagnes, et de Torzia nous descendîmes dans la plaine à l'extrémité de laquelle se trouve Cosenza, ancienne capitale du Brutium. Toute cette plaine est traversée par le Croti. Nous cotoyâmes ses bords. Il sort de la Scilla, grande montagne près de Cosenza, et va se jeter dans le golfe de Tarente, tout près des ruines de l'antique et voluptueuse Sybaris, à l'est de l'embouchure du Cocyte. Ce sont probablement ces deux fleuves que les Cotroncates firent passer sur son emplacement lorsqu'ils l'eurent détruite.

La ville de Cosenza est célèbre par la mort d'Alaric arrivée en 412. Plus de mille ans après, on trouva dans une grotte son corps scellé entre deux boucliers, ou du moins on présuma que c'était le sien. On dit aussi que c'est à Cosenza que naquit Ponce-Pilate, et l'on montre encore sa soi-disant maison.

Le climat de cette ville est très variable. En général, le printemps y est superbe, l'été malsain à cause du mauvais air (cattiva aria) que l'on doit probablement aux exhalaisons méphitiques des marais environnants, l'automne très pluvieux et l'hiver d'un froid humide aussi dangereux que les grandes chaleurs. C'est en un mot un vilain séjour, et cette ville est véritablement l'égoût de la Calabre intérieure.

Un événement affreux eut lieu à Cosenza au commencement de l'occupation française. Une épidémie cruelle y règnait, et l'hôpital militaire était rempli de malades ; le feu y prit, on ne sait comment, et tous ces

malheureux périrent dans les flammes. On a prétendu
que l'incendie avait été ordonné, et que l'on tuait à
coups de fusils les infortunés qui cherchaient à se
sauver. Je ne puis croire à pareille cruauté.

J'avais trouvé dans cette ville un détachement du
régiment, et mon cher camarade Armand en faisait
partie. Il était triste et je lui en demandai la raison.

— Hélas! me dit-il, mon frère était chirurgien
attaché à l'armée, je me faisais une fête de le revoir
ici, et je viens seulement d'apprendre sa mort qui
remonte déjà à plusieurs semaines.

Je plaignis mon pauvre ami, et, pour le distraire,
je l'engageai à me suivre et à visiter ce qu'il y avait
de curieux dans la ville. Nous allâmes voir les églises,
les couvents, le château. Dans un des couvents, le
moine qui nous servait de guide, nous proposa de
visiter une curiosité naturelle existant dans l'enceinte
de leur maison; nous acceptâmes sans demander ce
que c'était et nous le suivimes. Il nous fit traverser une
cour au fond de laquelle était une porte ressemblant
beaucoup à celle d'une cave; il l'ouvrit, et nous nous
trouvâmes dans un caveau creusé dans une espèce de
roche tendre et autour duquel étaient rangés des cadavres humains revêtus de leurs habits et parfaitement
conservés. Notre premier mouvement fut de reculer;
mais, poussés par la curiosité, nous nous enfonçâmes
dans ce souterrain.

— C'est, nous dit notre guide, la sépulture des

moines du couvent. Ce caveau a la propriété de
conserver les corps, et nous y avons mis plusieurs
officiers français morts depuis peu. Vous pouvez
prendre cette torche et faire le tour, vous verrez leurs
noms et la date de leur mort au-dessus de leurs têtes.

Je regardai Armand, un tremblement agitait ses
membres.

— Qu'as-tu ? lui dis-je.

— Ah ! mon ami, s'il était ici !

A cette idée, une sueur froide me couvrit le front.
Nous étions immobiles, n'osant plus remuer. Le guide
s'était avancé du côté gauche.

— Signori, dit-il, voilà celui qui est mort le dernier,
et en même temps il approcha la torche du visage du
cadavre.

Nous nous étions tournés machinalement vers lui ;
tout le caveau était dans l'ombre, seule la figure du
mort était éclairée, nos yeux s'y portèrent.

Armand poussa un cri ; il venait de reconnaître son
frère et je fus obligé de le soutenir.

Au cri d'Armand, notre guide vint à nous.

— Qu'y a-t-il donc ? dit-il.

Je le mis au courant. Armand était plongé dans une
morne stupeur.

— Pauvre jeune homme, disait le moine. Povero
ragazzo ! l'ho assassinato !

J'entraînai mon ami, il se laissa guider, et nous
sortîmes à la hâte de ce lieu lugubre.

Le grand air fit du bien à mon camarade, nous pûmes regagner notre demeure, et là il donna libre cours à sa douleur. Je pleurai avec lui, c'est la meilleure consolation.

Le surlendemain, hélas ! il fallut se quitter. Armand partit avec son détachement et moi pour Sogliano avec le mien. Mais, avant de me mettre en route, je veux dire un mot des habitants des environs de Cosenza.

Ils sont généralement bien faits et robustes, mais leurs traits ont quelque chose de dur et de sauvage. Les femmes sont assez bien et valent beaucoup mieux que les hommes qui sont presque tous traîtres, méchants, vindicatifs à l'excès, et fort enclins à profiter des troubles politiques pour exercer le brigandage et satisfaire leur passion pour le mal et le meurtre. Aussi les environs de Cosenza ont-ils, de tout temps, fourni beaucoup plus d'insurgés que le reste du royaume, et c'est parmi eux, à quelques exceptions près, qu'on remarquait le plus de courage et de cruauté. Une fois en campagne, ils n'épargnaient personne, et tuaient leurs compatriotes aussi bien que les Français; aussi avaient-ils beaucoup d'ennemis parmi les habitants de Cosenza qui, plus civilisés et plus riches, se contentaient de maudire les Français au coin de leur foyer, ce qui leur faisait beaucoup moins de mal que les balles et les couteaux des Boïa, des Francatripa et des Parafante.

Le premier de ces trois scélérats avait mérité ce nom de Boïa, qui signifie bourreau, à cause de sa barbarie et de sa cruauté. Il exerça longtemps ses ravages autour de Cosenza ; il avait assassiné un si grand nombre de ses habitants et son nom y était en telle horreur, que les Français en profitèrent pour mobiliser la garde civique qui avait été créée en 1806 ; elle leur rendit de nombreux services contre cet affreux brigand. Un jour enfin il fut pris et amené à Cosenza où on le condamna à être pendu. La population était tellement exaspérée contre lui, qu'elle demanda qu'on le lui livrât, et plusieurs hommes s'offrirent même pour être ses bourreaux. Ils voulaient lui couper le nez et les oreilles, lui taillader la peau, puis l'enduire de miel et l'exposer ainsi à l'ardeur du soleil. Les Français s'opposèrent à cette barbarie, et sa sentence de pendaison fut simplement exécutée.

Je raconte ces particularités pour donner une idée du caractère des Calabrais, la vengeance en est la base, et cette passion est le mobile de presque toutes leurs actions.

De Cosenza à Sogliano, on marche continuellement dans des montagnes couvertes de forêts. Les environs de Sogliano étaient en proie aux cruautés de ce Francatripa dont je viens de parler. C'était un mauvais pâtre, né dans le petit village appelé Gli Parenti, et devenu chef de comitive (1).

De Sogliano, nous nous dirigeâmes sur Rovigliano,

---

(1) Bande de brigands.

toujours au travers de hautes montagnes. Cette petite
ville est bâtie sur des rochers ; quand on en sort, on
commence à descendre, et la pente va presque jusqu'à
Nicastro. Je ne dis rien de cette ville, j'en parlerai
plus tard. En la quittant, je pris la route de Catanzaro
où se trouvait l'état-major du régiment. J'y arrivai le
20 décembre 1807, et peu de jours après je fus dirigé
sur Tiriolo où était détachée la moitié de ma compagnie, et je pris le commandement de la place.

Mais, avant de parler de ce pays, je veux dire quelque chose de Catanzaro. Elle est située sur une
hauteur presque en vue de la mer.

Les femmes y sont belles et aimables et les habitants
diffèrent beaucoup des autres Calabrais ; ils sont polis,
civilisés et industrieux. Comme Cosenza, cette ville
compte à peu près douze mille âmes de population ;
on y fabrique des bas et des étoffes de soie. Elle pré-
tend, avec Monteleone et Reggio, à l'honneur d'être
capitale de la Calabre *ultérieure*, mais il appartient
incontestablement à Monteleone.

A Catanzaro, on oublie qu'on est au milieu d'un
pays plongé dans la barbarie ; elle fait exception, et
l'on se croirait plutôt dans une petite ville de France.
Nos officiers y voyaient une société charmante, qui se
réunissait pour se livrer avec gaieté au plaisir de la
danse et au charme de la conversation.

Mais je suis obligé de quitter cette ville pour revenir
à Tiriolo. Là, toute illusion cessait et l'on était bien

forcé de se rappeler qu'on était en Calabre. Cette
ville (dans ce pays, tout bourg ou village réclame le
nom de ville) est bâtie en amphithéâtre au pied d'une
montagne très haute, aride et escarpée, terminée par
des rochers dont les formes fantastiques et la teinte
blanchâtre lui donnent un aspect des plus pittoresques.
Dans la partie basse, se trouve un couvent. C'est là
que j'avais établi ma troupe et j'y étais fort bien. Mais
je n'avais point, comme à Agropoli, une Dona Angela,
des canons et un port à garder ; les femmes y étaient
laides, sauvages, et je m'ennuyais à mourir.

Pour me distraire, je résolus de parcourir le pays
environnant, et, comme j'étais là pour surveiller les
tentatives de brigandage, j'avais tout latitude. Accoutumé depuis des mois à voir les brigands et à les com-
battre, je ne les craignais plus, et, avec dix hommes bien
armés, j'aurais traversé leurs bandes sans en avoir
peur. Ayant plus de soixante hommes sous mes ordres,
j'en pris vingt avec moi, laissant les autres bien retran-
chés dans le couvent sous les ordres du sergent le plus
ancien, et je me mis en route ou, pour mieux dire, en
colonne mobile.

Poussé par la curiosité, je laissai mon détachement
sur un plateau où je pouvais l'apercevoir, et je me
mis seul à gravir la montagne dont j'ai parlé. De là,
je jouis du spectacle le plus imposant, et je découvris
un pays immense. Je montais une mule. Cet animal
au pied si sûr m'avait porté, par un étroit sentier bordé

de précipices, jusque sur le plus haut des rochers. Tout occupé à contempler le superbe tableau qui se déroulait au-dessous de moi, et plein de confiance en l'adresse de ma monture, je ne m'étais point occupé du chemin ni des dangers que je pouvais courir. Cependant, m'apercevant que ma mule n'avançait plus et baissait la tête en soufflant bruyamment, je jetai un coup d'œil sur l'endroit où je me trouvais. Bonté divine ! j'étais engagé sur une roche à gauche et à droite de laquelle se trouvait un profond abîme et cette roche était si étroite que l'animal ne pouvait plus se retourner. Un peu plus loin, il est vrai, le sentier s'élargissait et, tournant autour d'un rocher, reconduisait au plateau où j'avais laissé mes hommes ; mais comment sortir de ce mauvais pas ? Le rocher où je me trouvais si bien arrêté était en outre brusquement barré par une crevasse de quelques pieds de largeur dont on ne voyait pas le fond. Comment faire passer à ma mule ce gouffre béant ? Elle ne voulait pas sauter et ne pouvait se retourner ; elle restait immobile et commençait à dresser les oreilles, signe de colère chez cet animal. La position était critique et je ne savais à quoi me résoudre ; mais le danger rend industrieux ; je me soulevai tout doucement sur mes étriers, et, m'étant mis debout sur ma selle, je lâchai la bride, puis prenant un vigoureux élan je sautai par dessus la tête de ma monture et je me trouvai de l'autre côté de la crevasse. Il me fut aisé ensuite de décider la mule à la franchir,

14

ce qu'elle fit très adroitement ; et nous nous trouvâmes
tous les deux en sûreté, ce que voyant, je remontai
sur ma bête et fus rejoindre mes compagnons.

Après quelques instants de repos, je continuai avec
mes hommes à m'enfoncer dans les montagnes au
travers desquelles serpente la route qui conduit à
Taverna. Le territoire compris entre cette ville et
Tiriolo était celui que je voulais reconnaître ; je restai
plusieurs jours à le parcourir et visitai un grand nombre de villages dont les noms m'ont échappé. Je me
souviens que je traversai une petite ville entièrement
saccagée ; elle avait été prise d'assaut. Les brigands,
ayant voulu s'y retrancher, s'étaient retirés dans un
mauvais château et s'y étaient défendus pendant quelques heures. S'imaginant effrayer les troupes françaises
qui manquaient d'artillerie, ils s'étaient avisés de
creuser des troncs d'arbres qu'ils avaient liés avec des
cercles de fer et mis en batterie sur le haut des tours
comme des canons. Leur ruse ne servit qu'à hâter leur
perte ; car les Français, croyant avoir devant eux de
véritables bouches à feu et voulant s'y soustraire, traversèrent un ravin escarpé qui semblait défier tout
passage, et ensuite, au cri terrible de « En avant ! A la
baïonnette ! » ils escaladèrent le rempart et pas un des
insurgés n'échappa à leur première fureur.

Ce que je viens de raconter était arrivé, comme je
l'ai dit, avant mon séjour dans ces contrées. Pour moi,
de Tiriolo à Taverna, je ne vis pas un insurgé. Je

savais cependant qu'il y avait aux environs une comitive ; mais elle se tenait cachée dans les forêts et ne sortait que pour détrousser les malheureux qui voyageaient isolément.

A Taverna, je trouvai un détachement du régiment ; je fus reçu à bras ouverts par l'officier qui le commandait et je restai deux jours chez lui. Il me raconta un incident qui peindra les Calabrais beaucoup mieux que tout ce que j'en pourrais dire.

La garde civique de Taverna, en colonne mobile avec une partie de son détachement, était parvenue à surprendre une comitive de douze brigands, et tous avaient été égorgés. On leur avait coupé la tête, et ces têtes devaient être exposées aux portes de Taverna. Le sergent français les avait vu mettre dans les paniers de bâts ; il en avait compté douze et, quand on les sortit, il en compta quatorze. Il fit un rapport en conséquence. Mon camarade prit des informations et finit par découvrir que deux frères, membres de la garde civique, ayant une vendetta particulière à exercer contre deux autres frères, les avaient assassinés pendant la nuit, leur avaient coupé la tête et, par un raffinement de cruauté, les avaient mises avec celles des brigands, afin que leurs parents les reconnussent quand elles seraient exposées. Après cette belle expédition, ils s'étaient eux-mêmes mis en campagne.

Je retournai à Tiriolo par un autre chemin ; mais je ne fus pas plus heureux et n'eus pas le plaisir de tirer

un coup de fusil. Y compris le temps de mon expédition, je ne conservai que dix-huit jours mon commandement, et je reçus l'ordre de retourner à Nicastro où
je retrouvai mon bataillon et l'état-major du régiment.

Cette ville est assise au bas des montagnes, sur le
bord d'une grande plaine qui porte son nom et qui est
couverte d'oliviers. Les Romains l'appelaient Nicas-
trum. Elle conserva longtemps une certaine importance ; mais, sur la fin du dernier siècle, un déborde-
ment considérable du torrent qui coule devant elle en
détruisit une grande partie. Voilà, à cette occasion, ce
que me raconta un vieillard qui avait été témoin de la
catastrophe.

— « Depuis longtemps, me dit-il, le torrent était à sec,
ce qu'on n'avait jamais vu. Ce phénomène étonnait les
habitants sans leur inspirer la moindre crainte, parce
qu'on l'attribuait à la sécheresse, très forte cette année
là. Nous étions donc en parfaite sécurité, et nous trouvions même qu'il était commode de pouvoir communiquer avec la plaine sans avoir besoin, comme les
autres années, de se mettre dans l'eau au risque d'être
entraîné par le courant, lorsqu'une nuit, nuit de désastre et d'épouvante, nous fûmes tous réveillés par une
détonation horrible, suivie d'un mugissement semblable à celui de la mer en courroux. Tout le monde était
frappé de terreur et l'on s'attendait à une catastrophe.
En effet, le bruit sourd et terrible qui avait frappé nos

oreilles se rapprochait de plus en plus. Tout à coup, une montagne d'eau se précipita dans la plaine avec un épouvantable fracas, et en un instant la moitié de la ville fut inondée. Les flots, dans leur fureur, roulaient d'énormes quartiers de rocher ; une grande quantité de maisons furent ainsi ébranlées, plusieurs s'écroulèrent et des familles entières disparurent.

« Avant cette fatale nuit, j'étais heureux, une femme adorée et deux enfants se partageaient ma tendresse, je fondais sur eux l'espoir de mes vieux ans. Quand les flots se retirèrent, je retrouvai leurs cadavres dans l'enceinte de ma maison. Plus heureux que bien d'autres, je pus du moins leur donner une sépulture et pleurer sur leurs restes ; beaucoup de mes malheureux compatriotes n'eurent pas même cette consolation.

« Pour moi, je ne dus la vie qu'au hasard, je n'ose dire la providence. Retenu dans la partie haute de la ville par mes travaux, j'y avais couché ; frappé de stupeur et d'effroi au moment de la détonation dont j'ai parlé, je n'arrivai sur les lieux du sinistre que pour voir les flots se précipiter sur nos habitations. »

Ici, le vieillard s'arrêta, il semblait plongé dans la douleur, je la respectai, et ce ne fut qu'un peu plus tard que je lui demandai ce qui pouvait avoir causé cet épouvantable accident.

— « Signor, me dit-il, notre fleuve prend sa source dans la montagne voisine et coule longtemps dans une vallée profonde. Une secousse de tremblement de terre avait, sans qu'on en sut rien, car ce pays est peu fréquenté, causé un éboulement considérable ; des arbres, des terres, des rochers, faisant digue, s'opposaient au passage du fleuve, un lac se forma ; mais la masse des eaux devenant trop forte, la digue fut rompue et le torrent reprit son cours après avoir causé les malheurs que je viens de décrire. »

En partant de Nicastro, nous traversâmes un torrent qu'on appelle l'Amato, nous marchâmes une grande partie de la journée à travers une plaine d'une monotonie désespérante, laissant à notre droite Biaggio et Santa-Euphemia ; enfin, nous arrivâmes à la taverne appelée Fondaco del Fico, ou Osteria de Cicerone. Elle porte ce nom parce que ce grand homme y chercha un refuge contre ses ennemis et qu'il existe des lettres de lui datées de cet endroit. Elle est bâtie près des ruines de l'ancien Hiponium, et se nommait autrefois Fondus Fici. Nous y fîmes une grande halte, et ensuite, après avoir passé l'Angitola, fleuve qui baigne cette plaine, nous gravîmes une petite montagne et nous nous trouvâmes dans une autre plaine appelée Sauveria, à l'extrémité de laquelle on trouve le cap Nivero ; dans le voisinage est le petit port de Pizzo.

Il existe, dans cette plaine, un village nommé Platania, dont les habitants sont d'origine albanaise. Au quinzième siècle, après la mort du fameux Scanderberg, des familles grecques, craignant la persécution, quittèrent l'Albanie et vinrent se réfugier dans les Cala-

bres. Ces familles pratiquaient le culte romain qui
leur avait été apporté par les Catalans au service des
empereurs d'Orient. Bien qu'émigrés et habitant au
milieu d'une nation étrangère, ce peuple que l'on appelait les Scythes de l'Empire d'Orient, conservèrent avec
obstination leurs mœurs, leurs coutumes, leur langue,
qui dérive de l'esclavon, firent corps à part, et en un
mot, malgré leur expatriation, restèrent toujours
Albanais. Ils se prétendent issus des Français à cause
de leur courage et parce que leur idiome renferme
quelques mots de notre langue ; ils se montrent fiers
de cette origine et, à cause de cela, nous étaient très
dévoués. J'ai vu un grand nombre de leurs villages,
et je me suis convaincu par moi-même que, comme
leurs frères d'Albanie, ils sont sobres, laborieux, actifs
et courageux. Ils sont vêtus d'étoffes grossières, couchent sur des nattes ; leurs maisons sont basses ; ils
ne mangent presque pas de viande, leur nourriture
consiste en laitage, fruits, légumes et gruau, ils aiment
le vin. Dans leur pays, ils sont guerriers ; en Calabre,
se regardant comme un peuple à part, ils se mêlent
peu aux discussions politiques. Nous les trouvions toujours prêts à nous servir de guides, office qu'ils rem-
plissaient avec intrépidité. Ils sont craints de leurs
voisins qui ne se hasardent guère à les insulter de
quelque manière que ce soit.

Les hommes sont de taille moyenne, fortement cons-
titués, les épaules larges, le cou élevé, la jambe bien

faite mais sèche ; ils sont agiles et excellents mar-
cheurs. Leurs traits sont en général beaux ; l'œil est
vif, le teint coloré, les dents superbes. Je n'ai pas
remarqué qu'ils fussent jaloux, cependant leurs femmes sont belles et comme eux peuvent supporter les
plus grandes fatigues. Elles portent des jupes très
courtes, laissant voir une jambe faite au tour, et un
pied charmant chaussé de souliers à hauts talons rouges, ce qui ne les empêche pas de marcher avec légèreté. Elles ne portent aucun fardeau sur la tête comme
font les Calabraises, aussi leur cou conserve-t-il son
élégance naturelle. Elles vont puiser l'eau à la fontaine
avec un vase de cuivre, étroit par le haut, d'une propreté éblouissante, et qu'elles appuient sur la hanche
d'une façon toute particulière. Je terminerai en disant
que, s'il me fallait comparer les Albanais aux Calabrais, je leur donnerais de beaucoup la préférence
sur ces derniers, n'en déplaise aux descendants des
Brutiens.

Nous arrivâmes enfin à Monteleone, ville bien bâtie,
assez peuplée, et construite sur les ruines de l'ancien
Vibo. Nous y restâmes peu de jours pendant lesquels
il plut continuellement.

J'étais logé chez un bon bourgeois, homme d'assez
bonne éducation et qui me reçut on ne peut mieux. Il
avait chez lui un frère qui excita ma curiosité. Ce malheureux avait l'esprit dérangé ; on l'entendait souvent
pousser des exclamations de terreur ; de plus, il était

atteint d'un tremblement général et sa figure, naturellement belle, prenait à certains moments une expression d'horreur. J'en demandai la cause à mon
hôte, Don Faviero.

— « Ah ! signor, me dit-il, vous voyez une victime
des scélérats qui dévastent notre pays au nom de
Ferdinand VII. Les monstres ! pour cacher leurs brigandages, ils abusent de ce nom sacré ; mais, déjà
sous son règne, ils étaient couverts de crimes.

« Mon infortuné frère qui se nomme Don Domenico,
était prieur d'un couvent à San-Biaggio, petite ville
entre Nicastro et le golfe de Santa-Euphemia. Il était
adoré de sa communauté et de tous les honnêtes gens
de l'endroit. Tout près du couvent, habitait une pauvre
veuve dont la fille, véritable ange de beauté et de vertu,
était la filleule de mon frère. Cette modeste famille, dont
une vieille domestique partageait les travaux, était la
société ordinaire de Don Domenico qui, durant les
heures dont la règle de la maison lui laissait la libre
disposition, se plaisait à donner à Dona Concetina des
leçons de musique et de grammaire. Heureux dans
cette intimité, et découvrant chaque jour de nouvelles
qualités dans sa jeune élève, mon frère nourrissait
l'espoir de faire de cette aimable personne la femme
de mon fils aîné. Moi-même, ayant eu l'occasion de la
voir, je pris plaisir à penser à cette union, quand une
catastrophe épouvantable vint anéantir tous nos plans.

« Concetina croissait en âge, en sagesse et en beauté.

Remarquable par la régularité et l'expression des traits, son visage était rehaussé encore par le contraste charmant de deux grands yeux d'azur avec des cheveux plus noirs que l'aile du corbeau ; elle faisait l'admiration de tous ceux qui la voyaient. Mon fils à qui j'en avais parlé, ne put résister à l'envie de la connaître. Hélas ! seigneur, ici commencent tous nos malheurs et je sens qu'à peine je puis continuer mon récit. »

Il s'arrêta un moment et ses yeux se remplirent de larmes ; cependant, faisant un effort, il continua ainsi :

« Antonio, c'était le nom de mon pauvre enfant, brûlant du désir de voir celle qu'on lui destinait, se mit en route pour San-Biaggio. Il était vêtu d'une veste, d'un gilet et d'une culotte de velours noir garnie de plusieurs rangs de boutons d'argent à grelots, la jambe couverte d'un bas blanc, le pied chaussé d'espadrilles à cordons rouges, et la tête ornée d'un chapeau de feutre entouré de rubans noirs. Il était beau comme l'amour, ce cher enfant ; mais bientôt, saisissant son fusil et ceignant la *patroncina* d'où pendait un superbe *cortello*, il devint semblable au dieu Mars.

« Pardonnez, seigneur français, mais il me semble encore le voir, ce cher fils...

« Léger comme un chevreuil, il fut bientôt arrivé chez mon frère, Don Domenico, qui après l'avoir embrassé et questionné sur la famille le conduisit chez Dona Concetina. Tout ce qu'on lui avait dit de la beauté de cette aimable enfant lui sembla être bien au-dessous de la vérité. Resté debout au milieu de la chambre, il n'aurait osé avancer tant il était saisi d'admiration, si mon frère, le prenant par la main, ne l'eût présenté d'abord à la veuve, qui lui dit quelque chose de flatteur et dont il baisa la main, ensuite à la belle Concetina dont les joues devinrent aussi rouges que le corset écarlate qui serrait sa jolie taille. Ses cheveux, séparés, découvraient un front où se peignaient l'innocence et la paix.

« Antonio, la poitrine gonflée, les joues brûlantes, ne savait s'il rêvait ou s'il était éveillé pour la première fois. Il se jeta aux genoux de Concetina, prit sa main qu'il couvrit de baisers, et ces premiers baisers furent donnés et reçus avec les transports de la plus douce ivresse.

« La veuve, Margarita, et Don Domenico, heureux que les sentiments des deux jeunes gens s'accordassent avec leurs projets, se regardaient avec satisfaction. La mère embrassa sa fille et Antonio avec la plus vive tendresse, et Don Domenico leur donna sa bénédiction.

« Hélas ! je ne sais si mon pauvre frère avait commis quelque gros péché ; mais Dieu ne confirma pas cette bénédiction. »

Ici, Don Faviero s'arrêta, et comme il était déjà tard et que l'infortuné Don Domenico venait d'être saisi d'une de ses terribles crises, nous renvoyâmes la fin du récit au lendemain.

Le lendemain donc, aussitôt que mes occupations me le permirent, je m'empressai d'aller trouver mon hôte ; et, après m'avoir donné des nouvelles de son frère, il continua comme il suit :

« Depuis quelque temps, il y avait à San-Biaggio un certain Don Ruggiero que personne ne connaissait bien et sur lequel on disait beaucoup de choses peu avantageuses ; mais, comme il était riche et vivait assez tranquillement avec son fils, jeune homme de dix-huit à vingt ans, nommé Gaëtano, on commençait à s'accoutumer à lui et à oublier ce que la chronique scandaleuse avait publié sur son compte. Il ne demeurait pas loin de Dona Margarita, et son fils Gaëtano avait eu souvent l'occasion de la voir et même de parler à Dona Concetina. Ce jeune homme, d'un caractère froid et d'un extérieur désagréable et même repoussant, n'avait pu résister aux charmes de notre jeune fille. Il l'adorait, mais n'était pas payé de retour, et cependant n'en continuait pas moins ses visites, au grand déplaisir de la mère et de la fille, qui n'osaient le renvoyer dans la crainte d'exciter sa colère et surtout celle de son père. Ce fut sur ces entrefaites que mon pauvre enfant eut sa première entrevue avec Concetina.

« Il était depuis quinze jours au couvent et passait presque tout son temps chez Dona Margarita. Gaëtano, naturellement jaloux, et ne pouvant pas se plaindre puisqu'il n'avait aucun droit sur la jeune personne, résolut cependant de se venger de cette préférence. Un soir, s'étant mis en 'embuscade au coin d'une rue, il attendit qu'Antonio sortit de chez sa fiancée, et, comme il passait, il lui tira un coup de fusil qui l'atteignit à la tête et le jeta à terre. Gaëtano, le croyant mort et voulant s'en assurer, s'approcha de lui ; mais mon fils, revenant de son étourdissement, se releva soudain et, au moment où son ennemi allait lui plonger son poignard dans le cœur, lui, plus prompt ou plus adroit, lui enfonça le sien dans la gorge et le vit tomber mort à ses pieds.

« A ce spectacle, il s'enfuit au couvent et raconta tout à son oncle. Celui-ci envoya immédiatement prévenir la veuve de se tenir bien renfermée ; car on devait s'attendre à la colère et à la vengeance du père de Gaëtano.

« En effet, dès que Ruggiero connut la mort de son fils, s'armant de pied en cap, il courut chez la veuve ; mais la porte était close. Furieux, il s'apprêtait à mettre le feu, quand il en fut empêché par les habitants. Il aurait voulu poursuivre Antonio ; mais celui-ci s'était retiré contre l'autel de l'église du couvent, asile inviolable ; il fut donc obligé de renfermer en lui-même sa rage et ses projets de vengeance.

« Vers cette époque, je tombai dangereusement malade et l'on eut l'insigne imprudence d'en avertir Antonio. Il était guéri de sa blessure. Ne calculant point le danger auquel il s'exposait et, malgré les supplications de Don Domenico, il s'arma, courut chez

Concetina, et, promettant de revenir, il s'arracha de ses bras. La malheureuse enfant était inconsolable ; un funeste pressentiment lui disait qu'elle ne le reverrait plus.

« Hélas ! à peine était-il sorti de San-Biaggio qu'un coup de fusil l'étendit mort !... Ruggiero était son assassin... Il se sauva dans les montagnes, et le corps d'Antonio fut rapporté sanglant au prieur. Vous jugez de son désespoir... Quand Concetina connut la vérité, n'écoutant que sa douleur et son amour, elle courut à l'église du couvent. Le cadavre de son fiancé y était exposé ; se précipitant sur cette chère dépouille, elle voulut articuler des mots de tendresse et d'adieu, mais sa bouche, se contractant soudain d'une façon singulière, ne laissa échapper que des sons inarticulés. Elle voulut étendre les bras pour embrasser celui qu'elle avait tant aimé ; elle n'en eut pas le temps, tout son sang remontant au cœur, et tomba inanimée. La mère était accourue. A la vue de sa fille, elle s'évanouit et ne revint à elle que pour être la proie d'un accès de fièvre maligne qui l'eut bientôt réunie à l'infortunée Concetina.

« Mon frère, soutenu par la religion, eut la force de célébrer la cérémonie des funérailles pour ces trois victimes que l'on ensevelit dans la même sépulture. Ensuite il s'occupa de la punition de l'infâme Ruggiero. Mais il était malheureusement trop tard ; l'assassin était hors de poursuite, et soit crainte de la part des autorités, soit qu'elles eussent été gagnées, il ne put rien obtenir.

« Vers ce temps, c'est-à-dire quelques jours avant la
bataille de Santa-Euphemia, les Français occupèrent
San-Biaggio. Domenico, toujours préoccupé de faire
punir le coupable, le dénonça au commandant de la
place qui donna ordre au syndic de lui fournir les preuves du crime. Quand il en fut bien convaincu, il fit
raser la maison du coupable et envoya son signalement
à Monteleone, avec ordre de l'arrêter partout où il se
trouverait; mais tout cela infructueusement, parce qu'il
s'était joint aux brigands. Sur ces entrefaites, le
1er juillet 1806, les Anglais, au nombre de huit mille,
débarquèrent dans le golfe de Santa-Euphemia. Le
général français occupait les hauteurs de Maïda. Le 4,
il fit la faute d'attaquer les Anglais dans la plaine avec
une seule batterie d'artillerie légère ; ceux-ci avaient
caché des pièces qui, démasquées à propos, portèrent le
désordre parmi les Français et les forcèrent à se retirer.

« Tout ce pays fut alors livré aux troupes du général
Stuart, et les brigands arrivèrent en foule à San-Biaggio et dans les environs. L'implacable Ruggiero fut un
des premiers qui y entra. A la vue des restes de sa
maison, il ne se crut pas encore assez vengé. Suivi
de quelques scélérats comme lui, il courut au couvent.
Don Domenico était dans l'église ; on avait exposé le
Saint-Sacrement, et le chœur retentissait des louanges
de l'Eternel et des prières ferventes pour la paix ; les
moines, par ce moyen, avaient espéré attendrir les
insurgés.

« Hélas ! rien ne put arrêter le terrible assassin de mon fils. Sans égard pour le lieu où il se trouvait, après avoir chassé les moines, il s'empara du prieur, l'accabla d'injures, et, levant sur lui son poignard ensanglanté, il allait le lui plonger dans le sein, quand un regard jeté sur la pierre qui se trouvait près de lui, retint son bras. Sur cette pierre étaient ces trois noms :

« Antonio, Concetina, Margarita. »

« Ce scélérat venait de concevoir une idée atroce. Regardant mon frère avec un rire infernal :

— « Je ne veux pas te tuer, s'écria-t-il, tu vas aller rejoindre tes amis.

« En même temps, il donna ordre de soulever la pierre, et, malgré les prières de mon malheureux frère, on le descendit vivant dans ce souterrain, puis la pierre fut remise en place.

« Les détails que j'ai à vous donner maintenant ne constituent que des conjectures que nous avons tirées des paroles entrecoupées et sans suite de Don Domenico, car, depuis sa descente dans ce séjour de la mort, sa raison n'est plus revenue.

« Quand il eut été renfermé dans le caveau, un moine qui s'était caché et avait été témoin de cette scène d'horreur, parvint à s'enfuir sans être aperçu, et criant au meurtre, à l'assassin, et racontant ce qui s'était passé, il réussit à ameuter le peuple qui, aidé de plusieurs brigands qui cédèrent à l'éloquence du religieux, se porta à l'église où la pierre sépulcrale fut bientôt

levée, car le bon prieur était aimé et estimé de tous.
Malheureusement il était trop tard, mon infortuné
frère était presque sans vie !... On le transporta dans
sa cellule, mais il ne reprit connaissance que pour
tomber en démence et devenir sujet à des crises pendant lesquelles il s'imagine voir le corps sanglant
d'Antonio, celui de Concetina, et l'entrée du fatal
caveau. Quand il fut en état d'être transporté, je l'emmenai ici, et voilà deux ans qu'il est avec nous. Ses
accès sont plus rares, il a même des moments lucides,
et nous espérons qu'avec le temps et l'aide de Dieu,
il retrouvera la raison.

« Quant à Ruggiero, il devint l'objet du ressentiment
général, et certes, il serait tombé sous les coups des
autres brigands tant son crime était abominable, même
aux plus endurcis. Mais il eut encore une fois recours à
la fuite, emmenant avec lui les scélérats qui l'avaient
aidé à mettre à exécution son horrible vengeance. »

Tel fut le récit de mon hôte de Monteleone ; il était
Calabrais, partant vindicatif, et m'avoua qu'il ne serait
entièrement consolé que par la mort de Ruggiero.

— Voyez, me dit-il, je porte les cheveux courts et la
barbe longue ; je ne laisserai croître les uns et ne rase-
rai l'autre que lorsque ma vengeance sera satisfaite. Si
j'étais jeune, je me mettrais en campagne, malheureusement je ne le puis ; mais je compte sur les Français
et j'espère voir un jour le corps de mon ennemi attaché à la potence élevée par vos compatriotes ; puisse,

ce jour, mon pauvre frère retrouver la raison et se réjouir avec nous !

C'est ainsi que parla mon hôte. C'était cependant un honnête homme ; mais il payait tribut aux mœurs de sa patrie. Vengeance ! Ce mot est sacré pour un Calabrais ; le sang demande le sang.

Pour moi qui, Dieu merci, ai le bonheur d'être né dans un pays où l'on ne craint que la vengeance divine ou celle de la loi, je plaignis beaucoup moins Don Faviero en le trouvant aussi vindicatif que Ruggiero, et je me dis qu'à sa place il en eût fait tout autant.

Mais je laisse ce sujet et je quitte Monteleone.

En sortant de cette ville, nous nous dirigeâmes sur Mileto, localité située dans une assez jolie plaine peu boisée, mais très fertile en blé.

C'est dans les environs de Mileto que, le 25 mai 1807, le général Régnier battit complètement le général Hesse Philippsthal, le même qui avait défendu Gaëte, et qui n'échappa que par miracle aux poursuites de deux chasseurs du 9ᵉ régiment, ce qui peut donner une idée de la défaite de son armée composée de Napolitains.

Après Mileto, nous gagnâmes Rosaruo, bâtie sur un terrain plus élevé que les plaines qui l'entourent et dans une position splendide ; mais il est impossible d'y habiter en été, tant les exhalaisons qui s'échappent des environs en font un véritable séjour de la mort.

Le peuple y est, comme dans la plaine de Pæstum,

jaune, maigre, et chargé d'un ventre qui lui donne l'aspect le plus pitoyable. Dans les grandes chaleurs, jamais les troupes ne couchaient dans cette ville ni dans ses environs ; malheur à celui qui s'y serait endormi. De ces lieux magnifiques mais pestilentiels, on arrive à Drosi, joli petit village, mais qui fut toujours un coupe-gorge à cause de son voisinage avec les bois et la montagne.

Au commencement de 1807, une compagnie entière de soldats français y fut égorgée. Ils avaient reçu l'accueil le plus hospitalier ; toute la population s'était empressée de leur apporter des vivres et du vin, et les officiers avaient été invités à dîner chez le syndic. Trompés par ces apparences, les soldats, en sécurité, avaient formé les faisceaux et s'étaient dispersés çà et là. Les officiers eux-mêmes se livraient sans défiance au plaisir de la table ; on commença par eux. Des brigands, postés chez le syndic, entrèrent inopinément, se jetèrent sur ces malheureux et les poignardèrent. D'autres s'emparèrent des armes et quand les soldats voulurent les reprendre elles étaient aux mains de leurs ennemis, qui, poussant des cris de triomphe et de vengeance satisfaite, les égorgèrent tous sans pitié, au son des cloches de la paroisse.

Lorsque nous eûmes traversé ce lieu, qui nous parut encore fumant du sang de nos frères, nous nous acheminâmes vers Seminara ; mais, avant de gravir la montagne sur laquelle elle est bâtie, nous passâmes le Marro.

Je dois dire ici, pour n'y plus revenir, que tous ces passages de rivière s'effectuaient en se mettant dans l'eau, le plus souvent jusque sous les bras, suivant la saison. Dans les deux Calabres et la Basilicate, il n'existait peut-être pas deux ponts. On a bien essayé d'en construire ; mais le plus souvent ils sont entraînés bientôt par le courant, ou celui-ci change de place. Les bacs ne sont pas non plus en usage à cause de la rapidité des eaux, due au voisinage de l'Apennin d'où partent tous ces torrents.

Le Croti est, de tous les fleuves des Calabres, le seul que l'on traverse autrement que sur ses jambes ou sur un cheval ; encore cette traversée se fait-elle de la façon la plus bizarre,

Les passagers sont obligés de monter sur une charrette énorme traînée par des buffles, et conduite par un seul homme qui pique et crie sans cesse. C'est entre Cassano et Corigliano que l'on passe ainsi le fleuve le plus considérable des Calabres.

Seminara, comme la majeure partie des villes de ces contrées, a été détruite par le fameux tremblement de terre du 5 février 1783. Ses habitants échappèrent presque tous au désastre, mais ce ne fut que pour succomber ensuite aux maladies occasionnées par les exhalaisons méphitiques qui s'élevaient d'un lac formé par la secousse terrible. Les effets de cette secousse furent tels que des surfaces de plusieurs arpents de terre furent entraînées et superposées avec leurs arbres sur d'autres terrains. Lorsque j'étais à Seminara, il existait encore un homme qui racontait avoir été transporté l'espace de plusieurs centaines de mètres sur un oranger où il était monté pour cueillir quelques fruits, et, disait-il, ces bouleversements de terrains occasionnèrent un grand nombre de procès entre propriétaires. Celui de dessous disait : « J'étais adossé à cette colline, j'y suis encore, ce n'est pas ma faute si votre terrain a glissé sur le mien » ; celui-ci de dessus répondait : « Voilà mes arbres, mes bornes, la récolte semée par moi ; ce n'est pas ma faute si le tremblement de terre les a portés ici. »

Les magistrats étaient embarrassés ; il fut pourtant décidé que le maître du champ transporté prendrait la récolte pour une année seulement ; mais que celui qui n'avait pas bougé resterait maître du terrain, après toutefois que son voisin aurait emporté ses arbres, si cela lui convenait, et enlevé la terre qu'il jugerait nécessaire à la fertilisation de son ancienne propriété. Ce jugement me paraît assez juste.

En face de la ville, était une colline couverte de maisons de campagne entourées de charmants petits jardins ; tout cela disparut en une nuit, les malheureux habitants ne reconnaissaient rien. Non seulement la ville n'offrait plus qu'un amas de ruines, mais les montagnes même avaient changé d'aspect. Un seul monument resta debout dans cette malheureuse cité. Sur l'une des places de Seminara s'élevait une croix

de pierre, elle se contenta de faire un quart de conver-
sion, et comme elle était carrée et formée de plusieurs
blocs, chacun s'étant mû séparément, les angles ne se
correspondaient plus, ce qui lui donnait l'aspect le plus
bizarre. Je l'ai vue en cet état ; le peuple regardant ce phénomène comme un miracle, on se garda bien d'y rien
toucher, et ce fut autour de cette croix, miraculeuse-
ment conservée (pour parler comme les gens de Seminara) qu'ils se jetèrent à genoux et demandèrent à
Dieu la force de supporter leurs maux et le courage
nécessaire pour les réparer.

On ordonna des fouilles ; chacun y travailla avec
ardeur, et l'on sauva nombre de gens, notamment une
vieille femme qui, malade et dans son lit, avait été
protégée par des solives formant arc-boutant autour
d'elle, et vivait depuis trois jours de figues sèches qui
se trouvaient par hasard sur une claie et à sa portée.

Grâce à l'industrie de ses habitants, Seminara fut
assez bien rebâtie ; au temps où j'y passai, on y cons-
truisait une superbe église.

Un de ses habitants, simple charpentier, mais homme
de génie, était parvenu à détruire les mauvaises exhalaisons du lac, en y faisant passer les eaux du Marro ;
l'air était purifié et la population croissait chaque
année. Cet homme existait encore — bien que très
vieux en 1807.

Avant le tremblement de terre, il avait construit un
pont sur le fleuve dont je viens de parler ; il me raconta

que le 5 février, vers les 6 heures du soir, au moment de quitter les ouvriers qui étaient sur le pont à ramasser leurs outils, il était descendu sur le bord de la rivière pour contempler son ouvrage; tout à coup une secousse horrible se fait sentir, le fleuve semble retourner vers sa source, et le pont, se rompant, s'engloutit avec tous les ouvriers. Lui seul ne périt point, il voulut retourner vers la ville, mais il pouvait à peine se soutenir; il erra misérablement toute la nuit, et le lendemain, au jour, il se trouva sur les bords d'un lac qu'il n'avait jamais vu, c'est ce même lac, dont il fit, quelques années plus tard, écouler les eaux stagnantes en y ouvrant un lit au fleuve.

C'est à Seminara que le maréchal d'Aubigny battit les Espagnols en 1495, et qu'il fut défait par eux huit ans après en 1503. On voit encore sur les murs de la prison de cette ville un bas-relief en marbre blanc représentant la dernière de ces batailles. On s'est bien gardé d'y représenter la première. Ce monument était public; comme tous les Français, je l'ai regardé souvent dans mes différents voyages et ni moi ni mes amis, n'avons jamais été humiliés en le contemplant. Vainqueurs depuis si longtemps, nous jugions que les Français qui avaient été battus alors n'étaient pas dignes de porter le nom de Français.

— Tiens, disaient les soldats, ils prétendent que les Français se sont laissés échiner comme ça; pas possible, ce n'étaient que des imbéciles.

De Seminara, nous fûmes à Bagnara ; cette petite ville était absolument neuve, ayant été, comme Seminara, entièrement détruite en 1783. Elle est bâtie en amphithéâtre sur une montagne dont la base est baignée par la mer, une partie de la ville s'étend dans la plaine qui est au midi le long du rivage ; cette dernière partie est belle et ornée de magasins de toute espèce. mais le reste est tellement escarpé que les chevaux ne pourraient en gravir les rues.

Les femmes de Bagnara sont charmantes, ce qui expliquerait la fable des sirènes que l'on plaçait dans les environs. Au reste, bien que la plupart des habitants de cette ville se fussent réfugiés à Messine, j'ai vu beaucoup de Français qui, faute de s'être bouché les yeux et les oreilles, avaient trouvé des sirènes modernes tout aussi dangereuses que celles de la fable.

Le territoire de Bagnara est fertile en vin qui est de meilleure qualité que sur tout le reste de la côte. La vigne qui croit dans les environs de Bagnara est plantée sur un terrain escarpé et très pierreux ; on est forcé de le soutenir par des murs de pierres sèches s'élevant les uns au dessus des autres ; cette manière de tirer partie de la terre donne au pays un aspect tout à fait singulier. La côte de Bagnara, vue de la mer, ressemble à une succession de gradins sur lesquels on aurait disposé des arbustes et des guirlandes de fleurs et de verdure ; c'est d'un effet charmant. on voudrait

pouvoir s'y arrêter et grimper au travers de ces remparts de pierres et de fleurs qui tous, au sommet, sont
couronnés par des buissons de lilas, de rosiers et de
syringa, des figuiers, des grenadiers et des orangers.

Nous restâmes quelques jours à Bagnara, et j'en profitai pour prendre des bains de mer. Depuis plusieurs
mois (je l'ai dit), j'avais à la jambe une plaie inquié-
tante, malgré laquelle je venais de faire à peu près
cent lieues à pied, et qui, ayant résisté à tout traitement régulier, ne laissait pas que de me tourmenter
vivement, d'autant plus qu'elle semblait prendre un
caractère chronique et devoir durer éternellement ;
les médecins ne savaient que dire et moi pas davantage.

Arrivé à Bagnara, j'allai prendre des bains de mer.
Au premier bain, une légère pellicule se forma sur
cette plaie réputée incurable ; au second, cette pellicule
prit de la consistance ; après quelques bains, j'étais
radicalement guéri, et je puis certes me servir de cette
expression, car malgré les nombreuses fatigues que
j'ai éprouvées durant ma carrière militaire, je ne m'en
suis jamais ressenti.

Les habitants de Bagnara, ainsi que je l'ai dit plus
haut, s'étant presque tous réfugiés à Messine, avaient
abandonné leur dernière récolte de vin ; les caves
étaient pleines. On ne pouvait rester sans boire au
milieu d'une telle abondance, aussi ne s'en privait-on
pas. Une cave fut livrée à chaque compagnie, et le

capitaine était chargé de veiller à la distribution : elle
était copieuse et Dieu sait la joie et les chansons.
Du reste, nous avions grand besoin de cette ressource ;
car on ne trouvait dans cette localité qu'un peu de
bœuf et des oignons. Nous couchions sur la planche,
les habitants ayant emporté tous les lits ; mais le vin
faisait oublier tous ces petits inconvénients. Quant à
moi, j'avoue que, soit à cause de la guérison de ma
jambe, soit à cause de la gaîté inspirée par les flots de
la liqueur de Bacchus, c'est toujours avec plaisir que
je me rappelle Bagnara où, plus d'une fois, l'aurore
nous surprit chantant autour d'un broc de vin et de
quelques oignons.

Nous quittâmes ce lieu de jubilation pour nous rendre à Scilla. Les Français venaient de prendre cette
ville après en avoir fait le siège. Scilla est, comme
Bagnara, bâtie en amphithéâtre ; comme cette dernière,
elle a un petit port protégé par le rocher de Scilla,
rocher fameux par les fables auxquelles il a donné
lieu, et sur lequel se trouve un château très fort avec
une superbe citerne où l'on descend par un escalier.
C'est sur les écueils formés par ce rocher et qui s'étendent fort en avant en mer, que viennent échouer les
navires qui veulent éviter Charybde qui est en face près
du phare de Messine, et que les anciens ont regardé
comme un monstre qui, trois fois le jour, absorbe l'eau
et trois fois la rejette, ce qui n'est véritablement qu'un
effet du courant.

Le rocher de Scilla est taillé à pic, il renferme de profondes cavernes dont la plus spacieuse est appelée la Dragara ; les flots, en se précipitant avec impétuosité dans ces cavités, roulent sur eux-mêmes, se confondent, se brisent et produisent un bruit épouvantable qui, la nuit, ressemble aux aboiements d'une meute en fureur et se font entendre à plusieurs lieues en mer, même quand le temps est calme.

La description qu'Homère donnait du rocher de Scilla, il y a trois mille ans, est encore exacte aujourd'hui. Son sommet est presque toujours chargé de nuages, il est pyramidal et tellement uni et glissant par l'effet des vagues qui le battent sans cesse qu'il serait impossible de s'y tenir et d'en faire l'escalade.

Ce roc a tout bravé ; battu depuis tant de siècles par la tempête, ébranlé par des secousses de tremblement de terre, il est resté le même, et ferait vraiment croire qu'il appuie sa tête aux cieux et ses pieds aux enfers.

Les femmes de Scilla sont grandes, bien faites, peu chargées d'embonpoint ; elles ont les cheveux noirs, la peau éblouissante de blancheur ; leurs traits sont fins, et leur visage animé par des yeux noirs d'une splendide beauté. Leur costume est simple et consiste presque toujours en un jupon noir bordé de rouge, un corset noir laissant voir les manches de la chemise d'une blancheur de neige. Nulle part le luxe de la propreté n'est porté aussi loin ; les femmes de Scilla changent de chemise plusieurs fois par jour. Leurs bas sont rouges, leurs souliers à talons et à boucles ; elles relèvent leurs cheveux en nattes au moyen de longues épingles d'argent terminées par des boules de même métal. Comme leurs voisines de Bagnara, elles pourraient bien être les sirènes de la fable.

Je n'ai passé que peu de jours à Scilla ; je ne puis dire ce qui serait advenu si j'y fusse resté plus longtemps ; mais je sais bien que si mon cœur ne parla pas plus pour l'une que pour l'autre de ces enchanteresses, c'est que je les aimais toutes ; il m'eût été impossible de faire un choix.

De tous les environs, on envoie laver le linge à Scilla ; il y acquiert une blancheur toute particulière, et cependant on ne fait que le savonner dans une fontaine tout près de la mer ou dans des trous que l'on creuse dans le sable à trente ou quarante pas du rivage, où l'eau arrive douce et non salée comme on pourrait le croire.

J'ai dit que le rocher de Scilla, sur lequel est assis le château fort, est tellement uni et glissant qu'il est impossible d'y grimper. Ce fut cependant par cette voie que les Anglais évacuèrent la place. Ils avaient pratiqué une échelle qui communiquait de la mer à une porte de secours ; là, de petites barques vinrent les prendre pour les porter sur leurs vaisseaux, tandis que des chaloupes canonnières les protégeaient contre toute tentative du côté de la terre, d'où l'on n'aurait pas même pu les atteindre avec le canon, à cause de l'avancement du roc.

J'ai vu cette espèce d'escalier, et j'affirme qu'il fallait avoir bien envie de fuir pour s'y hasarder, surtout pendant la nuit, comme ils le firent ; mais je reste persuadé qu'ils perdirent beaucoup de monde en opérant cette retraite. Quoi qu'il en soit, je doute qu'ils escaladent aussi bien qu'ils descendent.

Les Français s'attendaient si peu à ce tour de force, que le lendemain on fut tout étonné de ne plus apercevoir personne et les soldats disaient :

— Ma foi, on essaierait encore d'y monter malgré eux ; mais à peine oserait-on en descendre.

Au reste, messieurs les Anglais pourraient souvent dire avec Virgile :

Dolus aut virtus, quis in hoste requiret.

Car souvent la ruse, et quelque chose de mieux, les a sauvés de nos mains ; tandis qu'ils réservaient leur courage pour une meilleure occasion, ce qui (par parenthèse) leur a pas mal réussi.

Pour aller de Scilla à Reggio, on suit un chemin très étroit suspendu à mi-côte parmi des rochers escarpés ; on laisse à sa droite la tour de Cavallo, bâtie sur un rocher qui termine la montagne et s'avance dans la mer, c'est le point le plus rapproché de la Sicile ; il n'y a guère plus d'une demi-lieue, et les boulets traversaient facilement d'un rivage à l'autre ; aussi, Dieu merci, on en échangeait quelques-uns.

Pas un bâtiment anglais ne passait dans le détroit sans recevoir une décharge de toutes nos batteries, et pas un détachement français ne se montrait sur la côte Calabraise sans être salué de la même façon par nos voisins de la Grande-Bretagne.

Ce chemin, ou sentier, qui n'est praticable que pour les mulets ou les hommes à pied, suit la côte jusqu'au moment où l'on arrive dans une vallée, ou pour mieux dire dans le lit d'un torrent au-dessus duquel est bâtie la charmante maison de campagne de la famille Caraccioli. De là, on voyait jusqu'au Pizzo qui forme une pointe dans la mer, au bout de laquelle nous avions aussi une batterie, dont les canons, tirés à toute volée, portaient jusqu'en Sicile.

Près de là, sur une hauteur, on voit le bourg de Piale ; mais nous passâmes en dessous et arrivâmes à Campo, joli village près du lit d'un torrent, qui tantôt est à sec, et tantôt coule avec impétuosité et cause de grands dégâts. Au milieu de ce beau pays s'élevaient plusieurs palmiers. Campo n'est pas tout à fait au bord de la mer, et en est séparé par un territoire planté de vignes et peuplé de hameaux tous bâtis à neuf, toujours à cause du tremblement de terre de 1783. Les maisons en sont basses et faites en manière de baraques, c'est-à-dire en solives croisées dont l'intervalle est rempli avec des briques, de la chaux et du ciment ; de cette façon, elles résistent aux secousses.

A partir de Campo, le terrain va en s'élevant

jusqu'au sommet de l'Aspromonte qui domine toute la
Calabre, formant différents plans sur lesquels on
avait établi des camps occupés par nos détachements.

Les principaux étaient ceux de la Melia, celui de
Sirisi, où s'élevait un télégraphe qui communiquait
avec celui de Ponte-Melia, village à un demi-mille de
Reggio sur le bord de la mer. Au midi de Campo,
sur une haute montagne presque isolée, on aperçoit de
loin le château de Fiamara di Muro, et au bas, se
prolonge, dans une riche vallée, le charmant village
de Rosali dont les maisons sont toutes entourées
de jardins et de superbes vergers d'orangers, de
citronniers, bordés de haies de grenadiers entremêlés
d'aloès. On ne peut se figurer la beauté de ce vallon ;
au milieu, coule un torrent écumeux contre les fureurs
duquel les habitants ont opposé des digues qui mettent
leurs héritages à l'abri. Ce hameau ne va pas jusqu'au
bord de la mer, la route qui mène de Campo à San
Giovanni passe entre elle et lui ; avant d'arriver à ce
dernier endroit, on trouve encore une vallée.

Nous traversâmes ces lieux enchanteurs pour
continuer notre route, et après avoir franchi un autre
torrent dont le lit est rempli de cailloux et de fragments
de rochers énormes, nous arrivâmes à La Catona,
bâtie sur les bords de la Méditerranée et où nous
avions des batteries. Ici, le chemin est une succession
de maisons, de jardins et de vignes, jusqu'à Pentinella, et tout son parcours est dominé par une chaîne

de rochers escarpés et arides de couleur blanchâtre
qui va en s'aplanissant jusque vers le château de
Reggio. Enfin, après avoir encore traversé un autre
torrent, nous entrâmes dans le faubourg Santa Lucia
et ensuite dans Reggio.

Reggio est, selon moi, l'une des plus jolies villes
qu'on puisse voir. Son nom ancien était Regina
Julii, c'est là que débarqua saint Paul en revenant de
Grèce, aussi sa cathédrale porte-t-elle sur son fronton
ce verset des actes des Apôtres :

Inde circumlegentes devenimus Rhegiu

Elle est entièrement rebâtie à neuf, ayant été détruite
par le tremblement de terre du 5 février 1783.

Les rues de Reggio sont presque toutes tirées au
cordeau, excepté celles des faubourgs et celles qui
avoisinent le château, lequel domine toute la cité.

La principale de ces rues n'est pas pavée, mais le
terrain y est si uni qu'il ne s'y forme presque jamais de
boue ; elle est d'ailleurs bordée de trottoirs en pierre
de taille.

Au milieu de cette rue, se trouve une place sur
laquelle s'élève la cathédrale dont je viens de parler et
d'où part une autre rue très belle aussi, qui se termine
par une rotonde s'avançant sur la mer qui la baigne et
au milieu de laquelle jaillit une fontaine. Cette rotonde
est soutenue par des colonnes, formant portique circu-
laire, d'où l'on voit Messine, les montagnes de la

Sicile et l'Etna. Au sud, il subsiste encore deux grosses tours servant de batteries et sur le terre-plein de l'une d'elles une caserne. Au nord. un joli quai bien planté de magnifiques platanes est bordé de magasins, de maisons particulières et de superbes casernes ; à l'extrémité de ce quai, une autre tour sert également de batterie.

Les habitants de Reggio sont polis, affables, hospitaliers ; les femmes, sans être aussi belles qu'à Scilla, et Bagnara, sont plus aimables et ressemblent aux Françaises, elles sont jolies. Pendant le temps que je suis resté dans cette ville, j'ai suivi assidûment les conversations : c'est ainsi qu'on appelle les réunions du beau monde ; on s'y amusait beaucoup et le meilleur ton y régnait ; elles se terminaient toujours par la danse.

On fait à Reggio une quantité considérable de vers à soie ; mais c'est particulièrement dans les faubourgs et la campagne qu'on se livre à l'éducation de cet insecte. Il y a de nombreuses fabriques de bas de soie.

Les environs de Reggio sont de toute beauté ; partout des jardins ; je ne crois pas qu'il existe un village plus agréable que celui de Le Marro, qui est comme un faubourg de Reggio dont il n'est séparé, au midi, que par un torrent généralement à sec. Ses habitants fabriquent une quantité prodigieuse de soie, et une non moins énorme quantité d'essence de citron, d'orange et de bergamote.

La fabrication de ces essences s'obtient en coupant l'écorce de ces fruits en morceaux que l'on presse contre une éponge qui s'imbibe de l'esprit qui en sort, et que l'on exprime quand elle en est remplie. Dans la saison, les bœufs se nourrissent de ces résidus, ce qui donne à leur chair une saveur détestable.

Ce fut le 2 mai 1808 que nous arrivâmes à Reggio. L'air était embaumé des plus doux parfums, et l'atmosphère si calme que le grand drapeau tricolore hissé sur la plus haute tour du château retombait mollement sur sa hampe. La fumée de l'Etna s'élevait perpendiculairement dans les airs ; pas une barque ne troublait l'immuable tranquillité du détroit. La chaleur était forte, mais non accablante, la campagne déserte ; pas un oiseau ne chantait ; la cigale seule faisait entendre son cri monotone. Le soldat, silencieux, s'avançait au milieu de ce pays qui nous paraissait comme enchaîné sous un pouvoir magique ; le télégraphe signalant notre arrivée agitait ses grands bras sur l'azur du ciel. Dans la ville où nous entrâmes, même silence, même tranquillité. Nous traversâmes la grande rue, elle était déserte, personne dans les maisons. Sur la place, le bruit de nos pas était le seul qu'on entendit, et quand ils cessèrent, tout rentra dans le silence. Nous nous regardions sans rien dire et commencions à ressentir une vague inquiétude, car nous savions qu'il y avait de la garnison, quand un adjudant de place s'avança vers notre commandant, et nous apprit qu'en présence des phénomènes singuliers qui annoncent le passage de la fée Morgana dans le détroit, la population entière était sur le rivage ainsi que les troupes, à l'exception de celles du château que nous n'avions pu voir, et qui surveillaient les approches de la ville du côté de la terre. En même temps, on nous fit faire par le flanc droit et nous fûmes bientôt en bataille sur le quai, au milieu d'une foule immense qui garnissait le rivage, occupait les toits, les terrasses, les fenêtres, et attendait silencieuse l'apparition de la Fata Morgana.

Je commençais à croire que tout ce monde était frappé de folie, lorsque la mer, qui jusque-là avait été légèrement ridée et qui, par gradation, s'était élevée de plusieurs pieds, devint unie comme une glace et d'une immobilité parfaite. Chacun avait les yeux fixés sur le rivage de Messine et disait à voix basse : « La voilà, la voilà ! » A peine osait-on respirer.

Ce calme parfait durait depuis quelques minutes, quand toute cette multitude se mit à pousser des cris de joie, à lever les bras, à faire des saluts. Je regardai le rivage de Messine, et je vis cette ville et toute sa population aussi distinctement que si elle n'eût été qu'à quelques centaines de pas, et cependant nous en étions à deux lieues. Tout se réfléchissait dans l'eau, les objets il est vrai paraissaient renversés; mais on les distinguait parfaitement; on voyait aux fenêtres les dames agitant leurs mouchoirs, les hommes élevant leurs chapeaux, la garnison anglaise sous les armes, des carrosses et des cavaliers se promenant sur le rivage, et tout cela tellement rapproché qu'on pouvait distinguer et reconnaître les personnes. J'étais dans le ravissement, et je ne pouvais me lasser d'admirer un spectacle si nouveau pour moi. Mais, au plus fort de mon attention, mes yeux furent particulièrement attirés par la vue d'une jeune femme placée sur l'une des tours du fort bâti à l'extrémité du môle, et qui agitait un mouchoir blanc. Dans la tournure et l'ensemble de cette jeune femme, je crus reconnaître la perfide Bettina de Resina; mon cœur battait, et j'aurais donné beaucoup pour éclaircir mes doutes, quand une légère brise, s'élevant du nord, vint rider la surface de la mer; le miroir magique se brisa, et tout disparut.

Les arbres commencèrent à frissonner légèrement; le drapeau tricolore se soulevant graduellement se déploya majestueusement dans les airs, la fumée de l'Etna et celle du Stromboli prirent une direction oblique, la garnison rentra dans ses quartiers, chacun regagna sa maison et la foule s'écoula bientôt.... Nous mêmes allâmes prendre possession de la caserne qui nous fut désignée. Seul, mon cœur ne put retrouver le calme. L'image de Bettina s'obstinait à rester devant mes yeux; c'était bien elle que j'avais vue, et des souvenirs tout à la fois tristes et doux se présentaient à ma mémoire. Mais pourquoi penser à cette traîtresse? Je m'efforçai de chasser la vision, sans cesse elle revenait, et mon sommeil ne fut pas exempt de rêves.

Je ne crois pas qu'on puisse jouir d'un spectacle plus surprenant que celui qu'offre le phénomène de la Fata Morgana. Je laisse aux savants le soin d'en expliquer les causes. Pour moi, j'aime mieux croire avec les habitants du pays la gracieuse fable de la Fata Morgana, traversant les airs sur un char de feu invisible, et qui, d'un coup de sa baguette, opère ce prodige pour célébrer son passage, passage, ayons bien soin de le dire, qui n'a lieu qu'une fois par an, et toujours au mois de mai ou de juin.

Le commencement de notre séjour à Reggio n'eut rien qui soit digne d'être noté en détail. On prenait les armes une heure ou deux avant le lever du jour, qui produit dans ces contrées les effets les plus admirables. La cime du Gibel, frappée de ses premiers rayons lorsque tout est encore dans l'ombre, paraît d'abord comme un astre sur l'horizon; un instant après, les côtes de la Sicile se colorent d'une teinte aurore tandis que celles de Calabre prolongent leur ombre sur le détroit; enfin, le soleil s'élève au-dessus du cap Spartivento, tandis que la brise du matin vous arrive embaumée du parfum de l'oranger.

L'armée anglaise, chaque matin, ne manquait jamais de tirer un coup de canon, appelé le coup de la Diana, dont le bruit, renvoyé par la masse de l'Etna contre celle de l'Aspromonte, produisait un admirable écho résonnant majestueusement dans les airs, et pour me servir de la phrase italienne, qui me paraît beaucoup plus expressive que la française, je dirai que « Questa canonnata, maestosamente ribombada nella aerana regione. »

Curieux de contempler ces merveilles, je partis une nuit, accompagné de mon camarade Armand que j'avais eu le bonheur de retrouver, et nous gravîmes les rochers qui s'élèvent au nord de Pentinella. Arrivés péniblement sur leur sommet avant que celui de l'Etna fut doré par les rayons du soleil, nous fûmes amplement payés de nos fatigues. La scène était sublime !

Ce jour-là, une flotte anglaise venant de Melazza et doublant la pointe du phare, entrait à pleines voiles dans le canal ; nous la vîmes, bravant le bouillonnement de Charybde, suivre le courant qui lui était favorable, et poussée par un bon vent, s'avancer majestueusement dans le milieu du détroit. Elle se composait de deux vaisseaux de ligne, de deux frégates, d'un brick et d'une corvette. Leurs voiles, blanchies par la première lumière du jour, ressemblaient aux ailes du cygne et nos yeux ne pouvaient s'en détacher. Tout à coup, la batterie de Torre del Cavallo l'ayant saluée de plusieurs décharges de son artillerie, elle disparut, enveloppée dans un nuage de fumée, et un instant après, une détonation terrible, qui produisit un roulement prolongé tout le long des côtes, nous annonça que le premier vaisseau avait lâché sa bordée. A peine l'écho s'était-il affaibli que le second vaisseau le fit résonner d'une manière aussi terrible, et tous les autres bâtiments suivirent son exemple.

Je tremblais pour ceux qui essuyaient un feu aussi bien nourri ; mais un nuage de fumée s'élevant au-dessus du rocher qui nous cachait notre batterie nous prouva que, loin d'être démontée, elle continuait à tirer avec opiniâtreté. Nous voyions même les boulets faire rejaillir l'eau autour des navires anglais dont certainement quelques-uns furent atteints. Quoi qu'il en soit, la flotte continua sa route pour être de nou-veau saluée par la batterie de Pezzo à laquelle elle ne jugea pas à propos de répondre ; enfin, nous la vîmes entrer dans le port de Messine et un silence profond succéda au fracas de l'artillerie.

Après avoir joui de ce spectacle, nous regagnâmes Reggio.

Vers ce temps se place un épisode sans importance pour ce récit, mais qui, personnellement, m'intéressa vivement.

Un jour que je me promenais sur le bord de la mer, j'aperçus au milieu du canal une barque portant un drapeau parlementaire, j'eus la curiosité de l'attendre. Quand elle fut assez près pour qu'on put distinguer les personnes, je reconnus qu'elle contenait quatre marins, un jeune homme assis à la poupe et un nègre vêtu à la turque. A mesure qu'elle avançait, il me semblait que les traits du jeune homme ne m'étaient pas inconnus, cependant je doutais ; car quelle personne de ma connaissance pouvait arriver de Sicile ? Plus la barque approchait, plus la figure de celui qui était à la poupe me paraissait être celle d'un mien parent. Enfin, quand elle toucha le bord et que la personne qui excitait ma curiosité sauta sur la plage, je reconnus, à n'en pas douter, un cousin que j'avais vu pendant quelques jours durant mon passage à Lyon ; pour lui, il ne me reconnut pas tout de suite. Je brûlais du désir de l'interroger ; mais, craignant de me tromper, je l'abordai avec une certaine retenue, et l'ayant salué, je lui demandai s'il ne se nommait pas v... s... o... ?

— Oui, monsieur, me répondit-il, fort étonné.

— Eh bien, m'écriai-je, vous êtes mon cousin, et, sans lui donner le temps de se reconnaître, je lui sautai au cou et l'embrassai de tout cœur, tant j'étais heureux de retrouver un parent à quatre ou cinq cents lieues de mon pays.

— Mon Dieu, monsieur, me dit-il, quand il put parler, je crois bien vous reconnaître ; mais je vous prie, rappelez-moi votre nom.

— Je me nomme Rémi d'Hauteroche !

Ce fut lui alors qui se précipita à mon cou, et je sentis même ses larmes mouiller mon visage.

— Hélas ! mon cher cousin, excusez-moi, s'écria-t-il, je viens d'être si malheureux que la liberté dont je jouis me semble un rêve et j'en suis tout étourdi. J'ignorais que vous fussiez militaire et votre habit vous rendait méconnaissable à mes yeux ; d'ailleurs vous vous êtes singulièrement développé depuis notre dernière entrevue. Combien je suis heureux de vous rencontrer ! Depuis longtemps isolé, expatrié et tout récemment persécuté, j'avais grand besoin de trouver un ami.

Je m'offris à lui servir de guide à Reggio et à lui chercher un logement ; notre table lui fut ouverte, et mes camarades le comblèrent de politesses. Quand il se fut présenté chez le général, qu'il eut renvoyé sa barque et qu'enfin il put disposer de son temps, nous nous rendîmes dans le logis que je venais de lui procurer et il me conta ses aventures.

« — Vous devez vous rappeler, mon cher cousin, que lorsque nous nous rencontrâmes à Lyon, chez notre oncle de Rocquemont, je revenais de Paris où j'étudiais pour entrer dans la diplomatie. Peu de temps après vous avoir vu, je retournai dans cette ville, et ayant terminé tous mes cours de langues orientales, j'obtins un emploi de drogman ou interprète, et je reçus l'ordre d'aller rejoindre le consul français au Caire. Plein de joie d'entreprendre un aussi beau voyage, je me rendis aussitôt à Marseille où je m'embarquai vers la fin de 1806 sur un bâtiment neutre.

« Nous mîmes à la voile, et notre navigation fut assez heureuse jusqu'en vue du cap Tavolara, au sud de la Sardaigne. En cet endroit le vent qui nous avait toujours été favorable changea brusquement et devint si furieux que, malgré les manœuvres habiles du pilote, nous fûmes bientôt jetés de l'autre côté du promontoire de Toro contre lequel nous faillîmes échouer ; il nous fut dès lors impossible de regagner le large, et le capitaine ordonna de relâcher dans une anse qu'il connaissait, ayant déjà parcouru plusieurs fois ces parages.

« Comme on ne pouvait savoir le temps qu'il faudrait passer dans cet endroit, il fut décidé qu'on enverrait à terre un canot avec quelques hommes dans le but de faire de l'eau. Connaissant la langue italienne, je demandais à les accompagner. J'étais bien aise de gagner les bonnes grâces du capitaine ; sur un navire, il est toujours bon d'être bien avec celui qui en est le maître : mes offres furent acceptées.

« Craignant les habitants, qui n'aiment pas beaucoup les étrangers, nous demeurâmes près du rivage et eûmes le bonheur de trouver une très abondante source. Deux jours s'étaient écoulés depuis notre station dans ces parages ; le troisième, un vent favorable nous permit de remettre à la voile et nous poussa vers la Sicile. Nous voguâmes ainsi l'espace de quarante lieues, et nous nous disposions à passer entre Malte et les côtes d'Afrique, quand le vent, prenant une autre direction, nous porta rapidement en vue de Stromboli. Le capitaine qui connaissait parfaitement

cette île, manœuvra pour s'en tenir éloigné, et je lui
en demandai la raison.

« — Voilà, me dit-il, quand bien même nous serions
assaillis par une tempête, il nous serait impossible de
nous mettre à l'abri le long des côtes de ce volcan, car
il ne s'y trouve ni ports, ni anses, il faudrait absolument
tirer notre navire à terre, et bien qu'il ne soit pas gros
la chose serait impossible ; en outre, dans ces parages,
la mer est toujours agitée, les vagues sont d'une hauteur prodigieuse et le fond hérissé de rochers. Il n'y a
dans l'île que deux sources d'eau douce et l'on y voit
que des oiseaux de passage. Comme la fable place dans
cette île le séjour d'Eole, les habitants ont la prétention
de prévoir, et partant de prédire les tempêtes.

« Tandis que le capitaine parlait, le vent avait diminué
et le navire, poussé par une bonne brise sud-ouest, se
rapprochait de l'île que nous apercevions comme un
grand fanal ; la nuit était venue et la vapeur qui sort
du cratère et ressemble le jour à une épaisse fumée,
devient à cette heure une flamme qui éclaire tous les
environs. Je conçus le désir d'y prendre terre ; mais
j'attendis le jour pour faire part de mon projet au capitaine ; il y consentit avec plaisir et me donna le canot
avec quatre matelots.

« Nous débarquâmes sur la plage du côté de la
Calabre, et après avoir tiré notre canot à terre et laissé
deux hommes pour le garder, je m'acheminai avec
les deux autres vers le village situé au bas de la mon-

tagne, sous prétexte d'acheter des figues et des possolines (1), mais en réalité pour observer le pays. Je le
trouvai sablonneux et brûlant ; mais autour des habitations il était charmant. Le village me parut joli et
les habitants me semblèrent être dans l'aisance. Comme
je me gardai bien de parler français, on me crut italien ;
je fus reçus à merveille, c'était à qui me vendrait du
raisin et des figues ; les femmes surtout se montrèrent
les plus empressées, et j'eus le temps d'observer
qu'elles étaient toutes d'une beauté remarquable. Je
ne vis rien qui indiquât la misère, et si j'eusse été libre
de mon temps, je serais volontiers resté plusieurs jours
dans cette île. Quelques paysans m'ayant dit que la
fumée du cratère annonçait un changement de vent,
je fis porter mes acquisitions dans le canot, et nous ne
tardâmes pas à rejoindre le navire. Mais, je dois
l'avouer, je pensai longtemps aux femmes de cette île ;
leur beauté m'avait exalté l'imagination et rendit
mon isolement plus pénible.

« J'étais donc dans des dispositione assez tristes
lorsque le capitaine nous annonça qu'il avait besoin de
relâcher à Lipari. Comme je ne respirais que nou-
veautés et changements, je fus ravi de cette résolution.
Je m'étais muni d'un passeport italien, et, parlant
parfaitement cette langue, il m'était aisé de garder
l'incognito !

---

(1) Raisins de Corinthe.

« Nous prîmes pavillon sicilien et débarquâmes vers le commencement d'octobre; nous devions demeurer plusieurs jours, le capitaine ayant des affaires à régler ; je pris un logement en ville. Hélas ! mon ami, c'est ici que commence l'un des plus grands bonheurs et aussi un des plus grands malheurs de ma vie.

« J'étais depuis deux jours dans mon logement lorsque j'y tombai subitement fort malade : je payais mon tribut au climat. Durant les deux premières matinées, je m'étais levé avec le soleil ; ce jour-là, j'étais encore dans mon lit à dix heures du matin, et tellement faible, tellement souffrant, que je ne trouvai même pas la force de me lever pour me procurer de l'eau. Cependant, succombant à la soif qui me dévorait, je me mis à appeler à l'aide. Je n'avais vu dans la maison qu'un homme de figure assez rébarbative, et une vieille gouvernante qui ne le cédait en rien à son maître ; je m'attendais donc à voir entrer l'une de ces deux personnes. Jugez de mon étonnement : ma porte s'ouvre, et j'aperçois une jeune fille plus belle que Psyché. Elle se tenait près de la porte entr'ouverte, et son premier mouvement en me voyant dans mon lit fut de se retirer; mais sa vue m'ayant un peu ranimé, j'eus la force de lui crier :

« — Signora ! Signora ! ayez pitié de moi, je suis malade à mourir.

« A ces mots, plus légère qu'une sylphide, cette créature charmante fut auprès de mon lit.

« — Vous êtes malade signor, me dit-elle avec bonté, que puis-je pour votre service ?

« — Je meurs de soif, répondis-je.

« — Poveretto ! s'écria-t-elle.

« Au même instant elle disparut, mais revint bientôt avec une carafe d'eau frappée, et en même temps elle m'apportait des morceaux de neige.

« — Buvez, buvez, et ne craignez pas de manger de cette neige, c'est le seul remède au mal dont vous êtes atteint.

« En effet, ce traitement observé pendant quelques jours et une saignée, me remirent absolument. Mais hélas ! si le corps était guéri, le cœur était bien malade. Aussitôt que je pus me lever, je m'empressai de me rendre dans l'appartement de celui que je supposai le père de Zélina, c'est ainsi que se nommait la jeune fille, mais elle n'y était pas. Après être resté quelques instants par bienséance, je sortis et regagnai tristement ma chambre, quand j'entendis une douce voix prononcer distinctement ces mots : « Demain matin, « au lever du jour, allez vous promener sur le haut de « la montagne, dans une vigne où vous verrez un « figuier beaucoup plus haut que tous ceux des envi- « rons et un banc de gazon au-dessous. »

« J'étais encore un peu souffrant mais ces paroles me rendirent la vie. Sur le soir, je m'endormis, et les plus doux rêves vinrent embellir mon sommeil.

« Le lendemain, avant même le lever de l'aurore,

j'étais sur le penchant de la montagne cherchant des
yeux le bienheureux figuier. Je l'aperçus bientôt, s'élevant magnifique au-dessus du banc de gazon, placé de
façon à voir au loin sur la mer. Je ne doutai pas que
ce ne fût là le lieu de rendez-vous, et, comme mon cœur
battait avec violence, je m'assis aussitôt.

« Ah ! mon ami, j'aimais pour la première fois. Quel
sentiment doux et terrible tout ensemble... J'étais là
depuis environ une demi-heure, quand j'aperçus de
loin flotter un voile blanc qui dérobait au yeux les
traits d'une femme vêtue d'une robe noire, et qu'accompagnait une servante. Mon cœur me dit que c'était
Zélina et je m'empressai de courir à sa rencontre.
Aussitôt qu'elle me vit, elle s'arrêta et regarda d'un air
inquiet dans la direction de la ville ; mais, sa compagne
lui ayant dit quelques mots en lui faisant du doigt un
signe que je ne compris pas, elle se rapprocha de moi.
J'étais déjà à ses pieds.

« — Relevez-vous, me dit-elle, d'ici on peut nous
voir.

« Je lui pris la main, la lui baisai et la conduisis
jusque sur le banc. Les branches du figuier étaient
relevées par des perches, elle dit à sa servante de les
enlever, et aussitôt les branches en s'abaissant for-
mèrent une sorte de cabinet de verdure autour de
notre siège.

« — Voilà, me dit-elle, le lieu solitaire où je viens
quelquefois oublier mon malheur !

« — Vous, malheureuse ! m'écriai-je, vous, divine Zélina, le malheur n'est point fait pour vous.

« — Et pourtant il n'est que trop réel, et ses yeux se remplirent de larmes,

« J'étais encore une fois à ses pieds...

« — Ah ! belle signora, lui dis-je, parlez, parlez, faites-moi connaître ce qui cause votre malheur et peut-être pourrai-je y porter remède.

« — Hélas ! signor, il y a peu de mois j'avais ma mère, la mort me l'a enlevée, je suis restée seule, abandonnée, et celui qui devrait me protéger est devenu mon persécuteur.

« — Expliquez-vous, de grâce.

« — Oui, et vous allez me comprendre et me plaindre. Le maître du logis que vous occupez est mon parent et mon tuteur; pour avoir mon bien, il veut m'épouser, et moi je le hais !

« Le croiriez-vous, mon ami, ces paroles de Zélina me remplirent de joie ; mais une pensée soudaine ramena le trouble dans mon âme.

« — Vous le haïssez, dites-vous ; mais peut-être en aimez-vous un autre ?

« A ces mots, Zélina devint aussi rouge que le corail de ses lèvres et sa main trembla dans la mienne. Pour moi qui étais encore affaibli par la maladie, je pâlis et mes yeux interrogèrent ceux de Zélina. Je lui dis alors tout ce que mon cœur renfermait d'amour et j'acquis la certitude d'être aimé... Je la couvris de baisers et lui jurai de ne plus la quitter. Pour toute réponse, elle me montra la mer.

« —Non, lui dis-je, je ne partirai pas, ou si je pars tu viendras avec moi.

« — Vous suivre ! fit Zélina ; mais un jour vous m'abandonnerez.

« — Jamais ! m'écriai-je, jamais ! et à force de serments et de tendresse je parvins à la convaincre. Alors elle se jeta de nouveau dans mes bras et nous nous jurâmes un éternel amour,

« Mais Lilia, la suivante, s'étant approchée, regarda sa maîtresse d'un air inquiet et lui fit signe de partir.

« — Le signal est à la fenêtre ajouta-t-elle.

« Zélina m'expliqua alors que la vieille femme qui me paraissait si méchante, était au contraire une excellente personne, tout à fait dans leurs intérêts, et qu'au moyen d'un pot de fleurs placé sur une fenêtre elle annonçait le départ et l'arrivée du tuteur et tous les risques que l'on pouvait courir.

« Il fallut se dire adieu. Zélina et sa suivante Lilia reprirent le même chemin ; moi je fis un détour.

« Tandis que je parcourais l'espace qui me séparait de mon logis, que de réflexions vinrent à ma pensée ! et comme je me dirigeais du côté du port, je rencontrai le capitaine du navire.

— « Eh bien, mon jeune ami, s'écria-t-il en me voyant, j'espère que vous voilà complètement rétabli ? Nous mettrons à la voile demain soir, si le temps le permet.

17

« Ces paroles me firent tressaillir et je changeai de
couleur, le marin s'en aperçut et m'en demanda la
raison.

« — Je suis le plus malheureux des hommes si vous
ne venez à mon secours, fis-je en lui prenant les
mains.

« — De quoi s'agit-il donc ?

« Je lui confiai alors toute mon aventure. Il commença par se récrier, me traita de jeune homme
inconsidéré, voulut me prouver que tout cela n'était
qu'amourette, affaire d'un moment ; mais je rejetai
ses conseils, et voyant que ma résolution était irrévo-
cablement prise, il finit par consentir à m'aider dans
mon projet.

« Cet homme était Américain, il aimait les Français,
et peut-être avait-il été amoureux. Le fait est qu'il prit
pitié de moi et promit d'emmener à son bord Zélina
et sa suivante.

« — Vous me rendez la vie, lui dis-je en lui serrant
les mains, et ma reconnaissance est sans bornes. Je
paierai d'ailleurs leur passage comme le mien.

« — C'est bon, c'est bon, me dit-il, ne parlons plus
que des moyens à employer pour faire embarquer
votre maîtresse et sa compagne.

« Il fut alors convenu que trois des matelots du
bord se rendraient chez le tuteur pour lui acheter du
vin de Malvoisie, et, pendant le temps qu'on ferait le
marché, la signora, enlevant ce qu'elle voulait empor-

ter, serait conduite par moi à bord du navire. Les matelots remettraient au lendemain et le paiement et l'embarquement du vin, et, comme il était muni de la permission de mettre à la voile, il gagnerait le large aussitôt après notre embarquement.

« Je sautai de joie en formant ce joli plan, et je courus chez Zélina. Je lui appris que tout était convenu et lui rendis compte de mes projets, A mesure que je parlais ses traits exprimaient la joie. Ah ! mon ami, qu'elle était belle !...

« — Je vais donc être à toi pour la vie, s'écriat-elle ! Jure encore que tu ne m'abandonneras jamais.

« — Ah ! Zélina, j'en renouvelle ici le serment.

« A ces mots, elle me couvrit de baisers et de larmes ; puis, se dégageant de mes bras, aussi légère qu'une gazelle, elle rentra dans sa chambre où je suppose qu'elle fit ses préparatifs.

« La nuit venue, je me mis au lit ; mais je ne pus dormir. Je me forgeais mille dangers, mille obstacles. Le jour parut enfin et je ne fis qu'aller du port à la maison, puis je payai mon hôte et le prévins qu'on viendrait pour lui acheter du vin de Malvoisie.

« — Je n'en ai point, me dit-il brusquement.

« Je faillis me trahir à cette réponse. Il se doute du complot, pensai-je.

« — Cependant on a dit au capitaine Williams que vous possédiez le meilleur de toute l'île.

« Il sourit à ces mots, et ce sourire me ramena la vie.

« — J'en ai, il est vrai, reprit-il ; mais il est trop cher.

« — Si ce n'est que cela, on vous le paiera ce que vous voudrez.

« — Eh bien ! nous verrons.

« Le soir arriva, je n'avais pas revu Zélina ; le soleil était couché et les matelots n'arrivaient pas. Enfin, on frappa à la porte et je reconnus leur voix. Ils demandèrent le Malvoisie ; le tuteur se fit prier, puis en apporta ; on débattit le prix : il fut convenu qu'on en prendrait une certaine quantité, et que le lendemain, au point du jour, on le ferait transporter à bord et que, là, il serait payé.

« Pendant ce temps je m'étais glissé à la porte ; j'y étais depuis un moment quand le maître de la maison m'appela. Voyant que je venais du dehors.

« Que faisiez-vous là ? demanda-t-il d'un air inquisiteur.

« — Ma foi, lui dis-je, j'observais les étoiles pour essayer de deviner si nous aurons demain un temps favorable.

« — Vous n'avez pas l'air d'un homme à contempler les étoiles, fit-il de mauvaise humeur.

« Puis il ajouta entre ses dents :

« — Heureusement il part demain.

« Cependant, l'heure s'avançait et Zélina ne se faisait pas encore entendre. Comment m'y prendre pour retourner à la porte ; tout me semblait perdu.

Les matelots que j'avais grassement payés, voyant mon embarras, prolongèrent le marché en demandant à voir des possolines et des figues ; elles étaient dans un magasin au fond d'une cour, où ils allèrent ensemble. Aussitôt qu'ils furent sortis, Zélina parut. Elle était vêtue en homme ainsi que sa suivante, qui portait une cassette et un léger paquet.

« — Restez, me dit-elle, j'irai seule vous attendre au port.

« Je répugnais à la laisser partir ; mais elle referma vivement la porte et disparut. La vieille servante qui était restée fondait en larmes et se jeta à mes pieds.

« — Je vous confie celle que j'aime plus que ma vie, ne l'abandonnez jamais.

« Elle allait continuer quand nous vîmes revenir le tuteur et les matelots ; à mon air riant, ils virent que l'oiseau s'était envolé.

« — Allons, dirent-ils, il est temps de partir. A demain, signor patron.

« — Adio, dit ce dernier.

« Il ferma la porte avec empressement et nous nous acheminâmes vers le port. J'y arrivai le premier et fut droit au canot qui nous attendait.

« — Avez-vous vu quelqu'un ?

« — Non, personne.

« Mon sang se glaça, et j'étais prêt à me livrer au désespoir quand une ombre se glissa à mes côtés. Je reconnus Zélina et sa compagne ; elles s'étaient tenues à l'écart, ne voulant arriver que lorsque je paraîtrais moi-même.

« Je ne sais ce qui se passa chez le tuteur; mais au point du jour nous étions presque au delà de Malte, et un bon vent nous poussait vers Alexandrie. Il est probable que le tuteur se consola avec le bien de sa pupille.

« Vous pouvez vous figurer, mon cher ami, ma joie et celle de Zélina de nous sentir hors de toute atteinte. La gaieté revint animer son beau visage ; elle était plus séduisante que jamais.

« Comme le temps continua à nous être favorable, nous arrivâmes bientôt au port d'Alexandrie et nous débarquâmes dans cette ville fameuse. Pressé d'arriver à mon poste, je ne pus la visiter comme je l'aurais voulu ; Zélina avait repris les habits de son sexe et partout on la croyait ma femme; nos jours, je puis le dire, étaient tissus d'or et de soie, et jamais, non jamais, mortel ne fut plus heureux que moi.

« Peu après, nous partîmes pour Rosette. Ayant montré mes papiers au bey d'Alexandrie, il ordonna qu'on mit à ma disposition les moyens de gagner le Caire. Nous nous mîmes donc en marche ; nous avions des bêtes de somme, mais le voyage fut des plus difficiles. Il faut traverser des sables brûlants où les montures enfoncent jusqu'aux genoux. Zélina souffrait, mais son courage était soutenu par ma présence ; je lui tendais la main et elle oubliait tous ses maux. La

pauvre Lilia pleurait parfois ; mais un sourire de sa
chère maîtresse lui redonnait toute son énergie. Enfin !
après bien des fatigues, nous entrâmes à Rosette sans
avoir fait de mauvaises rencontres, ce qui aurait pu
arriver à cause de la quantité d'Arabes qui parcourent
ces déserts et ne se font point scrupule de dépouiller
les voyageurs, et même de les emmener captifs.

« Depuis que le canal qui communique du Caire à
Alexandrie est obstrué, Rosette est l'entrepôt de toutes
les marchandises qui vont au Caire et de cette ville à
Alexandrie. Le bras du Nil sur lequel est bâti Rosette
est large comme le Rhône à son embouchure, et comme
lui se précipite avec majesté dans la mer dont il
semble faire reculer les flots pour s'y frayer un passage.
Ses bords sont disposés en amphithéâtre, émaillés de
verdure et de fleurs dont la fraîcheur est entretenue
par les eaux du fleuve, et forment un contraste frappant
avec les coteaux arides qu'on aperçoit à l'horizon.

« Je n'ai pas besoin, mon ami, de vous parler des
inondations périodiques du Nil, tout le monde en
connaît les effets ; je dirai seulement que l'influence du
fleuve ne s'étend pas seulement sur les campagnes
qu'elle fertilise, mais encore sur les mœurs des habitants de ses rives, qui sont en général beaucoup plus
doux et civilisés que ceux qui habitent plus près des
sables brûlants.

« Ayant obtenu qu'on me donnât une petite chaloupe,
nous nous embarquâmes sur ce fleuve. Nous passâmes

devant une infinité de bourgs et de villages, après quoi nous entrâmes dans la grande branche du Nil ; enfin, nous arrivâmes à Boulak, faubourg du Caire.

« Je ne saurais vous dire tout ce que nous vîmes durant cette navigation. C'étaient tantôt des champs de riz, des forêts de dattiers, de caroubiers, d'immenses espaces couverts de cannes à sucre, des oiseaux de toutes les espèces, des gens des deux sexes prenant le plaisir du bain, des pêcheurs, des barques marchandes, enfin, tout ce qui constitue la richesse et la beauté d'un pays. Après avoir traversé le faubourg de Boulak, qui a près d'une demi-lieue de long, et qui est entrecoupé de maisons, de jardins, de réservoirs pour la crue du Nil, et où l'on se promène en bateau, nous parvînmes au Caire. C'est là que j'espérais faire goûter le bonheur à Zélina. Pour arriver chez le consul français, il me fallut traverser une foule immense de peuple qui obstruait les rues. On compte au Caire près de 250.000 habitants.

« Le consul français était M. X... il me reçut avec beaucoup de courtoisie ; je lui présentai Zélina comme ma femme, il lui fit un accueil des plus favorables et jamais ne se démentit de ses bontés pour nous.

« Je pris un logement dans le voisinage du sien, et je m'y installai le mieux possible. Zélina était heureuse ; certaine de mon amour et de ma fidélité, elle passait une agréable vie, et c'était bien la plus douce et dévouée compagne que l'on puisse imaginer. Lilia avait retrouvé sa gaieté et amusait sa maîtresse. Content de ce bonheur, et toujours plus amoureux, je coulais des jours exempts de soucis et d'inquiétude ; j'étais le plus fortuné des hommes. Je parcourais le Caire, afin de faire mes observations, et l'on peut dire qu'on y voit des gens de toutes les nations et de toutes couleurs. L'hospitalité y est sacrée, le nombre des hôpitaux immense ; souvent des étrangers viennent se mêler à vos repas. Dans le temps que j'y étais, on parlait beaucoup du grand Bonaparte, de Desaix, de Kléber. Les Français y sont encore respectés et peut-être regrettés ; plusieurs y sont restés et ont fait fortune.

« Nous vivions ainsi depuis six mois, qui s'étaient écoulés comme six jours, Hélas ! notre bonheur touchait à sa fin.....La maladie s'abattit sur Zélina, la fièvre s'empara d'elle, et en peu d'heures elle fut au plus mal et tomba dans le délire. Tantôt elle prononçait mon nom en souriant, puis me repoussait sans me reconnaître. Lilia était au désespoir. Pour moi, la douleur m'avait fait perdre la tête et je ne comprends pas que je ne sois point mort. Je finis cependant par tomber malade ; on me mit au lit, j'eus le délire, et quand je revins à moi j'étais le plus malheureux des hommes.

« Lilia était à mes côtés, elle fondait en larmes et je compris tout !... Le consul avait fait enterrer Zélina dans un jardin ; je me traînai sur sa tombe, je voulais y mourir..... Le Caire me devint insupportable. La pauvre Lilia était inconsolable ; je lui offris de la renvoyer dans son pays ; mais, comme elle était jeune et jolie, un Français établi au Caire la vit, en devint amoureux, l'épousa et se chargea de la consoler. Je pense qu'il y a réussi.

« Pour moi, ne pouvant plus vivre dans les lieux où j'avais tout perdu, je résolus de retourner en France. J'écrivis donc à mon gouvernement, et je reçus aussi promptement que possible l'ordre de revenir à Paris. Aussitôt, j'arrangeai mes affaires du Caire, je visitai une dernière fois la tombe de mon adorée Zélina, et je m'embarquai sur un bâtiment neutre qui allait à Livourne.

« Pour mon malheur, le mauvais temps nous força de relâcher à Malte. Là, le gouverneur anglais voulut voir tous les papiers, et bien que je fusse parfaitement en règle, il me prit, ou plutôt feignit de me prendre pour un espion et m'envoya à Palerme avec ce petit nègre que vous voyez et que j'ai acheté au Caire. A Palerme, on me retint plusieurs jours en prison, puis on me fit partir pour Messine sur une corvette. Enfin, doublant le phare nous entrâmes dans le détroit ; mais nous n'arrivâmes à Messine qu'après avoir essuyé le feu de toutes les batteries françaises de la côte. »

Ici, je l'arrêtai, pour lui dire que j'avais été témoin de cette canonnade, et il m'assura que les Anglais avaient beaucoup souffert et que presque tous les bâtiments de leur flotte avaient eu besoin de réparations.

« — A Messine, continua-t-il, je fus conduit devant le général Stuart ; il me traita d'une manière infâme qui ne fait honneur ni à sa nation, ni à sa délicatesse. D'abord il me fit emprisonner, au mépris de tous les droits, mais enfin ne pouvant cependant me retenir malgré le désir qu'il en avait, il consentit à mon départ ; mais après avoir fait fouiller tous mes bagages. J'avais un cimeterre turc de toute beauté, arme de grand prix ; elle eut le malheur de lui plaire. Il me fit appeler.

« — Monsieur, me dit-il, en mauvais français, il faut que vous me vendiez votre sabre.

« Je me récriai, lui faisant observer que je le rapportais de loin, que je l'avais payé fort cher et que je tenais à le garder. Il me répondit alors avec un calme tout à fait insultant :

« — Monsieur cette arme vaut vingt piastres.... vingt piastres ou rien. Et il me les compta.

« Privé de protection, isolé, inquiet de tant de persécutions, et obligé de vendre mon argenterie pour continuer un voyage aussi accidenté, je pris cet argent ; mais mon cœur saigna de dépit. Voilà, mon cher cousin, la politesse, l'honnêteté et la délicatesse anglaise, et ceci en est un des moindres traits.

« Enfin, par une faveur spéciale, j'ai obtenu de descendre à Reggio. Grâce à Dieu, m'y voilà. J'y trouve un bon parent, un ami, c'est de bon augure. »

Il me fit voir ensuite le portrait de Zélina ; sa beauté était au-dessus de tout ce qu'on pouvait imaginer. Il gardait précieusement le voile blanc qu'elle portait en montant au figuier. Voilà, me dit-il, tout ce qui me reste de la plus adorée des femmes !....

J'étais attendri... Pour le distraire, je le conduisis partout où je pus, et je le présentai à mes camarades. Il demeura huit jours avec nous, comblé de soins et d'égards, après quoi il partit en compagnie d'un détachement qui remontait à Naples. Deux mois après, je reçus de lui une lettre de Paris, où il était parvenu en bonne santé.

Peu après notre entrée à Reggio, le régiment arriva en entier dans les environs, et comme, depuis Naples, nous avions presque toujours été séparés, nous eûmes beaucoup de plaisir à nous réunir. Le régiment fut cantonné comme il suit :

Le 1er bataillon à Reggio, le second à Campo Feminaro di Muro, Rosali, La Cantona et Villa San-Giovanni ; le troisième sur les hauteurs de La Melia, Sirisi et Canatello. Ce furent, par la suite, de continuelles visites d'un cantonnement à l'autre, ce qui était une de nos meilleures distractions.

Quelques jours après le départ de mon parent, je tombai fort dangereusement malade. Le mal dura neuf jours ; le dixième, au matin, une réaction s'opéra et je fus hors de danger. Je reçus les soins du docteur Pagliati, de Reggio, et je déclare que c'est à ses lumières

que je dus la vie. Il me soumit à un traitement en
harmonie avec le climat : sangsues, saignées, bains à
la glace, et force eau à la neige, ne me défendant aucun
fruit ni rien de ce qui peut rafraîchir. Enfin il m'arracha
des portes du tombeau, et ce qui fait le plus l'éloge de
cet honnête médecin, c'est que j'étais sous-lieutenant;
en conséquence, l'appât du gain n'entrait pour rien dans
l'intérêt qu'il me montra. Il me faisait visite sur visite,
et n'épargna rien pour me procurer une prompte guérison. Aussi je me plais à dire ici que, si les honoraires
ne furent pas considérables, mon amitié et ma reconnaissance dureront autant que moi.

Lorsque ma convalescence me permit de sortir, je
fis de petites promenades, et, pour gagner le quai, qui
en était ordinairement le but, je passais toujours devant
une jolie maison blanche à volets verts, dont les
murailles étaient tapissées d'une treille qui en faisait
le tour. Elle était habitée par un honnête bourgeois
qui avait quatre filles, toutes plus jolies les unes que
les autres, lesquelles, chaque fois que je passais, ne
manquaient pas de venir me regarder à travers les
persiennes. Un jour que je rentrais chez moi et que
ma promenade avait peut-être été un peu longue pour
mes forces, je voulus, en passant, lever la tête pour
voir si, comme d'ordinaire, j'étais observé. Sans doute
mes jambes me trahirent, car je fis un faux pas, tombai
presque de mon haut, et perdis à peu près le sentiment.
Cette faiblesse d'ailleurs ne dura que quelques secondes

Je revins à moi, et quel fut mon étonnement en me voyant assis sur le banc de pierre de la maison aux volets verts et entouré des quatre jeunes filles qui me faisaient respirer des sels. Elles me parurent, je dois le dire, quatre divinités ; mais, lorsque je fus un peu plus maître de moi, je m'aperçus que l'une d'elles me tenait la main et que ma tête portait sur son épaule. Je fis un mouvement pour contempler ses traits, et je vis distinctement que si ses sœurs, toutes trois blondes, étaient jolies, elle l'était encore davantage. J'osais à peine remuer et n'avait point encore trouvé la force d'articuler un mot de remerciement quand la mère arriva à son tour.

— Qu'est-ce que cela ? s'écria-t-elle.

— Maman, c'est un officier français qui vient de se trouver mal à notre porte, et nous sommes descendues pour lui donner des secours, dit la plus jeune des sœurs qui pouvait avoir une quinzaine d'années.

— C'est bien, répondit la mère ; maintenant, rentrez dans la maison et envoyez votre père.

Les jeunes filles se retirèrent comme trois jeunes nymphes ; mais l'aînée, celle qui m'avait particulièrement secouru, resta debout quelques instants.

— Allez-donc, Marianna, fit sévèrement la mère.

— Souffrez, madame, que je remercie mademoiselle, m'écriai-je, et j'allai lui baiser la main, quand la prudente mère la poussa légèrement et elle disparut.

Le père arriva sur ces entrefaites, et, après avoir

entendu les explications de sa femme, il me prit le bras et me reconduisit jusque chez moi, ce dont je le remerciai dans des termes si exaltés que probablement il me crut fou ou en délire, car aussitôt l'entrée de mon domestique il se précipita vers la porte et se sauva. Son titre de père de la ravissante Marianna, voilà ce qui le rehaussait si fort à mes yeux.

Jusque-là, malgré les efforts du docteur Pagliati, ma convalescence avait été lente et irrégulière ; à dater de ce jour, je revins complètement à la santé.

La maison aux volets verts était voisine de celle du bon docteur, qui était grand ami de la famille. Durant les visites que je faisais à son excellente femme, Dona Julia, je revis souvent la charmante Marianna ; il s'en suivit une inclination réciproque et sincère ; je me déclarai, et cette fois j'offris ma main avec mon cœur. Cette famille d'ailleurs était honorable et riche.

Certes, se marier à mon âge (21 ans), était une action folle à laquelle, fort probablement, ma mère n'aurait pas prêté les mains ; mais, avec ma nature bouillante et toute de premier mouvement, je ne m'arrêtais pas à de pareils raisonnements, et la vie sans ma chère Marianna ne me paraissait plus acceptable. Malheureusement, ou peut-être bien heureusement, le père ne voulut pas entendre parler de donner sa fille à un étranger surtout à un officier français. Il s'emporta contre tous ceux de notre nation, dit des choses désagréables auxquelles je répondis ; bref, un beau matin, il partit, emmenant sa fille dans un couvent de Sicile. On me dit qu'elle y prendrait le voile ; j'aime à croire que l'on fit courir ce bruit pour m'enlever toute espérance. Quoi qu'il en soit, je ne la revis plus. Je faillis retomber malade, et je ne sais ce qui serait advenu si un incident tout particulier ne fut venu me tirer de ma torpeur et de mon découragement.

Un matin à l'heure du déjeuner, à la table des officiers, à peine étais-je assis avec mes camarades, que nous vîmes arriver une ordonnance qui me remit un pli cacheté. Ce pli renfermait l'ordre de me tenir prêt à partir avec un détachement et d'aller chercher des instructions chez le général. Dans l'état d'esprit où j'étais, je bénis cette diversion.

Je me rendis donc chez le général, que je trouvai devant une carte représentant la côte de Sicile aux environs de Messine.

— Je vous attendais, me dit-il, prenez place et écoutez-moi. On affirme que vous avez de la bravoure ?

— Ce n'est pas à moi à me prononcer à ce sujet, mon général, mais vous pouvez me mettre à l'épreuve, et je suis prêt à faire tous mes efforts pour justifier la bonne opinion qu'on vous a donnée de moi.

Tandis que je parlais, le général me considérait attentivement ; il resta quelques minutes sans répondre, puis il continua ainsi :

— J'ai une expédition à confier à quelqu'un, elle

demande de la prudence, du courage, de la bravoure, peut-être même de la témérité ; vous sentez-vous capable de vous en charger ?

Un noble orgueil s'empara de moi et je serrai involontairement la poignée de mon épée. Tout le brillant de la gloire vint embraser mon imagination, je brûlais d'en acquérir : Adieu Marianna ! Adieu amour ! J'oubliai tout et je m'écriai en relevant la tête :

— Oui, mon général, je m'en sens capable ; donnez-moi vos ordres, je les exécuterai.

Il sourit d'un air satisfait, et me faisant approcher de lui :

— Voilà, me dit-il, la carte de la côte qui est en face de nous. Voyez, dans ce petit renfoncement, à l'est de Messine, il y a un poste de quinze hommes séparé des autres postes par une plage d'à peu près un demi-mille. Là, il y a trois sentinelles, une sur le bord de la mer au pied d'un rocher, l'autre devant les ormes derrière le rocher, et la troisième sur le chemin qui conduit de ce poste à Messine. Je vais vous donner un détachement de cinquante hommes montés sur une barque légère bien garnie de rameurs expérimentés, dévoués et vigoureux ; vous débarquerez silencieusement, à la faveur des ténèbres, à deux cents pas du poste sur la plage ; vous laisserez vingt hommes et un sergent pour garder votre embarcation ; vous diviserez les trente hommes restant en trois pelotons de dix hommes guidés chacun par un marin. A la tête du

premier peloton, un sergent se dirigera sur la sentinelle du chemin ; caché par les buissons, il tombera
sur elle à l'improviste et la poignardera. Le second
peloton, commandé par un autre sergent, se traînera
vers celle du bord de la mer; le bruit des vagues l'em-
pêchera d'être entendu...., poignardée! Le troisième
peloton, conduit par vous, tombera sur celle qui est
devant les ormes...., poignardée! Après un coup de
sifflet que vous donnerez, vos deux détachements viendront vous rejoindre et le poste entier sera massacré ;
alors vous planterez un drapeau tricolore sur la cime du
rocher, vous jetterez des proclamations sur la plage et
vous remonterez dans la barque qui vous ramènera ici.
Allez, me dit-il, le drapeau sera dans la barque ainsi
que les proclamations. Vous partirez à onze heures ;
il sera minuit à peu près quand vous ferez le coup.

Le général avait parlé avec une telle assurance que,
en vérité, je ne doutai nullement de la réussite; je le
saluai et me retirai.

Je ne vis personne le reste du jour. Le soir, je bus un
verre de punch pour me prémunir contre la fraîcheur
de la mer, et j'attendis l'heure du départ. Elle arriva...
Je me rendis à l'endroit indiqué pour l'embarcation.
Le détachement était prêt, et les douze rameurs
avaient déjà la rame levée. Une planche fut appuyée
sur la barque, chaque soldat visita son fusil, le mit en
état, but sa goutte d'eau-de-vie; nous prîmes nos places
et bientôt nous fûmes loin de la plage. Grâce à nos

douze rameurs, le canot fendait l'onde avec la rapidité de la flèche ; tout était silencieux. Un temps couvert favorisait notre entreprise. A peine une heure
s'était-elle écoulée que le chef des rameurs se leva, il
fit un signe, nous virâmes aussitôt, et deux coups d'avi-
ron nous firent toucher le bord.

J'avais déjà réparti mes pelotons. On descendit en
se courbant, tenant l'arme baissée, de crainte qu'une
étoile indiscrète ne vint à se refléter sur l'acier poli.
Aucun bruit ne se faisait entendre. Les trois pelotons
conduits par leurs guides se mirent en marche à pas
de loup, presque en rampant; chacun était à égale
distance des sentinelles. J'arrive sur celle des ormes...
elle tombe ! Je donne le coup de sifflet, mes soldats
accourent, et le poste stupéfié, saisi de terreur, est
massacré sans avoir eu le temps de se reconnaître. Je
monte sur le rocher, le silence n'avait été troublé que
par les cris, aussi vite étouffés, des malheureuses
victimes. Je regarde autour de moi, tout était calme,
paisible, et quinze hommes rendaient le dernier
soupir loin de leur patrie. O guerre impitoyable ! ils
venaient d'être massacrés par des gens qui ne les
connaissaient pas et qui peut-être y auraient trouvé
des amis si les circonstances les avaient réunis. La
nature était toujours la même, les vagues continuaient
à blanchir le rivage et les éclairs de chaleur à briller
à l'horizon. Je plantai le drapeau, je semai les proclamations sur la plage et sur le chemin, et je retournai

avec tout mon monde vers le canot qui devait nous
amener à Reggio. Déjà je me voyais arrivé et rendant compte de ma mission, lorsqu'un soldat, se laissant tomber, son fusil partit et la détonation fit
résonner tous les échos du rivage.

D'un mouvement spontané, nous fîmes tous halte,
c'est ce qui me perdit. Une patrouille de cavalerie
n'était pas loin, nous n'avions plus que cinquante pas
pour arriver à la barque ; mais déjà le cliquetis des
sabres et le pas des chevaux se faisaient entendre. En
un instant l'ennemi fut sur nous ; pas moyen de reculer
et de gagner l'embarcation. Quand je vis les anglais
à portée, je commandai : halte, demi-tour, feu de
peloton ; plusieurs cavaliers tombèrent.

J'ordonnai aussitôt l'embarquement. Déjà tous les
rameurs et les soldats avaient pris place, et j'allais
moi, dernier, mettre à mon tour le pied sur le canot,
lorsqu'un cavalier se précipite et m'applique sur la
tête un si vigoureux coup de sabre que je tombe à la
mer... Déjà la barque était à cent pas, et les cavaliers
s'enfuyaient pour éviter les coups de fusils que leur
tiraient mes soldats de l'embarcation. Cependant, je
n'étais qu'étourdi ; la fraîcheur de l'eau me rend
connaissance, je relève la tête ; la plage était déserte,
j'entendais les coups de rames de l'embarcation qui
s'éloignait, et, je dois l'avouer, chaque coup retentissait dans mon cœur pénétré d'effroi. Rappeler mes
hommes, je n'y pouvais songer ; car toutes les cha-

loupes canonnières anglaises, éveillées par mon feu de peloton, étaient en mer, et mille coups de canons étaient dirigés sur la barque, déjà trop décelée par les traces phosphorescentes qu'elle laissait après elle. Ce bruit de guerre, au lieu de m'abattre, me rendit mon courage, et je pensai que ce n'était pas le moment de s'abandonner, mais, bien au contraire, celui de prendre une vigoureuse résolution.

L'obscurité était encore profonde; je dépouille mon uniforme et le laisse sur le rivage après avoir lancé mes épaulettes à l'eau; je ne garde que mes bottes, mon pantalon qui était de nankin, ma chemise et un bonnet de soie qui se trouvait dans ma poche. Dans cet équipage, je me dirige à l'est en marchant sur le bord de la mer; je passai à côté de la malheureuse sentinelle, et les réflexions les plus tristes vinrent porter le trouble dans mon âme.

Cette guerre était-elle juste, et le ciel voulait-il déjà me punir du sang que je venais de répandre? Mais, au même instant, la brise agitant le drapeau tricolore sur le rocher, son frémissement me rappela que j'avais une patrie pour laquelle je combattais et des ordres auxquels je ne faisais qu'obéir. Cette idée ranima mon énergie prête à faiblir et me donna la force de continuer ma route.

Après quelques pas, je trouvai le sentier par lequel on venait poser et relever les sentinelles, je le suivis, et il me conduisit près du feu déjà éteint autour duquel gisaient les malheureux Anglais. Ce spectacle me fit horreur et je me hâtai de m'éloigner en me dirigeant toujours du côté opposé à Messine. Bientôt, je me trouvai dans un chemin étroit et montueux qui s'avançait dans les terres entre deux haies de cactus ; je ne balançai pas à le suivre, écoutant attentivement si je n'étais pas poursuivi. Je marchai ainsi pendant une heure à peu près. Le crépuscule commençait à paraître, et je reconnus que j'étais sur un plateau, aucun aboiement n'indiquait d'habitation. La rosée, qui dans ces climats est très abondante, avait trempé mes légers vêtements et le froid se faisait sentir ; je n'en continuai pas moins mon chemin, et au bout d'une demi-heure j'arrivai en face d'une chaumière.

C'est souvent dans ces sortes de demeures qu'on trouve l'hospitalité ; un palais m'eut peut-être effrayé, une modeste cabane m'inspira confiance. Je m'avançai. L'aurore en colorait déjà le toit, et les oiseaux gazouillaient sur les figuiers environnants ; un petit jardin, où la salade croissait au milieu des roses et des citronniers épineux taillés en haie, me donna de cette maisonnette et de ses habitants l'idée la plus avantageuse ; je m'approchai donc et je frappai à la porte.

Une voix douce cria de l'intérieur :

— Qui est là si matin ?

— Ouvrez, je vous en supplie, je suis un pauvre marin naufragé.

Je parlais assez bien le calabrais pour être considéré comme un habitant du pays. La même voix me cria :

— Attendez un moment. Quelques instants après la porte s'ouvrit.

Qui peut pénétrer les décrets de la providence ? Car je rejette le hasard, j'aime mieux croire à la bonté de Dieu. La personne qui venait de m'ouvrir, c'était Bettina de Resina, celle qui, au moins en apparence, m'avait livré à ses frères. Jugez de ma surprise et tout à la fois de mon effroi, car ma première idée fut que j'étais perdu. De son côté elle jeta un cri et peu s'en fallut, et cette fois pour tout de bon, qu'elle ne tombât à la renverse. Cependant, revenant à elle, ses regards encore pleins de surprise se fixaient sur moi.

— Est-ce bien vous, Don Remiggio (1), s'écria-t-elle enfin ?

J'allai lui faire la même question, la sienne m'en dispensa. Je me jetai à ses genoux la suppliant de me sauver. Mon sort est entre vos mains, lui dis-je.

— Malheureux jeune homme, fit-elle, en me regardant d'un air plein d'intérêt et de compassion, je vous sauverai ou du moins j'essaierai ; je tiens à vous prouver que je ne suis pas une scélérate.

Elle me tendit sa main dont je m'emparai, et sans une certaine voix qui se mit à crier : « Bettina ! Bettina ! » je ne sais trop ce qui serait advenu ; cette Bettina était encore si jolie, bien qu'habillée en paysanne !

----

(1) Rémy.

La voix qui l'appelait était celle du maître de la maison, homme d'une cinquantaine d'années, fort et vigoureux. Il était à la fois pêcheur et cultivateur. Une barque tirée entre deux rochers lui servait à pêcher, et un petit jardin lui fournissait, moyennant son travail, une aisance qui suffisait à son bonheur. Il avait une femme, âgée de quarante ans, bien faite et encore belle, une fille de quinze ans et un fils de vingt ans qui, ce jour-là, était absent. Bettina était leur servante depuis plusieurs mois et me dit qu'elle avait trouvé le bonheur dans cette famille patriarcale. Cependant le pêcheur, qui se nommait Antonio, appela Bettina de nouveau ; il fallut bien répondre.

— Avec qui parles-tu donc? fit-il, ce n'est pas la voix de Pépino.

— Non, dit-elle, c'est un pauvre pêcheur calabrais qui a été jeté cette nuit sur la côte et qui m'a demandé l'hospitalité craignant de tomber entre les mains des Anglais qui le prendraient pour un espion.

— Santo Dio ! il faut que je voie cela, répartit le patron.

Il ouvrit une porte qui nous séparait de lui et entra.

— Bonjour, me dit-il, signor calabrese, comment diable avez-vous fait pour échouer à la côte par un temps si calme ?

Je ne savais trop que lui répondre, quand son fils entra tout essoufflé, et sans même se donner le temps de me regarder.

— Bonne nouvelle, s'écria-t-il, la garnison de Messine est consternée, tous les Anglais sont sous les armes et on s'attend à une descente des Français. Déjà cette nuit, ils ont débarqué et massacré un poste de quinze hommes. Vous savez bien, mon père, ce poste qui nous met à contribution chaque fois que nous rapportons du poisson, le poste du rocher, enfin, Ils ont planté un drapeau tricolore et jeté des proclamations où ils annoncent qu'ils viendront bientôt délivrer la Sicile. Je voudrais que ce soit demain, ces chiens de rouges me payeraient les coups de bâton qu'ils m'ont donnés.

Ces paroles ne me laissèrent plus de doute, j'étais chez des amis du peuple français, ou tout au moins chez des gens qui n'aimaient pas les Anglais. Je n'hésitai donc plus à me découvrir et racontai tout ce qui m'était arrivé, ne manquant pas d'ajouter que bientôt l'armée française entrerait en Sicile et que les Anglais en seraient infailliblement chassés. Je priai ensuite Antonio de me sauver du danger que je courais,

Mon discours les étonna d'abord, mais Bettina leur ayant dit qu'elle me connaissait et m'avait vu à Portici et à Resina, ils ne doutèrent plus de la vérité de mes paroles.

— Soyez sans crainte, seigneur Français, me dit Pepino, vous demeurerez ici pendant quelques jours et personne ne viendra vous y chercher. Puis, quand la terreur des Anglais sera un peu calmée et leur vigilance ralentie, mon père et moi nous vous ferons traverser le canal, et, quand vous viendrez ici avec vos soldats, souvenez-vous de la chaumière du pêcheur Antonio,

— Mes amis ! m'écriai-je, vous êtes mes libérateurs, et comment vous témoigner ma reconnaissance ? Que du moins je vous embrasse ! Et nous nous embrassâmes.

En ce moment parut la femme d'Antonio. J'ai dit qu'elle était belle, c'était la vérité ; elle avait tout entendu derrière la cloison de roseaux.

— Je viens pour voir un Français, fit-elle en jetant les yeux sur moi.

Et toute ébahie elle reprit ;

— On nous dit qu'ils sont si laids et si petits, peut-on nous tromper ainsi ?

En effet, à vingt et un ans, sans être bien beau, j'étais loin d'être laid et j'avais cinq pieds sept pouces et demi. La brave femme s'attendait à voir un nain et je lui fis l'effet d'un géant.

— Francesca, Francesca, cria-t-elle, viens voir un Français.

Mais au même instant son mari lui mit la main sur la bouche et nous vîmes paraître une patrouille de dragons anglais. Pepino fit une grimace de possédé. Sa mère rentra dans la cuisine et y retint sa fille et Antonio se hâta de porter une goutte d'eau-de-vie aux quatre cavaliers.

— Eh bien, Antonio, n'avez-vous rien entendu cette nuit ? demanda le brigadier.

— Si, j'ai entendu quelques coups de canon ; mais on en tire si souvent que je n'y fais plus attention.

— Ces chiens de Français nous ont joué cette nuit un tour indigne, reprit le dragon ; ils ont égorgé le poste du rocher et nous sommes arrivés trop tard. Ils ont en outre planté un drapeau tricolore et laissé des proclamations qui en feront pendre plus de quatre à Messine.

— Vous croyez?

— Oui, ils ont compromis plusieurs habitants. Mais ce qu'il y a d'étrange, c'est qu'il paraîtrait que l'officier qui commandait n'a pu se rembarquer, on a trouvé son habit et son schako sur la plage.

— Peut-être s'est-il noyé ; que voulez-vous qu'il soit devenu ?

— Je ne sais, on nous envoie à sa recherche, j'ai bien envie de m'arrêter ici.

— Comme il vous plaira, signor brigadier ; mais je crois que vous feriez mieux d'aller plus loin. Je me rappelle cette nuit avoir entendu frapper à ma porte ; je me suis gardé d'ouvrir et celui qui frappait a dû continuer sa route ; vous ne pouvez manquer de le rejoindre.

— En ce cas, je continuerai. Allons, encore une goutte d'eau-de-vie.

Antonio ne se le fit pas dire deux fois, il versa largement ; le brigadier but et tourna bride.

Quand il fut parti, Antonio me regarda en riant.

— Eh bien ! le cœur battait-il ?

— Je n'étais pas très à mon aise ; mais votre assurance m'en inspirait. Vous les connaissez donc, ces dragons ?

— Je ne les connais que trop ; ils sont du détachement stationné à moitié chemin de Messine, et chaque fois qu'ils passent ici ils me font donner l'eau-de-vie, ce dont je me passerais fort bien, d'abord parce que j'aimerais mieux la garder pour moi, ensuite, par ce que je les exècre depuis qu'ils ont failli faire périr mon pauvre fils sous leurs coups de bâtons ; je ne leur pardonnerai jamais, jamais ! Vous autres Français, vous êtes plus vifs, plus emportés, mais c'est passé tout de suite, et vous ne sauriez condamner un honnête homme à un supplice humiliant. Vous tuez ou vous pardonnez ; cela vaut mieux.

Sur le conseil de Pepino, je quittai mon pantalon de nankin et mes bottes ; je mis des souliers et un pantalon comme les leurs, et je troquai ma chemise fine contre une plus grosse.

Le détachement repassa quelques heures après, il était pressé, ne s'arrêta pas et je ne fus plus inquiété. J'étais d'ailleurs si brun qu'on aurait pu me prendre pour un véritable Sicilien.

Je passai dans cette modeste chaumière quatre jours sinon heureux, au moins tranquilles, et qui m'ont laissé un profond souvenir. La mère était douce, franche et, d'un esprit enjoué; bien que simple paysanne, elle aimait à parler, et sa conversation, quoique sans art, était agréable. Elle se nommait Maria. Sa fille, Francesca, était une brune piquante, fraîche comme une rose, innocente et naïve, comme on l'est à quinze ans, et ses questions me divertissaient beaucoup. Elle me demandait s'il y avait des arbres en France, si les femmes y étaient faites comme en Sicile et si Paris était au bord de la mer.

Bettina me comblait d'attentions, de soins et de tendresse. La fille et la mère s'en allaient chaque matin au marché de Messine, le père et le fils à la pêche. Je me trouvais donc souvent seul avec mon ancienne maîtresse, avec ma libératrice. Que faire en tête-à-tête avec une jolie fille et surtout une Sicilienne qu'on retrouve à peu près fidèle et à qui on doit la vie?.... Je la priai de me conter son histoire depuis notre séparation; mais avant tout, je voulus éclaircir un fait.

— Avez-vous vu, lui dis-je, la Fata Morgana ?

— Certainement, j'étais même sur les remparts du fort et j'ai vu tous vos soldats en bataille; il m'a semblé même que je vous reconnaissais.

Alors, je lui racontai que je l'avais fort bien distinguée; mais que j'avais cru me tromper, ne la sachant pas en Sicile. Après cette explication, elle me conta ce qui suit :

« Vous vous rappelez cette soirée malheureuse où mes deux frères me forcèrent à vous livrer à eux.

Hélas! les barbares, m'avaient menacée de la mort et
je fus obligée d'entrer dans leur infernal complot;
mais Dieu sait toutes les angoisses que j'ai souffertes.
Cent fois je fus sur le point de vous avertir de leurs
intentions; mais je n'en eus pas le courage, et d'ailleurs
j'espérais toujours que vous leur échapperiez. J'adressai mes vœux à la Madona, et malgré mon indignité
elle les a exaucés.

« Le lendemain nous étions déjà loin de Resina; ils
me conduisirent d'abord dans les environs de Viétri.
Pendant leurs courses de nuit, je restai dans une
cabane de charbonnier au milieu des bois. Enfin,
comme nous sommes Siciliens, ils conçurent le désir
de retourner dans notre patrie que nous avions quittée
quand le roi Ferdinand était encore à Naples, pour
aller y recueillir un héritage. Comme nous n'avions
plus ni père ni mère, je les avais suivis. Après l'arrivée
des Français, mes frères qui avaient dissipé leur bien
et le mien, se firent brigands et me laissèrent chez une
tante à Resina. Elle mourut peu après, me donnant
sa maison. Là, je vivais de mon travail et de quelque
argent que j'avais trouvé après sa mort et que je
parvins à cacher; je fis votre connaissance et le temps
que je passai avec vous est le plus beau de ma vie.
Hélas! ces jours heureux furent bien vite écoulés.

« Comme je vous l'ai dit, mes frères voulurent
revenir en Sicile. Nous nous embarquâmes sur le
Cilento, près de Castel Abbate, et nous arrivâmes heu-

reusement à Messine, Mes frères avaient rapporté une somme assez considérable, c'était le fruit de leurs brigandages, elle ne leur profita pas. Une fois dissipée, ils furent de nouveau en proie à la misère et, pour y échapper, se firent soldats dans un régiment sicilien au service des Anglais. Pour moi, abandonnée, sans aucune ressource, je me mis à broder ; mais je n'avais presque pas d'ouvrage. Ici Bettina rougit et s'arrêta, sa honte l'absolvait.

— Continue, dis-je à la pauvre fille, avoue-moi tout, d'avance tu es pardonnée.

« — Eh bien, continua-t-elle, je devins la maîtresse d'un officier anglais, c'est pour cela que je me trouvais dans le fort du Môle. Je restai avec lui quelque temps ; mais il m'ennuyait et je ne l'aimais pas ; quand je vis l'uniforme français sur le quai de Reggio, mon cœur vola vers lui. Ah ! comme je te regrettai alors. Enfin, mon officier reçut l'ordre de partir pour le Portugal, et bien qu'il me laissât sans ressources, je fus bien aise de son départ.

« Quelque temps après comme je me promenais dans Messine, je rencontrai Maria, je la connaissais de réputation, elle cherchait une servante, je m'offris. Elle crut d'abord que je plaisantais ; mais je vendis mes robes de demoiselle, et, reprenant l'habit de paysanne, je vins jusqu'ici. Elle fut enchantée de me recevoir, et depuis je suis chez elle traitée bien plutôt comme amie que comme servante. Contente de mon sort, j'avais trouvé

le bonheur. Hélas, **votre départ va encore une fois me
le ravir !** »

Elle fondit en larmes, je la consolai de mon mieux.
Je lui fis entrevoir l'arrivée des Français en Sicile, et
promis de lui écrire ; nous convînmes d'une adresse à
Messine ; nous ne parlerions que d'amour ; on n'inter-
cepterait pas nos lettres. Je saisirais toutes les occasions, je profiterais de tous les parlementaires... Je
savais bien que ces projets n'aboutiraient pas. Qu'importe, puisque ces propositions adoucissaient son
chagrin.

Enfin, le quatrième jour, Pepino se rendit à la ville.
Tout était rentré dans l'ordre accoutumé ; mais on avait
arrêté plusieurs personnes dont il me dit les noms
que j'inscrivis. Les chaloupes étaient revenues au
port ; un calme parfait régnait sur mer ; tout était
propice à mon départ. Je priai mes hôtes de me faire
traverser le détroit ; ils y consentirent, et le soir venu
je pris congé de cette excellente famille. Bettina était
désolée ; obligée de cacher ses larmes, elle n'en était
que plus à plaindre. Je lui passai au doigt une bague
que je portai depuis longtemps et, n'ayant pas autre
chose, je ne pus rien offrir à Maria et à sa fille ; je les
remerciai le mieux que je pus, et les embrassai toutes
les deux vraiment chagrin de les quitter. Accompagné
d'Antonio et de Pepino et vêtu comme eux, je gagnai
l'endroit où était leur barque, qui se trouvait fort près
du poste du rocher. Il nous fallut mille précautions

pour n'être pas entendus. Enfin, la barque mise à l'eau, nous sautâmes dedans, et bientôt nous voguâmes vers la Calabre. Pour plus de sûreté nous fîmes un grand détour. Partis à dix heures du soir, à une heure seulement j'entendis le « qui vive ! » de la sentinelle de la tour de Reggio. Nous débarquâmes ; je menai Antonio et Pepino au corps de garde de la place. Tout justement, un de mes camarades était de service ; il recula quand il me vit.

— D'où diable sors-tu ? s'écria-t-il, on te croit mort ; ton détachement nous en a rapporté la nouvelle. On t'a pleuré, on t'a regretté, on s'est consolé !!!

Je lui contai mon histoire, il n'en revenait pas. Il combla de politesse Antonio et son fils, et fit faire du punch que nous bûmes à la santé des bons Siciliens ; mes deux pêcheurs étaient dans le ravissement. Quelques milliers d'hommes comme eux et la Sicile était à nous.

Le jour arriva. Après avoir endossé un uniforme, je courus chez le général et me fis annoncer. Il ne pouvait en croire ses yeux. Je dus lui conter toute mon épopée, qui le fit beaucoup rire ; mais, quand j'en vins à lui donner le nom des personnes arrêtées à Messine, sa gaieté disparut, il devint triste et plusieurs fois s'écria :

— Je serai cause de leur mort ! Maudite expédition !

Il me combla d'éloges, m'invita à dîner, et j'en profitai pour lui recommander Antonio et son fils auxquels il fit compter cent piastres.

19

Ce jour-là, tout justement, il s'éleva une forte bourrasque qui les empêcha de se mettre en mer. Le lendemain, le temps s'étant calmé, ils furent reconduits par un parlementaire comme des pêcheurs que la tourmente avait jetés sur les côtes de la Calabre. Leurs filets étaient dans leur barque; les Anglais ne se doutèrent de rien et ne les inquiétèrent pas.

On se demandera peut-être ce que devint Bettina. Je réussis à lui faire passer une lettre, et j'en reçus une d'elle à peu près deux ans après cette aventure. De plus en plus chérie de la bonne Maria et de sa fille, elle était comme l'amie de la maison; Pepino en tomba amoureux. On ne se doutait pas de sa vie antérieure, ou, si on la connaissait, ses qualités présentes la firent oublier. Bref, Pepino l'épousa. Elle avait déjà un enfant, et son bonheur était assuré. Je n'ai jamais eu d'autres nouvelles; mais je présume que cette charmante fille a continué à jouir d'une existence heureuse, c'est du moins ce que je lui souhaite de tout mon cœur. Elle était bonne et faite pour être vertueuse; les événements seuls avaient été cause de sa chute.

Une fois rejeté dans la vie ordinaire, l'issue malheureuse de mes amours avec Marianna me rendit de nouveau ma tristesse. La vue de la maison aux volets verts m'était insupportable et les visites à la bonne signora Pagliati furent ma principale distraction. Mes camarades ne parvenaient pas à me distraire, et j'étais vraiment à plaindre. Cette manière d'être dura quelque temps ; puis, la jeunesse prenant le dessus, j'oubliai peu à peu quand un nouvel incident vint encore une fois faire diversion à mon chagrin.

Le gouvernement avait ordonné la démolition de la partie des remparts du fort de Reggio qui regardait la campagne à l'est, et se composait d'une courtine et de deux tours. On avait miné celle du nord qui était la plus grosse et la mieux bâtie, et le jour où devait avoir lieu l'explosion était fixé. Toute la population s'était transportée sur les hauteurs voisines pour jouir de ce spectacle nouveau pour elle, et échapper en même temps aux inconvénients qui pouvaient en résulter. J'étais, ainsi qu'un grand nombre d'officiers, parmi les curieux. Le coup d'œil était magnifique. Plus de six ousept mille personnes étaient répandues dans les champs, qui semblaient être tout exprès disposés en amphithéâtre. Comme on ne savait pas l'heure précise où l'on mettrait le feu aux poudres, plusieurs sociétés, venues dès le matin, avaient dressé des tentes sous lesquelles on se livrait à la gaîté et où l'on faisait de fréquentes libations. Des marchands d'oranges allaient et venaient ainsi que les aquaïoli ; c'était une véritable fête. On savait qu'un coup de canon serait tiré un quart d'heure avant l'explosion, et déjà il était près de deux heures.

Ce jour-là, l'air était frais, chacun se promenait à l'aise. Les officiers français avaient fait venir des **musiciens, et l'on dansait joyeusement à l'ombre de** quelques arbres, lorsque la canonnade, avant-coureur de la grande explosion, se fit entendre. La danse cessa, chacun se pressa, se rangea de manière à voir de son mieux. Un silence complet succéda au bruit tumultueux d'une population se livrant au plaisir, et après quinze minutes d'attente, qui parurent interminables, une explosion effroyable déchira l'air. La masse de pierres qui composait l'énorme tour, s'élevant d'une vingtaine de pieds, retomba sur elle-même avec un horrible fracas, répandant une poussière qui obscurcit pendant un instant les rayons du soleil, et soudain le monument, dont la solidité avait bravé les siècles, n'offrit plus qu'un amas de ruines.

La commotion fut si forte, que plusieurs maisons s'en ressentirent ; il n'y eut pourtant pas d'accidents. Quand la poussière fut entièrement dissipée par le vent, qui heureusement ne la poussait pas de notre côté, les danses et les jeux recommencèrent et ce ne fut que vers la nuit que la foule s'écoula. Ce jour avait été pour Reggio une véritable fête, les habitants voyant avec plaisir détruire un fort qui pouvait leur amener encore les calamités d'un siège.

Chacun s'était retiré ; la campagne, qui peu d'instants auparavant était couverte de monde, se trouvait déserte ; les officiers, qui comme moi n'avaient pas perdu leur maîtresse, étaient tous partis donnant le bras à une belle ; j'étais resté tout seul et m'en revenais assez tristement songeant à Marianna, et me figurant

le bonheur dont j'aurais joui si elle eût été là. La nuit
était presque complète, un léger crépuscule éclairait
seul la campagne; je m'avançais lentement vers la
ville, ayant pris un petit sentier détourné qui serpen-
tait entre deux haies d'aloës. J'entendais dans le
lointain les cris de joie des couples heureux qui me
précédaient ou qui venaient par d'autres chemins. Mon
cœur était en proie à un sentiment de tristesse excité
par la secrète envie que je portais aux amants fortunés,
lorsque je fus tiré de cet état par les cris d'une femme
qui appelait au secours. J'étais seul, mais j'avais une
bonne épée et une âme exaltée; je n'hésite pas, je vole
vers l'endroit d'où partaient les accents de détresse, et,
après avoir fait une centaine de pas et franchi un fossé,
je me trouve en face d'un homme qui faisait tous ses
efforts pour entraîner une personne vêtue de blanc
dont je ne pouvais distinguer les traits, pas plus que
ceux de l'homme qui cherchait à lui faire violence.
Mon arrivée inattendue, et les rayons lumineux lancés
par l'acier de mon épée lui firent lâcher prise, il se
retira brusquement en arrière, et, soit rage ou tout
autre sentiment, il déchargea en même temps les deux
pistolets dont il était armé, mais qui, heureusement,
n'atteignirent pas leur but. Grâce à Dieu, cet individu
n'avait pas de fusil; car avec cette arme un Calabrais
manque rarement son homme.

Ne lui donnant pas le temps de recharger, je me
jetai sur lui et lui allongeai un coup d'épée qui l'étendit

à mes pieds. Alors, sans m'attarder à vérifier s'il était mort ou seulement blessé, je saisis par la main la dame qui, bien que tremblante, se mit à courir avec moi sans proférer une parole, et en peu d'instants nous fûmes près de la ville. Arrivés aux premières maisons, nous passâmes sous une madone éclairée par une lampe ; à côté était un banc.

— Je m'assieds, dit la dame d'une voix étouffée, je n'en puis plus !.....

Moi-même, à peine pouvais-je respirer. Sans lui répondre, je me jetai sur le banc à côté d'elle, et nous restâmes ainsi plusieurs minutes.

Enfin, la faculté de parler m'étant revenue, je me hasardai à demander à ma compagne inconnue son nom, sa demeure, et où il fallait la conduire. Mais à peine eut-elle entendu ma voix qu'elle poussa un cri perçant, se couvrit entièrement la tête de son voile et se mit à fondre en larmes. Je fis tout ce que je pus pour l'engager à parler, elle ne répondit toujours que par des larmes. Je la priai et suppliai de me faire connaître sa demeure. Ce ne fut qu'après beaucoup de peine et d'effort qu'elle fit entendre ces mots à moitié étouffés par les sanglots :

— Je suis étrangère et ne sais où aller.

A peine l'inconnue avait-elle dit cela, que je me fis ces deux questions : Est-elle jeune ? Est-elle jolie ? Elles traversèrent comme l'éclair mon cerveau ; mais je les fis, et qui plus est j'y répondis. Elle est jeune, car elle est légère et court comme une biche ; elle est jolie, car si elle avait été laide aurait-on voulu l'enlever. La conséquence de ces deux réponses fut que je lui proposai de venir chez moi. Sans répondre, elle se leva, prit mon bras, s'y attacha avec force, mit ma main sur son cœur qui battait avec violence, et me suivit toujours silencieuse.

Il y avait encore loin de l'endroit où nous étions à celui où je demeurais. La situation de mon âme était telle que, dans ce trajet, je ne vis rien, n'entendis rien, et arrivai à ma porte sans avoir pu fixer une idée. J'avais traversé les rues et trouvé mon chemin absolument instinctivement. J'étais brûlant, la main que je tenais dans la mienne ne l'était pas moins, que de choses elle me disait !

Enfin, j'entre dans mon logis, je fais asseoir la belle inconnue. Je la qualifiais de belle sans l'avoir vue. O pouvoir de l'imagination !.... J'allume une bougie. Ah ! comme je fus long ; à chaque étincelle du briquet, je jetais un coup d'œil de son côté. Enfin la lumière brilla et je m'approchai de la dame ; elle était toujours exactement enveloppée de son voile. Je me mis à ses genoux, la suppliant de se laisser voir, je lui baisai les mains, l'assurant qu'elle était chez elle. Enfin, d'une voix entrecoupée par les sanglots, elle laisse échapper ces mots :

— Quand vous saurez qui je suis, vous me prendrez en horreur !...

— Vous êtes adorable, voilà tout ce que je puis vous dire et je vous aime sans vous avoir vue.

A peine avais-je eu le temps d'achever cette phrase que mon visage était inondé de larmes et couvert de baisers, et que les expressions du plus tendre amour et du plus sincère désespoir m'étaient prodiguées, et que ma jolie Carolina de Pescara me pressait dans ses bras... Et puis, après cela, dites que les romans ne sont pas vraisemblables.

J'étais tout étourdi ; je riais, grondais et embrassais à la fois, et tout en grondant, riant et embrassant, j'étais à mon tour grondé, embrassé et caressé.....

Quand l'aurore vint dorer les vitres de mes fenêtres, Carolina était encore endormie ; je m'étais éveillé et la considérais... Elle était toujours jolie comme les amours ; un peu de pâleur lui donnait même l'air plus intéressant, tout mon amour était revenu, et celle que j'avais si bien maudite à Portici redevenait l'objet de mes plus tendres soins. Qui donc à ma place n'en eût fait autant ? Aussi bien, lecteurs (si jamais j'en ai un), jugez-moi comme il vous plaira.

Aussitôt que ma belle Carolina ouvrit les yeux, son premier mouvement fut de cacher sa figure dans ses mains.

— Ah ! s'écria-t-elle, que tu dois me mépriser ?

— Tout est oublié, tu es toujours mon aimée, ma jolie Carolina de Pescara, rappelle-toi notre paradis terrestre et ne pensons plus qu'à cela.

Je l'aidai à se lever, à faire sa toilette, puis je fis
servir à déjeuner, et commodément assis tous deux
devant une table, que j'avais eu soin de faire couvrir
de fruits semblables à ceux du bienheureux jardin de
Pescara, et qu'elle regarda avec un sourire qui semblait
me dire « Que je te remercie ! » je la priai de me raconter par quel enchaînement de circonstances elle se
trouvait où je l'avais rencontrée.

« Ton départ, me dit-elle, m'avait laissée dans le plus
grand désespoir, je ne pus le cacher, et je devins
odieuse à ma tante. Elle me grondait sans cesse et
me rendait malheureuse à l'excès. Un jeune officier
se mit en tête de me faire la cour ; d'abord il m'inspira
de l'horreur ; mais j'étais si maltraitée dans la maison
que je trouvais une sorte de soulagement à écouter
quelqu'un qui semblait compatir à mes peines. Je ne
l'aimais pas, mais j'aimais sa société. Souvent, en le
quittant, je me mettais à t'écrire et tu sais si mes lettres
étaient passionnées ; parfois il venait me retrouver au
jardin. Un soir, il m'annonça qu'il partait le surlendemain ; son régiment allait à Naples. A cette nouvelle,
je fondis en larmes, car enfin c'était un ami. Alors il
me proposa de le suivre, je ne voulus pas y consentir ;
mais pour m'y décider, n'écoutant que sa passion, il
se fit une blessure avec son épée, et de son sang me
signa une promesse de mariage. Cette action me toucha ;
je savais cependant ce que valent l'amour et ses pro-
messes.... Néanmoins je consentis à l'accompagner,

et deux jours après j'étais avec lui sur la route de
Sulmona. Nous arrivâmes à Naples ; j'y restai quelques
jours, puis nous partîmes pour Portici.

« Je sentais que j'étais indigne de toi ; et cependant
j'aurais voulu te revoir. Je demeurais toute la journée
à ma fenêtre espérant t'apercevoir, hélas ! tu sais
comment je te reconnus. Je fus tellement saisie et
embarrassée par ta présence que je ne trouvai d'autre
moyen que de simuler une faiblesse. Ah ! si tu avais su
ce qui se passait dans mon cœur, tu aurais eu pitié de
moi. Quand tu fus parti, j'eus bien de la peine à
surmonter mon trouble. Mon nouvel amant ne s'aperçut
cependant de rien, et le lendemain nous reprîmes la
route de la Calabre.

« Notre voyage se fit sans incidents. Ma passion pour
toi m'occupait toujours, et mon amant sentait instinctivement que je ne l'aimais pas. Il s'en plaignit d'abord
amèrement et en conçut beaucoup de dépit, car il
m'adorait ; mais ensuite, à son tour, il devint indiffé-
rent et cette indifférence m'offensa. Je lui rappelai
alors sa promesse de mariage, il me regarda en riant
d'un air de mépris, et, à dater de cet instant, je le
détestai. Il ne s'occupait plus de moi. Nous étions
dans un petit village du côté de Rovalino ; quand il
le quitta il me défendit de le suivre. Il me restait,
heureusement, mes bijoux et un peu d'argent. J'étais
logée chez un brave homme, j'y restai quelque temps ;
mais un jour, ayant aperçu une petite barque sur le

bord de la mer, je me dirigeai vers elle ; le patron
venait de conduire du grain à Crotone et retournait à
Reggio ; l'idée me vint aussitôt d'aller dans cette ville,
je fis mon accord, et hier matin nous avons débarqué.
A ce moment, tout le monde courait hors de la ville ;
ne sachant où prendre gîte, j'ai suivi la foule, enveloppée de ma mante ; mais je n'ai joui de rien, et en
proie au chagrin j'ai passé ma journée à pleurer à
l'écart. La nuit venue, j'ai songé à chercher un asile,
et me suis dirigée vers la ville ; mais à peine avais-je
fait une centaine de pas, qu'un individu s'approcha
de moi et me fit des propositions qui me prouvèrent
qu'il me prenait pour une fille publique. Je ne répondis
pas, il continua ses instances et chercha à employer
la force, c'est alors que je me mis à crier au secours.
Tu sais le reste. »

Voilà ce qu'elle me conta, je la crus ou fis semblant
de la croire, et je jurai à mon tour que je n'avais
jamais cessé de l'aimer et que je ne l'abandonnerais
pas. Nous prîmes ensuite nos dispositions pour vivre
ensemble sans éveiller les soupçons. Quant à l'homme
auquel j'avais donné un coup d'épée, je présume
qu'il n'en mourut pas, puisque je n'entendis parler
de rien.

Mon intimité avec Caroline dura près d'un mois.
Au bout de ce temps, elle reçut de Pescara une lettre
lui annonçant la mort de sa tante, qui lui laissait une
jolie fortune. Elle me communiqua cette lettre en me

demandant mon avis. Je m'abstins de le lui donner. Elle me comprit, et versa quelques larmes en me disant :

— Je vois bien qu'il faut nous quitter... Si j'étais digne de toi, je te proposerais de devenir ta femme ; mais je sais bien que pareille chose est impossible.

Je la remerciai, lui affirmant que j'étais très reconnaissant ; mais je lui étalai un si grand nombre de difficultés de toutes espèces qu'elle en vit bien l'impossibilité, et dès lors elle se décida à partir. Je lui achetai une mule, et, profitant d'un convoi qui se rendait à Naples, elle quitta la Calabre au mois d'août.

Trois mois après, je reçus d'elle une lettre datée de Pescara. Cette lettre me prouva que réellement elle m'aimait. La pauvre fille, ignorante de certaines délicatesses, offrait de m'envoyer de l'argent! On pense si je refusai ; mais je fus touché de son procédé. Peu de temps après, elle m'écrivit encore pour me dire qu'elle trouvait un parti convenable et me demandait mes conseils. Je m'empressai de lui répondre que, malgré le regret que je ne pouvais m'empêcher d'éprouver, je l'engageais très fort à profiter de l'occasion favorable de faire oublier ses erreurs ; je l'assurai que je conserverais toujours pour elle une vive affection et lui souhaitai une parfaite félicité. Depuis lors, je ne reçus plus de ses nouvelles et j'imagine qu'elle sera comme tant d'autres, surtout à

cette époque troublée, devenue une femme estimable.
Elle avait toutes les qualités du cœur, et celui qui l'a
épousée aura pu se figurer qu'il prenait une veuve ;
il en est beaucoup qui ne la valent peut-être pas.

Quand elle fut partie, je me retrouvai encore une
fois seul et en face de mon double chagrin, départ de
Caroline et perte de Marianna que je ne pouvais
parvenir à oublier. Heureusement, vers cette époque,
je fus envoyé en détachement près du cap Spartivento
pour favoriser un convoi de blé qui se rendait à
Crotone.

Je rentrai à Reggio au moment juste où il fallait
en partir. Les Anglais menaçaient d'opérer un débar-
quement qui eut effectivement lieu sur certains points.
En septembre de cette même année 1808, les Français
furent obligés de concentrer leurs forces sur les points
de La Melia, Scilla, Bagnara, Seminara, Palmi.

Ce fut vers cette époque que Murat vint remplacer
Joseph Bonaparte sur le trône de Naples, et peu de
temps après eut lieu la prise de Capri par le général
Lamarque. Cette expédition avait parfaitement réussi.

Ordonnée par Murat, elle lui fit beaucoup d'honneur
et le rehaussa dans l'esprit des Napolitains, qui se
laissent facilement éblouir par les rayons de la gloire
militaire. Dès ce moment, le roi Joachim fut un héros,
ils commencèrent à le craindre et même à l'aimer.

L'île de Capri est environnée de rochers escarpés et
n'a point de plage, surtout du côté de Naples. Elle

fut enlevée d'assaut, et le général Lamarque y fit des
prodiges de valeur. On avait dressé des échelles dans
les endroits trop difficiles ; dans d'autres, de petits
escaliers taillés dans le roc aplanirent les difficultés de
l'escalade et en un instant, malgré la fusillade et le
canon des Anglais, nos troupes furent maîtresses de
l'île.

L'ennemi se retira dans le fort de Capri, où il fut
bloqué, et craignant une attaque il se rendit au bout de
quelques jours.

Ce fort est remarquable par sa position sur un
rocher et ses escaliers étroits taillés danc le roc. Capri
est la capitale de l'île qui n'a pas plus de cinq ou six
lieues de tour. On ne peut se figurer la quantité prodigieuse de cailles qui s'y arrêtent à leur retour d'Afrique ; on en jugera par leur bon marché. On en donnait
douze pour deux grains ; le grain vaut un peu moins
d'un sou.

Capri, vue des hauteurs de Sorrento et de La Campanella, offre un admirable coup d'œil. Son sol est couvert de myrtes, d'orangers, de figuiers, qui forment
de jolies allées, et l'île présente l'aspect d'un superbe
jardin nuancé de mille couleurs. Les troupes qui firent
partie de l'expédition furent embarquées à Naples, à
Castellamare, et à la pointe de La Campanella. Plusieurs de nos camarades se trouvaient alors dans les
environs de Naples et c'est d'eux que je tiens ces
détails.

Nous restâmes tout l'hiver dans les positions dont j'ai parlé plus haut, La Melia, Scilla, Bagnara, Seminara, Palmi. Les Anglais occupèrent Reggio, La Barra, La Catona, villa San Giovanni, Capo et le littoral. Pour moi, je fus presque toute la mauvaise saison au camp de la Melia, à Solano, à Oppido et à Seminara.

Nous passions notre temps à la chasse ; le gibier était abondant, et nous prenions des oiseaux au trébuchet et au lacet. Nous avions construit des baraques très commodes, fabriqué des cheminées, le bois ne manquait pas, et nous souffrions peu du froid qui ne laissait pas que d'être très rigoureux. De La Melia, plateau situé sur le penchant de l'Aspromonte, qui tire son nom de la neige qui le couvre, en allant à Solano, on passe par un chemin taillé dans le roc à la profondeur de près de quarante pieds, et large seulement de trois. C'est à peine si un mulet peut y passer, et quelques hommes pourraient y arrêter une armée. Ce passage se nomme le pas de Solano. Solano est un joli petit village bâti dans un vallon.

Nous restâmes dans ces parages jusqu'à la mi-avril 1809, et à cette époque je fus envoyé à Scilla. L'armée française, qui n'était plus composée que du 20e régiment de ligne, du 22e régiment d'infanterie légère, et du 14e de chasseurs, fut obligée d'effectuer un mouvement rétrogade sur Monteleone ; on laissa toutefois une garnison à Scilla. Toutes les troupes, exceptées celles susnommées, venaient d'être appelées en Allemagne pour la campagne de Wagram. Cependant, vers la fin de mai, nous remarchâmes en avant, et successivement nous délogeâmes les Anglais de Seminara, de Palmi, et leur fîmes lever le siège de Scilla. A Palmi, on en prit une centaine qui n'eurent pas le temps de sortir. Mon capitaine, M. Lemaire, y reçut au pied un coup de feu dont il mourut bientôt après à Monteleone. On poussa les Anglais jusque sur le grand plateau qui s'étend de l'Aspromonte jusqu'au-dessus de la Torre-del-Cavallo et de Canatello. Là, on espérait leur livrer bataille, mais notre espoir fut encore déçu. Ils se hâtèrent de battre en retraite, abandonnant leur camp avec une telle précipitation qu'on trouva encore des soldats dans les baraques et une quantité considérable de rhum et de barils pleins de munitions. Enfin, ils s'embarquèrent à Canatello ; nos voltigeurs allèrent leur tirer des coups de fusil jusque sur leurs barques et notre artillerie légère leur fit beaucoup de mal.

Placés presque perpendiculairement, nous pûmes les observer à notre aise. Ils emportèrent leurs morts et leurs blessés. Plus de six cents petites barques allaient et venaient ; et, à quelque distance, on apercevait trois vaisseaux, deux frégates, des bricks, des corvettes, et quantité de chaloupes canonnières.

Nous nous contentâmes de les inquiéter du milieu des rochers où nous étions embusqués. Quant à eux, ils firent beaucoup de bruit, lancèrent beaucoup de boulets, et ne causèrent pas grand mal, tandis que nous leur en fîmes prodigieusement. Je fus cependant blessé d'un éclat de rocher contre lequel avait frappé un de leurs projectiles ; il m'atteignit au genou droit et je restai boiteux pendant plusieurs jours. C'est la seule blessure un peu grave que je reçus dans tout le cours de ma carrière militaire durant laquelle cependant j'ai bien souvent vu le feu.

Cette affaire se passait le 10 juin 1809. Le 13, il n'y avait plus un Anglais en Calabre, sauf ceux restés prisonniers.

Le 22e léger fut envoyé à Reggio. Mon régiment, le 20e de ligne, occupa de nouveau Campo, Scilla, Bagnara, Seminara et Palmi. Je fus détaché dans cette dernière ville qui est fort jolie. Elle est bâtie sur un plateau qui domine la mer, et est dominé à son tour par les hauteurs de la Coronna. Les environs en sont charmants. J'y passai quelque temps, libre de tout souci ; je n'avais plus de maîtresse, je n'en cherchais point, et je jouis de ma liberté dont je sentais le prix.

. Je fis une excursion à Reggio, pour voir le docteur Pagliati et son excellente femme Dona Julia. Je fus accueilli comme l'enfant de la famille ; mais hélas ! la vue des fenêtres de Marianna rouvrit toutes mes plaies. Durant cette visite, je rencontrai sa plus jeune sœur, et sa présence produisit sur moi une des plus pénibles impressions que j'aie jamais ressentie. Je lui baisai la main avec une tendresse et une émotion si

profondes que les larmes lui en vinrent aux yeux.
Dona Julia s'en aperçut et craignant de nouveaux
ennuis trouva un prétexte pour la renvoyer bien vite
chez ses parents. Je la vis sortir avec une véritable
peine, mais je ne me plaignis pas.

Après avoir partagé le repas de mes hôtes, je repris
le chemin de ma garnison et, quelques jours après,
c'est-à-dire vers le commencement de juillet, je reçus
l'ordre de me rendre, avec cinquante hommes, à
Monteleone. Lorsque j'y fus arrivé, le général m'annonça que j'étais destiné à faire partie d'une colonne
mobile qui devait se diriger sur Laureana (petite
ville proche de Mileto), pour en chasser les brigands
qui l'occupaient et que j'y resterais commandant de la
place et du territoire environnant avec commission
d'y détruire les insurgés, et que je n'aurais de comptes
à rendre qu'à lui-même. Ma joie fut à son comble !

Je passai une partie de la nuit à lire et relire les
instructions qui m'avaient été données. Elles m'accor-
daient le droit de vie et de mort sur quiconque trou-
blerait la tranquillité publique sous quelque prétexte
que ce fût, sauf à en référer au général en chef.
J'étais fier d'un tel pouvoir, et je me promis bien de
n'en pas abuser, comme aussi de faire tous mes efforts
pour rendre la tranquillité au malheureux pays qui
allait m'être confié.

Nous partîmes le soir même à dix heures. La
colonne était commandée par un colonel et compre-

nait deux cents hommes. A la pointe du jour nous étions dans la vallée au-dessus de laquelle est bâti Laureana.

Laureana est un joli bourg sur le penchant d'une colline remarquable par sa fertilité. Les brigands l'occupaient depuis plusieurs semaines et tous les habitants riches l'avaient abandonné. Le château du baron Laquanetti, déserté par ses maîtres et resté sous la surveillance du majordome, leur servait de quartier général. Heureusement c'était une simple habitation sans apparence de fortifications.

Le colonel qui commandait notre colonne mobile envoya une reconnaissance ; elle s'approcha le plus près possible du village et ne s'arrêta qu'après avoir reçu des coups de fusil tirés de derrière les haies qui environnaient les jardins. On avait formé trois détachements, l'un prit à gauche, l'autre à droite et le troisième continua par la route. Je commandais celui de droite. Au bruit de la fusillade engagée par l'avant-garde, je m'avançai, selon mes instructions, au pas de charge et sans tirer un coup de fusil, bravant les balles qui pleuvaient sur nous de tous côtés, je fus en peu d'instants sur la place de l'église où était aussi le château. Je m'en emparai. J'examinai ensuite le clocher de l'église qui était fort élevé et terminé en plateforme ; j'y envoyai six hommes et un sergent ; de là, ils découvrirent les brigands dans les jardins et les fusillèrent à leur aise ; ce que voyant, j'y renvoyai six soldats de plus, et moi-même, avec le reste de mes hommes, j'acculai les brigands dans un chemin creux où je leur fis un mal affreux.

Pendant ce temps, le second détachement arriva, et les brigands se retirèrent sur les hauteurs hors de portée. Le gros de la colonne vint aussi. Je n'avais perdu que deux hommes et deux autres étaient blessés. Je reçus des compliments du colonel ; il m'envoya à la poursuite de l'ennemi, auquel je parvins, à force de diligence, à enlever ses blessés que je ne lui donnai pas le temps d'emporter ; ils étaient au nombre de dix. Ces malheureux furent fusillés ! Telles étaient les cruelles mesures qu'on était obligé de prendre pour éteindre la rébellion. Il est probable qu'il y eut d'autres blessés ; mais ils trouvèrent assez de force pour s'enfuir.

Quand les bandits furent hors de vue, le colonel me fit appeler. On fouilla le village ; nous y découvrîmes encore deux blessés et trois hommes bien portants, mais qui, visiblement, avaient déchiré la cartouche. Ils furent envoyés à Monteleone.

En définitive, l'ennemi eut ce jour-là douze blessés, seize morts et trois prisonniers ; de notre côté, nous eûmes trois morts et cinq blessés.

Lorsque nous fûmes entièrement maîtres du village, la troupe s'établit militairement et le détachement qui devait rester avec moi fut logé dans une espèce de caserne. Le colonel me délivra mes instructions ultérieures et me fit reconnaître comme commandant de la place et du district de Laureana. Il me conféra le droit d'amnistie pour tous ceux des brigands qui voudraient déposer les armes, et celui de les organiser en garde civique, avec plein pouvoir de faire fusiller tous ceux qui se serviraient de ces mêmes armes contre les habitants ou les Français. J'étais en outre chargé de faciliter la levée des impôts et le recrutement. Il me fut enjoint surtout de prendre tous les moyens possibles pour détruire la rébellion.

Après être resté deux jours dans le château du baron Laquanetti, où je le remplaçai, le colonel reprit le chemin de Monteleone.

Me voilà seul à Laureana, encore une fois chef de détachement ; je vais donc commander ; aucun supérieur immédiat ne sera là pour me faire sentir son autorité. C'est, je l'avoue, la première pensée qui me vint à l'esprit après le départ du colonel. Je n'avais pas encore vingt-deux ans, et j'étais investi d'un pouvoir presque sans bornes, j'en eus comme un mouvement de vanité, et ici, de nouveau, je l'avoue franchement, ces éclairs d'autorité, ces commandements supérieurs dans un âge peu avancé et au moment où j'étais destiné à obéir, ont pesé sur le reste de ma carrière. J'étais d'une nature droite, mais fougueuse et indépendante, et le poids de la subordination m'a été pénible ; j'ai toujours obéi en brave soldat, mais souvent en frémissant.

Aussitôt que je fus convenablement installé à Laureana, que j'eus réglé les postes et le service de mes
soldats, je me procurai de bons guides, et accompagné
de dix de mes hommes et d'un bon nombre de ceux de
la garde civique, je commençai une tournée dans mon
district, tournée pendant laquelle j'appris à connaître
les chemins, l'étendue, et la population des villages,
leurs communications, leur position, enfin tout ce qui
pouvait m'être utile. Dans chaque commune, je pris le
nom des hommes que l'on présumait être en campagne,
j'interrogeai les syndics, les curés, les médecins, et je
publiai des ordres du jour par lesquels j'annonçais que
j'étais autorisé à recevoir en amnistie tous ceux des
insurgés qui désiraient rentrer chez eux, déposer les
armes, et jurer de rester désormais paisibles. Nous
avions tellement épouvanté et dispersé les brigands,
que, pendant les dix jours que dura ma tournée, je ne
fus attaqué que deux fois, et encore ces attaques ne con-
sistèrent qu'en quelques coups de fusil qu'on nous tira
du haut des montagnes et hors de portée.

Les hommes de la garde civique seuls étaient
envoyés sur les hauteurs pour prévenir de plus grands
dangers. Régis, mon roi des montagnes, que j'avais
encore avec moi, dirigeait leurs mouvements et me
servait lui-même d'avant-garde et d'éclaireur.

Aussitôt que j'eus acquis sur mon district toutes les
connaissances que je devais avoir, je retournai à
Laureana et j'y trouvai le baron Laquanetti avec sa

femme et son frère. Cette famille, à laquelle manquaient deux filles que, vu les troubles, on avait
laissées à Monteleone, venait d'arriver.

Le baron était un homme de beaucoup d'esprit et
d'instruction, et d'une grande philosophie ; mais il
était goutteux au point de ne pouvoir plus marcher et
on le traînait dans un fauteuil. Il se nommait Don
Saverio. Son frère, Don Antonio, ne lui ressemblait
en aucune façon ; c'était un sot, plein d'orgueil et de
vanité. Quant à madame la baronne, je ne puis guère
dire si elle avait de l'esprit, ne l'ayant peut-être pas
entendue parler quatre fois. Elle avait la peau très
blanche, les cheveux très noirs, de grands yeux assez
expressifs, un cou superbe ; mais la longueur déme-
surée de son nez gâtait tout ; en outre, un certain air
gauche et orgueilleux en même temps faisait d'elle
une femme peu agréable.

Toutefois, quand j'arrivai, elle vint au devant de
moi, et son beau-frère, Don Antonio, voulut me
baiser la main ; mais je la retirai, cette politesse tout
italienne m'ayant toujours déplu. La baronne impro-
visa quelques petits remerciements sur le service que
nous leur avions rendu en chassant les brigands du
château ; mais ces remerciements m'eurent l'air de
partir des lèvres, et je crus même distinguer que
ceux qui la débarrasseraient de moi et des miens en
auraient peut-être reçus de plus véridiques.

Don Antonio avait la figure fausse et la tournure

d'un méchant homme, du moins je le jugeai tel et je n'avais pas tort. Néanmoins, je pris avec eux un air riant et leur débitai des lieux communs.

— Signora, dis-je à la baronne, Dona Carlotta, je suis trop heureux d'avoir pu faire quelque chose qui soit agréable à une jolie femme, et, ajoutai-je, si j'ai été le chevalier de son Excellence sans la connaître, que sera-ce, aujourd'hui, si elle veut bien m'accepter pour tel.

Ici Don Antonio fit une laide grimace ; il eut peur sans doute que je n'allasse trop loin, et, pour couper court, il me fit des offres de service au nom de son frère et de sa belle-sœur. Celle-ci voulut balbutier quelques paroles, mais Don Antonio l'interrompit encore pour excuser le baron que la goutte empêchait de venir au salon. A un coup d'œil de son beau-frère, la signora baronne, faisant une gauche révérence, se retira dans ses appartements, toujours suivie par Don Antonio que je regardais, dès ce moment (et je ne me trompais point), comme l'amant en pied et le tyran de la dame qui, comme je le sus plus sûrement encore dans la suite, n'agissait et ne parlait que d'après sa permission.

Peu de temps après, j'allai voir le baron. Sa figure me plut. Tout impotent qu'il était, et quoique beaucoup plus âgé que son frère, je le trouvai bien plus bel homme ; il avait l'air distingué, la physionomie franche. J'en fis souvent ma société ; il parlait bien, je

l'écoutais avec plaisir ; sa conversation était instruc-
tive et il avait beaucoup d'ascendant sur les paysans
des environs, et j'en profitai souvent pour arriver à
mes fins. D'ailleurs, c'était un homme aimant le bon
ordre, et que les préventions n'aveuglaient pas. Pour
obtenir la tranquillité et faire cesser l'anarchie, il
fallait aider et appuyer le gouvernement et ses agents ;
c'est ce qu'il faisait franchement, sans s'inquiéter si
ce gouvernement était français ou napolitain ; aussi
n'était-il pas aimé de son frère qui, avec son air bas
et doucereux, aurait, s'il eût pu, égorgé jusqu'au
dernier Français.

Le baron Don Saverio m'offrit la table, j'acceptai ;
elle était bonne. Le juge de paix y mangeait, ainsi que
le receveur des contributions qui arriva peu de jours
après moi. On y était assez gai. Le baron parlait pour
son frère et sa femme qui ne disaient jamais rien. Le
receveur des contributions était un jeune homme
assez insignifiant ; il avait bien envie de courtiser la
baronne, mais l'air de Don Antonio lui fit peur, il
craignait le cortelato et resta tranquille. Quant au
juge de paix, Don Guiseppe, c'était une sorte de fou
très amusant qui avait cent idées plus baroques les
unes que les autres, et, bien qu'il fut d'une santé
délabrée, il soutenait qu'il y avait un moyen de conserver la vie ou du moins de la prolonger indéfi-
niment, et il ne désespérait pas de le trouver ; il
travaillait même à cette découverte depuis fort long-

temps. Sa chambre était remplie de petites bouteilles et de différentes drogues, et je suis persuadé que l'essai réitéré de ces drogues et de ces élixirs avait contribué pour beaucoup au dérangement de sa santé. Il n'en croyait rien et m'a souvent répété qu'il espérait bien vivre des centaines d'années. Pauvre homme! Je le regardais alors avec compassion, car la mort était sur ses lèvres. Malgré cette sorte de folie, il était instruit, d'une intégrité rare, d'un jugement parfait pour tout ce qui concernait ses fonctions. C'est ainsi que, souvent, la sagesse se trouve unie à la folie.

Il y avait encore au château un septième commensal, c'était un jeune renard privé, qui partageait avec Don Antonio les faveurs de la signora baronna ; cet animal s'apprivoise rarement, cependant celui-là l'était ou paraissait l'être ; mais ce ne fut pas pour longtemps. Le naturel sauvage et félin se développant avec l'âge, un jour il se fâcha, mordit la blanche main qui le caressait, rompit sa chaîne et s'enfuit. La douleur arracha d'abord des larmes à Dona Carlotta, puis elle voulut ravoir son favori qui s'était blotti dans un trou assez profond. Personne, pas même Don Antonio, ne se souciant de le tirer de là, je voulus faire le brave, je pris un gant de maître d'arme, je fourrai ma main dans le trou, et, empoignant le renard, je le déposai aux pieds de sa maîtresse. Mais il ne voulut plus rester, essaya de mordre encore et s'enfuit de nouveau, et, après plusieurs tentatives, la tragédie finit par un coup de fusil que, peut-être un peu vivement, j'envoyai à cette méchante bête, coup de fusil d'ailleurs bien mérité.

Cette anecdote n'est rien par elle-même; et si je me décide à la raconter, c'est qu'elle fut le prétexte que saisit Don Antonio pour légitimer en quelque sorte la haine qu'il me portait. Il prétendit, et s'en plaignit hautement, que j'avais poussé l'insolence et la tyrannie (car il se servit de ce grand mot) jusqu'à tuer sous les yeux de la signora baronna un animal qu'elle aimait. Il savait pourtant bien que si j'avais tué cette vilaine bête, après avoir tenté plusieurs fois de la rendre à sa maîtresse, c'était par indignation de la voir blesser une main délicate.

Ce jour-là, je m'aperçus que le pouvoir, si mince qu'il soit, vous a bientôt entouré d'ennemis toujours prêts à mal interpréter vos actions.

Dès que le méchant petit renard fut étendu mort, Don Antonio, qui au fond en était bien aise, s'emporta, prononça d'affreux jurements, me lança des regards obliques où se peignait la haine, et, entraînant Dona Carlotta, rentra vivement dans le château, maudissant toute la nation française. Et tout cela pour un mauvais petit renard.

Pour moi, je dédaignai ces emportements et m'empressai d'aller trouver Don Saverio, qui loin d'être fâché s'écria :

— Vous avez bien fait, signor commandante, de tuer « questa volpe maladetta », je la voyais avec peine, et j'étais certain que son naturel félin ne tarderait pas à se montrer.

Quant à Don Giuseppe Albanèse, le juge de paix, il s'empara de la bête pour en extraire la graisse, qui entrait dans la composition d'un de ses onguents. Le jeune receveur des contributions voulut suivre la baronna ; mais le terrible Don Antonio lui ferma la porte au nez, et le pauvre jeune homme fut réduit à se consoler en s'emparant d'un mouchoir teint du sang de la dame et qui, dans la bagarre, était resté sur le lieu de l'exécution. Hélas! ce mouchoir lui coûta cher, comme on le verra par la suite.

Trois semaines seulement s'étaient écoulées depuis que j'étais à Laureana, et déjà plus de deux cents brigands étaient venus me remettre leurs armes. Je les avait renvoyés chez eux après leur avoir fait prêter le serment de fidélité, si toutefois on ose se servir de ce mot. Plusieurs d'entre eux, sur de bons renseignements, avaient été par moi organisés en compagnie franche de garde civique, et j'en avais donné le commandement à un certain Camisolta, homme hardi et entreprenant, et que j'avais intérêt à ménager. Cet honneur le flatta, et, par reconnaissance, il me voua un attachement à toute épreuve, et je n'eus jamais qu'à me louer de ses services.

— Seulement, disait-il quelquefois, quand ce jeune

commandant s'en ira, je ne sais pas trop ce que je ferai, et il faudra que son successeur me convienne furieusement pour que je reste ici.

Voilà bien la fidélité d'un brigand ; mais, tel qu'était celui-là, je m'en servais, et j'en tirais même des services importants, car il connaissait les sentiers les plus détournés, les passages les plus impraticables et les lieux les plus reculés des montagnes environnantes. D'ailleurs, il était brave et, comme je l'ai dit, absolument dévoué à ma personne.

La garde civique ordinaire du pays était commandée par Don Nicolo Pietro Pataro, homme très attaché au gouvernement français pour lequel il avait été souvent persécuté. En outre, son plus cruel ennemi faisait partie des insurgés et ne s'était pas présenté à l'amnistie, sa vengeance particulière le portait donc à faire cause commune avec nous. Cet ennemi avait tué son père presque dans ses bras; il n'en fallait pas tant pour lui faire jurer sa perte. Je connaissais toutes ces particularités, et c'étaient autant de fils avec lesquels je faisais agir mon homme, qui du reste était franc, loyal et bon vivant.

D'après tout cela, on voit maintenant de quoi se composait mon modeste état-major, savoir : le capitaine de la garde civique, Don Nicolo ; celui de la compagnie franche, Camisolta ; mon sergent, et j'ajouterai mon fidèle Régis, le roi des montagnes, que j'y adjoignais souvent.

La garde civique, tant de Laureana que des autres villes ou bourgs du district sous mes ordres, était forte de six cents hommes environ, la compagnie franche de cent vingt hommes, ce qui faisait avec mon détachement une force de près de huit cents hommes que je faisais mouvoir à mon gré.

J'étais continuellement en campagne et des colonnes mobiles parcouraient sans cesse le pays. Aussi, en moins d'un mois, on passait seul dans des lieux où, peu auparavant, on aurait été arrêté avec une forte escorte.

Je correspondais directement avec le général gouverneur de la province pour tout ce qui avait quelque importance, et deux fois par semaine je faisais mon rapport au commandant de Mileto sur la situation de mon détachement.

Dans le premier mois de mon séjour, il n'arriva pas grand'chose; mais ensuite les événements se compliquèrent. Comme je l'ai dit, les paysans étaient tranquilles, mais les meneurs ne l'étaient pas.

Occupé à poursuivre les hommes armés et ouvertement déclarés contre nous, et à faciliter la levée des contributions, je faisais peu d'attention à ces hypocrites qui, sous le voile de la soumission la plus vile, cachaient leurs mauvaises intentions et leurs sourdes menées; mais la haute police de Monteleone en était instruite. Un jour, je vis arriver un colonel de chasseurs escorté d'une trentaine de cavaliers; il allait dans le bourg voisin par ordre du général. Je lui offris, ou pour mieux dire, le baron Laquanetti lui offrit l'hospitalité au château; il y resta une nuit, et le lendemain il partit; je pressentis bien qu'il avait une mission secrète.

Deux jours après, il repassa à Laureana, conduisant une vingtaine de personnages enchaînés.

— Voilà ma prise, dit-il, ce sont des lurons qui, probablement, figureront à Monteleone à trois pieds au-dessus de la foule.

Parmi ces hommes il y avait un prêtre, c'était l'oncle du capitaine de la garde civique, Don Nicolo Pietro. Celui-ci s'en plaignait beaucoup, il l'accusait d'avoir voulu le dépouiller de son bien, d'avoir essayé de séduire sa sœur et sa fille; bref, il était furieux contre lui, et, loin d'intercéder en sa faveur, il parut satisfait de le voir prisonnier. Sa haine était en partie justifiée par le mépris que lui portaient les gens de bien. Ce prêtre était vraiment un méchant homme, indigne du caractère dont il était revêtu, et dangereux pour les Français contre lesquels il ne cessait d'exciter sourdement les habitants des campagnes; on en eut les preuves, et ce fut la cause de son arrestation; elle en amena beaucoup d'autres.

Le lendemain, quand le colonel voulut partir, le prêtre, homme replet et déjà âgé, fut déclaré incapable de supporter la route.

— C'est bien, me dit le colonel, il restera, gardez-le

jusqu'à ce qu'il soit en état de marcher, et alors, envoyez-le sous bonne escorte à Monteleone. Surveillez-le avec soin, et, s'il cherche à s'évader, ne le manquez pas.

Je promis, et le colonel partit emmenant les autres prisonniers.

Je fis aussitôt enfermer celui qui me restait dans une salle du château. Elle avait un balcon qui donnait sur la rue, et à quelques pas se trouvait une sentinelle. Vu le peu de légèreté de mon homme, je ne fis pas grande attention à ce balcon, n'imaginant pas qu'il pût essayer de l'escalader. La nuit suivante, vers une heure du matin, nous fûmes réveillés par un coup de fusil; je saute en bas de mon lit et cours au poste m'informer de ce que ce pouvait être. La sentinelle rechargeait son fusil, et le caporal me montra un homme étendu sur le pavé. C'était le prêtre, qui, au moment où il sautait du balcon dans la rue, avait été aperçu par la sentinelle qui, après le « qui vive » de rigueur, auquel on s'était bien gardé de répondre, avait ajusté, lâché la détente, et étendu mort le fuyard.

Le capitaine de la garde civique qui était aussi accouru, regarda le cadavre, et s'écria sans montrer d'émotion :

— Adio zio mio, altrave t'avrai vindicato; ma per troppo lo meriti !

Je fis enlever ce malheureux, et le lendemain j'envoyai mon rapport qui fut reçu avec joie, car on était bien aise d'être délivré d'un homme dangereux que son caractère semblait protéger, et qu'on aurait vu avec peine figurer à une potence. C'était toujours avec répugnance, et non sans quelque crainte d'un peuple fanatisé, qu'on se décidait à traîner au supplice des hommes appartenant à l'Eglise.

La population fut bientôt instruite de cet événement tragique ; mais je vis avec plaisir que personne ne prenait intérêt à la victime, d'où je conclus que, ainsi qu'on le prétendait, ce devait être un grand scélérat. Au reste, on m'a raconté sur lui des choses épouvantables que je ne rapporterai même pas. Malgré tout, le clergé de Laureana me demanda la permission de lui rendre les honneurs dus à son caractère sacerdotal et je ne m'y opposai nullement. En conséquence, il fut conduit en grande pompe au caveau de l'église destiné à la sépulture des prêtres, et la pierre du tombeau recouvrit et son malheur et ses crimes.

Don Antonio ne manqua pas de prendre note de cette permission pour faire au général une dénonciation contre moi ; mais celui-ci n'y prit pas garde et la haine de Don Antonio s'en accrut.

Pendant que ceci se passait à Laureana, une bande de brigands, sans doute d'intelligence avec ceux qu'on venait d'arrêter, se montra dans les environs de Rosaruo, à deux ou trois lieues ; elle commettait des horreurs dans la campagne et je résolus d'y mettre fin.

En conséquence, je donnai des ordres à la garde civique et au Camisolta, qui se dirigèrent sur différents points, et, laissant un sergent avec trente hommes à Laureana, je me dirigeai par des chemins détournés vers les lieux où l'on présumait que pouvait être le chef de la Comitive avec ses plus déterminés compagnons.

Ce chef se nommait il Zingaro, c'est-à-dire le Bohémien, soit qu'il appartînt à cette caste, soit qu'il fut nommé ainsi à cause de la noirceur de sa peau, de son adresse et de sa barbarie. Quoi qu'il en soit, c'est contre ce personnage que je marchai; il devait avoir avec lui une cinquantaine d'hommes ou, pour parler plus justement, de bandits.

Je pris toutes les précautions nécessaires, et je traversai au milieu de la nuit une grande partie de la forêt qui sépare la vallée de Laureana de la petite ville de Rosaruo.

J'étais sûr de Camisolta; il haïssait personnellement le Zingaro et avait juré sa mort; aussi, ne s'épargna-t-il pas en cette occasion. A la pointe du jour, nous investîmes la partie du bois que l'on supposait servir de repaire à ces brigands, et, marchant à pas de loup et très péniblement, à cause des obstacles, nous arrivâmes de différents côtés près d'un endroit de la forêt où il n'était plus possible de pénétrer. Nous fûmes donc obligés de nous arrêter, et cette halte fut avantageuse à ceux que nous poursuivions. Ils nous avaient

entendus venir, malgré les précautions prises, et, à la
faveur de la prodigieuse épaisseur du bois, ils avaient
gagné une petite hauteur. Toutefois, ils ne purent le
faire si promptement que nous ne nous en aperçûmes,
et le capitaine de la garde civique fut le premier qui
cria : « I briganti, i briganti ! » et aussitôt il se porta
avec toute la célérité possible à l'endroit le plus
favorable pour les harceler ; la fusillade s'engagea. Les
gardes n'étant braves qu'autant qu'il y avait des
Français avec eux, je courus donc tâcher de les
rejoindre et les soutenir ; mais le sentier était étroit
et difficile, et mon mouvement n'eut pas toute la
rapidité désirable, ce qui pensa nuire beaucoup à mon
opération. Un moment de retard, et le pauvre capitaine
Nicolo Pietro se voyait abandonné des siens ; mais
j'arrivai encore à temps, et l'affaire ne fut pas longue
à décider, les uniformes français étant pour des Calabrais la tête de Méduse. Aussitôt qu'ils nous virent,
ils commencèrent à s'enfuir et se cachèrent parmi les
arbres et les broussailles ; nous fîmes feu, mais presque inutilement, nous ne voyions personne et étions
obligés de tirer au jugé, tandis que ces coquins ne
laissaient pas que de nous faire du mal. Cependant
nous avancions toujours, ce qui les força à se retirer
ou, pour mieux dire, à disparaître, car on ne peut se
faire une idée de l'adresse et de la ruse de ces
hommes ; en un instant ils deviennent pour ainsi
dire invisibles et toutes les recherches demeurent

infructueuses. D'ailleurs la configuration du terrain leur était très favorable : des sentiers impraticables, des monticules formant de petits vallons, le tout entrecoupé de marais sans fond, dans lesquels on ne peut se hasarder sans les connaître parfaitement, sous peine d'y perdre la vie.

Tous ces accidents de terrain réunis faisaient leur sûreté et aussi le désespoir de nos soldats ; mais j'avais avec moi un homme aussi fin qu'eux, c'était le Camisolta. Dès le début de l'action, il avait disparu, et je formais déjà des conjectures inquiétantes quand, à quelque distance, j'entendis tout à coup se renouveler la fusillade et pousser des hurlements. Je vis alors un des insurgés sortir de la forêt et se porter avec une vitesse extraordinaire sur le haut d'un petit ravin, et là, je vis ce malheureux, semblable au lièvre qui, poursuivi par les chiens, s'arrête, dresse l'oreille, écoute un moment et repart, s'arrêter, mettre la main à ses yeux, regarder au loin, puis tirer un coup de fusil et s'enfuir ; mais il fut bien vite arrêté dans sa course ; quatre hommes embusqués derrière un buisson s'élancent, se jettent sur lui, et le terrassent en un instant ; on le dépouille de ses armes, et on lui attache les mains derrière le dos. Cet homme était le Zingaro, et ceux qui l'avaient saisi étaient commandés par le Camisolta.

Pendant ce temps, nous marchions toujours, et arrivâmes bientôt sur le lieu même où venait de se passer l'événement. La fusillade avait cessé, et en un instant nous fûmes tous rassemblés. Les hommes de Camisolta amenaient encore deux brigands et portaient les dépouilles de quatre autres qu'ils avaient tués. J'ai su depuis que, sans le désir de Camisolta de se saisir du Zingaro, désir auquel il avait sacrifié l'avantage de détruire tous les brigands, nous aurions sûrement pris la bande entière.

Quoi qu'il en soit, je fus très satisfait de ce résultat. Deux de mes hommes seulement étaient légèrement blessés, et je voyais en ma puissance un chef redouté avec deux des siens, et enfin la Comitive dispersée et incapable de donner désormais des inquiétudes.

Il y avait un des hommes de Camisolta tué, un autre blessé ; le capitaine de la garde civique avait aussi perdu un des siens ; mais tout cela m'affectait peu, et la perte d'un Français m'eût causé, je l'avoue, plus de peine que celle de plusieurs de nos alliés. Je regardais mes soldats comme mes frères.

NOTE

POUR FAIRE SUITE AUX SOUVENIRS

Ici finissent brusquement ces souvenirs, écrits en 1829 pendant les loisirs d'un semestre d'hiver.

Nommé Lieutenant en 1810 (5 décembre), l'auteur (1) après un séjour de cinq années à l'armée d'Italie, fut envoyé à l'armée d'Espagne (1811) où il demeura environ deux ans et demi.

Le 22 juillet 1812, étant officier d'ordonnance du Maréchal de camp, baron Bonté, il assista et se distingua à la bataille des Arapiles (2) près Salamanca. De retour en Italie, vers la fin de 1813, il prit part, le 26 octobre de cette même année, au combat de la Fulguria, en Tyrol, et enfonça à là tête de dix hommes un peloton de cent Autrichiens qui voulaient arrêter la retraite de son bataillon.

Le 8 février 1813, il fut nommé capitaine et chevalier de la Légion d'honneur le 3 décembre suivant. Le 8 février 1814, à la bataille de Mozombanno, sur le Mincio, il se distingua de nouveau et fut cité *à l'ordre du jour* (3).

---

(1) Antoine-Etienne-Remy Boussard d'Hauteroche, fils de François-Pierre Boussard d'Hauteroche et de Marie Dareste, naquit le 9 novembre 1787, à Montbrison (Loire).

(2) A cette bataille, le lieutenant d'Hauteroche « eut un cheval tué sous lui et résista à l'attaque de *quatre* dragons anglais ». (Extrait des états de services de M. d'Hauteroche).

(3) Extrait des états de services de M. Boussard d'Hauteroche.

1815 le trouva faisant partie de l'armée du Piémont, armée abandonnée durant plusieurs mois pendant les désastres de la Grande Armée et dans la plus triste situation, campée dans la montagne, n'ayant ni abris, ni vivres, ni solde, mal vue des habitants. La nuit, le plus souvent, il fallait s'étendre sur quelques pierres pour s'isoler de l'eau qui dégringolait des hauteurs. Ceci se passait près d'Alexandrie la Paille.

A Paris, au retour de l'île d'Elbe, le jeune capitaine d'Hauteroche fut un de ceux qui portèrent Napoléon dans leurs bras jusqu'en haut du grand escalier des Tuileries. Le bouillant capitaine, l'un des plus fervents et des plus enthousiastes adorateurs du héros, lui tenait une jambe, et dans sa ferveur la serrait sans doute un peu fort, car celui-ci, posant la main sur sa tête, lui dit tout bas : « *Là, là, mon enfant, doucement, doucement.* »

L'auteur de ces souvenirs fit ensuite partie de l'armée de la Loire, de ces fameux brigands de la Loire si calomniés. — Ici, une note particulière nous permet de lui rendre la plume.

Oui, je faisais partie de cette armée de la Loire, tant calomniée, et dont la conduite a été si belle!... Oui, j'étais un de ces brigands qui, par honneur et fidélité, perdaient leur considération, leur avenir, leur existence ; qui auraient pu se défendre, mais qui, par amour pour la patrie, par respect pour le roi, se retirèrent chez eux sans proférer une plainte, sans troubler un instant la tranquillité publique.

Mon régiment avait été licencié le 15 septembre 1815 à Issoire (Puy-de-Dôme). J'étais rentré dans ma ville natale et j'espérais y trouver le repos..... Je n'y trouvai que dégoût et amertume !.... J'y fus traité de brigand, de Jacobin, de révolutionnaire et de traître, moi qui étais victime de ma fidélité !

On me signala à la police; on me vexa; on me tourmenta..... La douceur m'eut ramené, je ne demandais que la paix ; les mauvais traitements m'aigrirent et m'exaspérèrent, au point qu'à la moindre étincelle de guerre civile j'aurais volé dans le camp des factieux ; et c'est ainsi que les agents du pouvoir, par un zèle exagéré, font souvent des ennemis au gouvernement.

Nous étions à Montbrison quatre officiers du même grade, du même âge (pas tout à fait vingt-huit ans). Nous avions été compagnons d'enfance, d'études, d'armes, nous étions malheureux ; nous nous réunissions pour oublier au fond d'un flacon et nos infortunes et nos griefs. On s'imagina, ou mieux on fit semblant de s'imaginer, que nous méditions de conspirer et on voulut nous séparer. Ordre nous fut donné de ne plus nous voir. On pense bien qu'un tel ordre demeura sans exécution. On le renouvela, et il ne fut pas mieux écouté. Alors, l'autorité frémit, frappa du pied, grinça des dents, et chacun de nous reçut l'injonction de sortir de la ville dans les vingt-quatre heures, sous peine d'être saisi par la gendarmerie.

Je fus envoyé à Privas, le second au Puy-en-Velay, le troisième à Clermont-Ferrand et le quatrième à Moulins, et il nous fut défendu de correspondre ensemble.

On nous laissa trois mois dans notre exil, et nous

n'en fûmes rappelés que par l'ordre exprès de Monseigneur le Duc d'Angoulême lors de son passage dans le chef-lieu du département de la Loire, et encore nous laissa-t-on quinze jours sans nous prévenir.

A Privas, je fus mis aux arrêts forcés, avec gendarme à ma porte à cinq francs par jour (ce qui était dur, on en conviendra, pour un officier licencié qui ne touchait que cinquante sous par jour), pour avoir fait taire en lui disant : « Va-t-en au diable » un petit Auvergnat qui, depuis plus d'une heure, sur une mauvaise vielle organisée, nous cornait aux oreilles l'air défiguré de « Vive Henri IV » et, par des sons discordants et d'une sempiternelle monotonie, me faisait perdre une demi-tasse que je jouais à l'impériale.

1817 arriva, l'ennui me gagnait, l'oisiveté me tuait ; je ne savais que devenir. Je pris alors une résolution définitive. Je me fixai une époque à laquelle je devais être ou replacé, ou marié convenablement, ou parti pour l'Amérique, et je fis part de cette résolution à ma mère.

La pauvre et respectable femme, en me voyant traité si injustement, s'écriait dans ses moments de découragement :

— Faut-il donc que les miens soient persécutés sous tous les régimes ?

Mon père, je l'ai dit, avait été guillotiné à Lyon en 1793, comme partisan de l'ancien régime, et moi, peu s'en était fallu que, en 1816, sous les Bourbons, je ne passasse devant une cour prévôtale.

La plus sincère et la plus profonde dévotion était le soutien de ma mère. Que la volonté de Dieu soit faite, répétait-elle sans cesse !

Cependant, me voyant si découragé, elle se souvint de l'axiome qui dit : « Aide-toi, le ciel t'aidera » et se mit à me chercher une femme. Mais je n'en trouvai point à Montbrison ; j'étais trop bonapartiste ; on aurait eu honte de s'allier à un brigand de la Loire. Des propositions furent faites ; on refusa.... J'en ai été vengé, d'aucunes qui m'ont dédaigné ont été malheureuses, et Dieu sait qu'avec moi il en eût été autrement. Un soldat franc et loyal peut bien être étourdi, parfois même un peu mauvaise tête ; mais il n'est jamais méchant.

Dégoûté, découragé, j'étais sur le point de quitter la France, lorsqu'une parente que nous avions dans une petite ville du département de l'Ain écrivit à ma mère pour lui proposer un parti des plus convenables : une charmante jeune fille de dix-neuf ans, réunissant tout ce que je pouvais désirer. Cette parente avait déjà fait quelques ouvertures au père de la jeune personne ; celui-ci, maire de sa commune, petit village de Saône-et-Loire, limitrophe de la petite ville en question, voulant avoir des renseignements sur mon compte, écrivit à son collègue de Montbrison. Ce digne magistrat, voyant qu'il était question d'un bonapartiste, d'un brigand de la Loire, ne répondit même pas. Ce silence me servit. Mon futur beau-père était un homme

sage, distingué; il connaissait la valeur des hommes
et des choses; il se défia, s'adressa à d'autres, et
probablement les réponses le disposèrent en ma faveur;
car, plein d'espérance, et sur une lettre de ma parente,
je partis de Montbrison pour me rendre chez elle et fus
agréé.

Obligé de séjourner à Lyon où différentes affaires
m'appelaient, je ne pus résider dans cette ville qu'avec
infiniment de peine; j'étais, comme beaucoup d'autres
officiers en demi-solde, signalé à la haute police comme
perturbateur et chef de parti, ce qui était absolument
faux. J'y fus traqué en quelque sorte par des agents
provocateurs, suivi même jusque dans les différents
magasins où, accompagné de ma sœur et de son mari,
nous faisions emplette de ma corbeille de noce; et, sans
le Préfet de Lyon, M. de Sémonville, auquel j'allai
bravement et franchement me plaindre, j'eusse été
certainement arrêté. Je lui fis connaître ma position,
mes projets de mariage. C'était un homme intelligent,
à l'esprit élevé et large, il déchira toutes ces notes de
police avec indignation, déplorant de pareils agis-
sements.

« Que de sottises, que de fautes ! répéta-t-il plusieurs
fois au cours de cette entrevue. »

Je pus, grâce à cette bienveillante intervention,
gagner le lieu de ma destination.... Le 11 août 1817,
je fus l'heureux époux de ma charmante future, et
certes, sans crainte d'être démenti par ceux qui me

connaissent, je puis me targuer d'être mari fidèle et tendre père.

Pressé par sa famille et celle de sa femme (1), le capitaine Boussard d'Hauteroche reprit du service en 1819 dans la 2ᵐᵉ Légion départementale de la Seine. Au 1ᵉʳ décembre 1820, il fit partie du 47ᵉ (2) de ligne comme capitaine de Grenadiers, et y resta jusqu'en 1831, époque où il fut nommé chef de bataillon au 1ᵉʳ régiment d'infanterie légère. Le 16 avril 1833, il remplit les fonctions de major au 6ᵐᵉ régiment d'infanterie, et passa dans l'état-major des places en 1842. Il mourut à Rocroi (Ardennes), le 4 août 1845, à l'âge de 58 ans.

Il avait été nommé chevalier de Saint-Louis le 17 août 1822 et officier de la Légion d'honneur le 27 avril 1838.

---

(1) Elisa-Fanny-Ursule-Renée Tuppinier, fille de Gaspard-Marie Tuppinier, ancien garde du Corps du Roi Louis XVI, et maire de Montbellet (Saône-et-Loire) sous la Restauration.

(2) En 1829, à Belle-Isle-en-Mer, où une compagnie du 47ᵐᵉ de ligne tenait garnison, le capitaine d'Hauteroche eut, pendant quelques mois, sous ses ordres, le sous-lieutenant Canrobert, aujourd'hui maréchal de France.

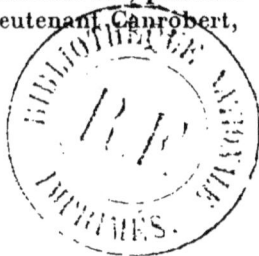

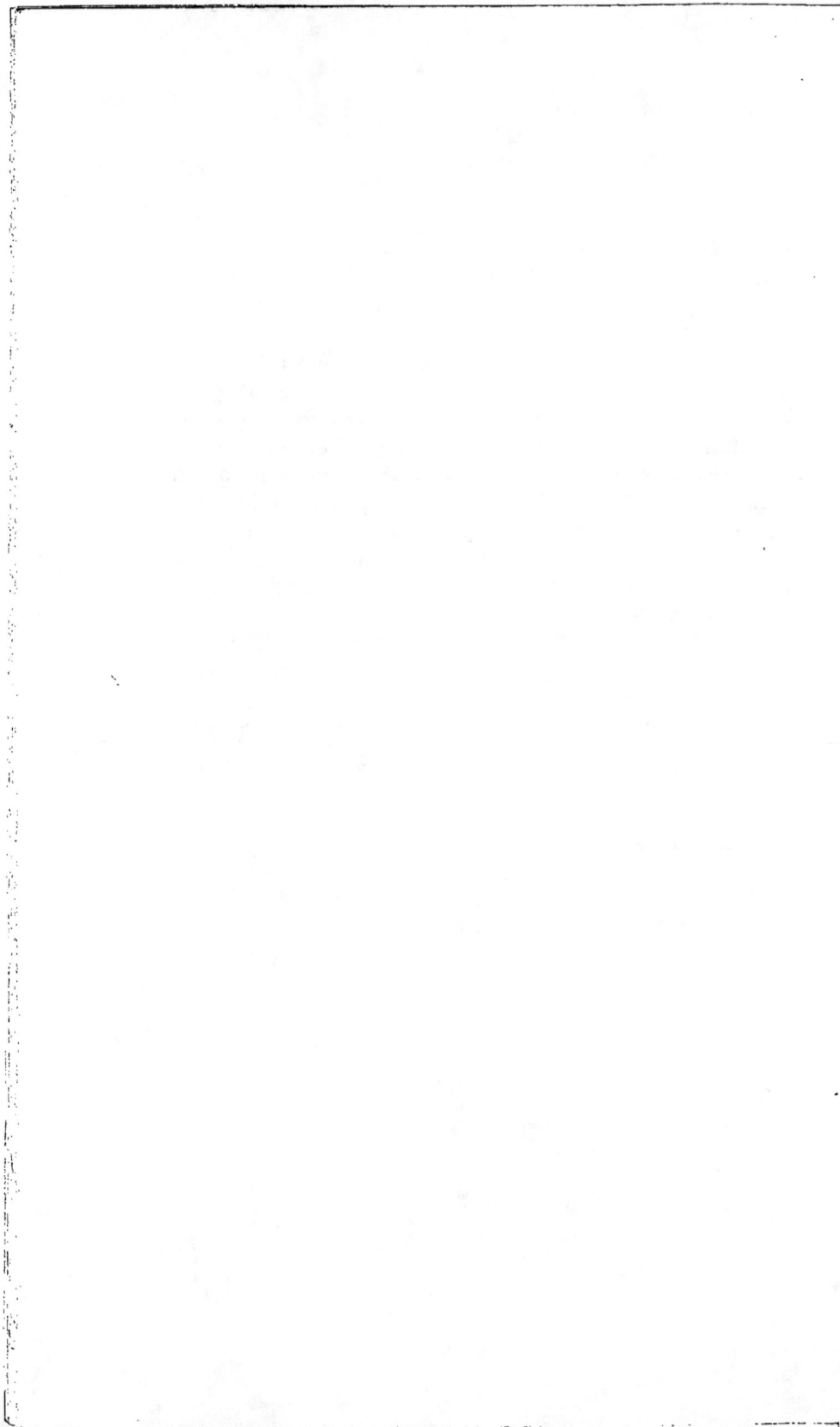

Saint-Etienne, imp. Théolier et Cie, 12, rue Gérentet.

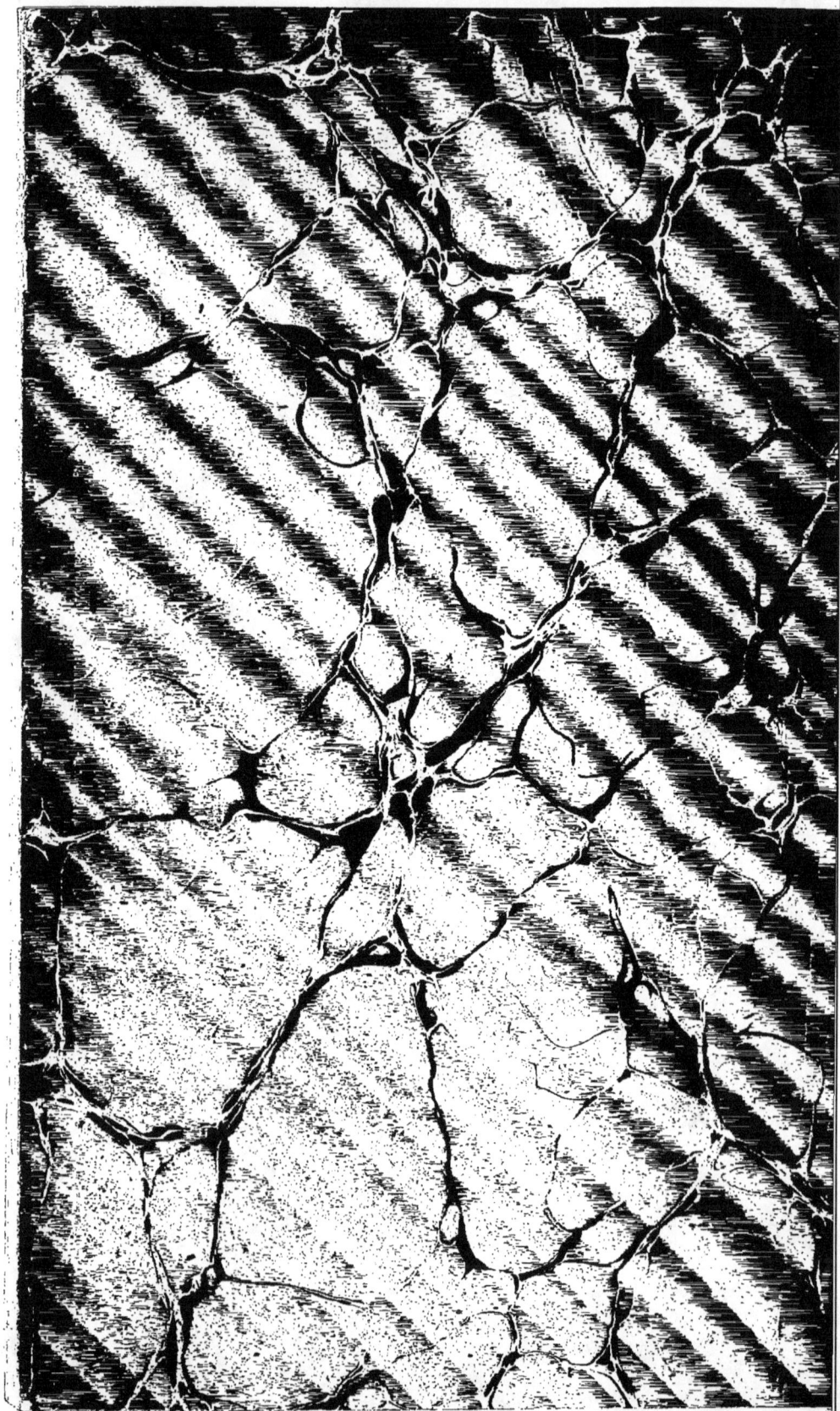

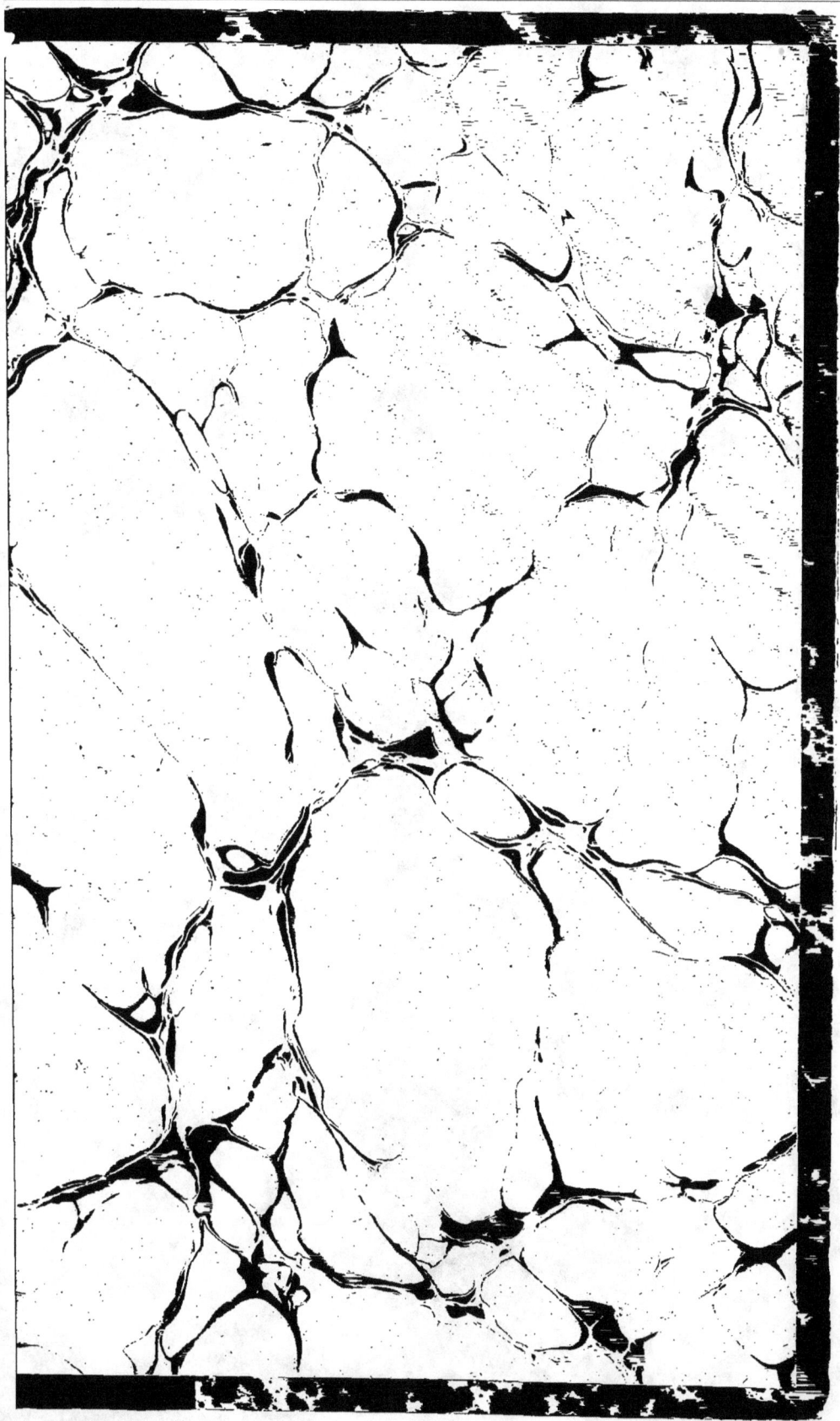

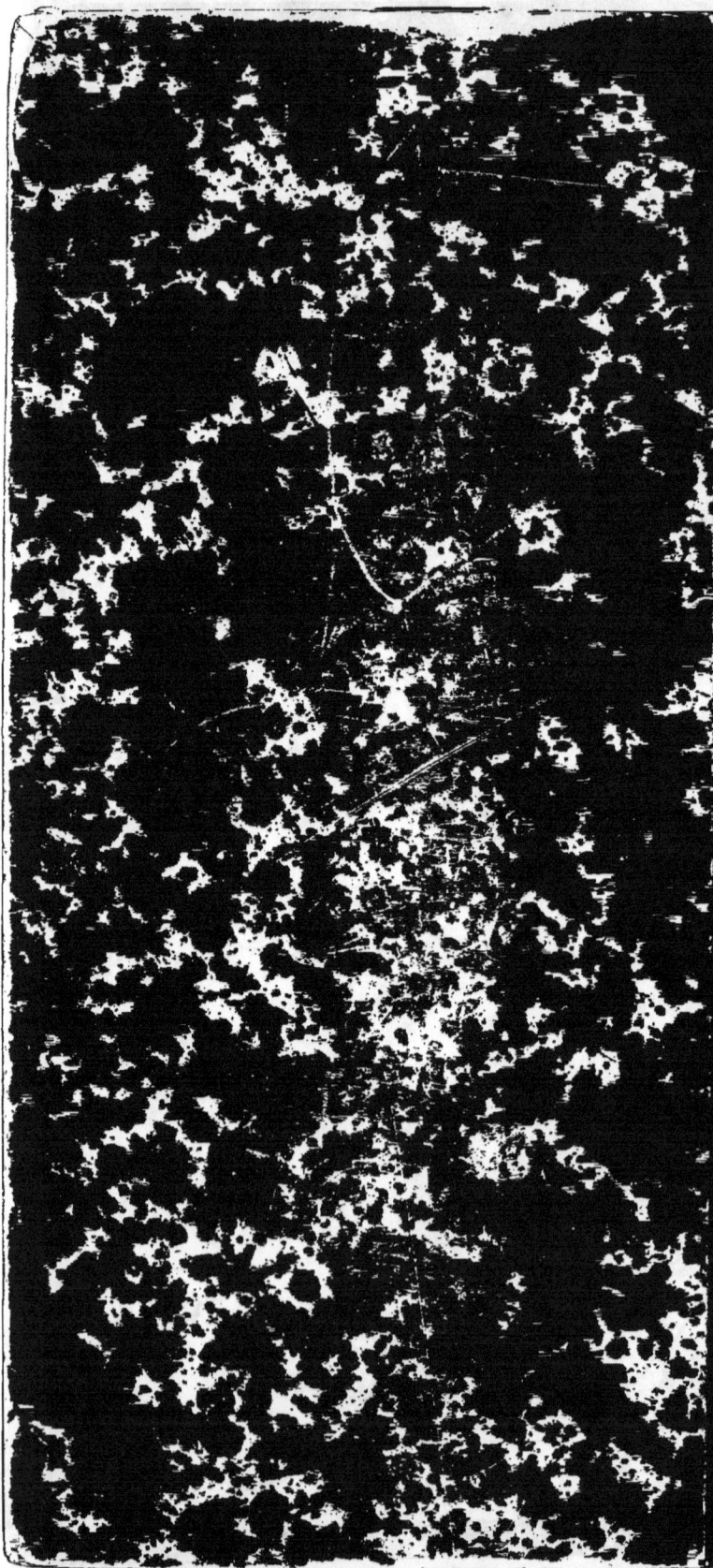

www.ingramcontent.com/pod-product-compliance
Lightning Source LLC
Chambersburg PA
CBHW071632270326
41928CB00010B/1885